国連が世界に広めた「慰安婦＝性奴隷」の嘘

ジュネーブ国連派遣団報告

藤岡 信勝 編著

まえがき

今、世界では、日本軍が、20万人のアジアの女性を、強制連行し、性奴隷とした、という言説が、広くまかり通っている。

その象徴として、韓国の首都ソウルにある日本大使館の真ん前の道路の向かい側には、一人の少女の像が立っている。アメリカのロサンゼルスから少し内陸に入ったところにあるグレンデールという市の図書館の敷地には、ソウルの少女像と同じ像が立てられており、横のプレートには、「私は、日本軍の性奴隷でした」という自己紹介文が書かれている。

アメリカの高校生が使っているマグロウヒル社の世界史教科書には、「慰安婦」という小見出しのもとに、日本軍が20万人にも及ぶアジアの女性を強制的に調達し、これを天皇からの贈りものであるとして部隊に提供した、と書かれている。

これ以上具体例を上げるのはやめるが、こんな調子で、世界中に、旧日本軍が、なんと、性奴隷を囲っていたという言説が、まことしやかに浸透しているのである。

この「慰安婦=性奴隷」説のルーツを探っていくと、一九九二年の二月に、戸塚悦朗という日本人の人権派弁護士が「性奴隷」という言葉を国連の人権委員会に持ち込んでいたことがわかった。その後、国連は、いろいろな形で日本の慰安婦制度についての途方もない嘘の宣伝を積み重ねてきたが、その主要な舞台となったのは、人権委員会であり、二〇〇六年からは人権委員会を改組して発足した人権理事会（399ページの表参照）であった。その人権理事会が常設されているのがジュネーブの国連欧州本部である。人権理事会のもとには、女子差別撤廃委員会など十の委員会があり、そのうちの五つの委員会で、70年以上前の日本の慰安婦制度が性奴隷制であったとしてやり玉に挙げられている。こじつけと言ってよいのだが、日本は入れ替わり立ち替わり、五つの委員会の会期に合わせて、毎年のように、70年前の、幻の「性奴隷制度」を糾弾されている。

ところが、日本の政府＝外務省は、事実に踏み込んだ反論を何らすることなく、かえって性奴隷説を容認するかのような振る舞いを続けてきたのである。それは安倍内閣になっても、基本的には変わっていない。

こうした状況に危機感を感じた、慰安婦問題に取り組む14の保守系団体が集い、連絡組織として「慰安婦の真実国民運動」が結成された。創立の日は、二〇一三年七月二十九日。国民運動は、時々の動きに対する見解を、記者会見を開いて発表したり、シンポジウムを開催したり、地方議会に請願・陳情したり、パネル展示会や署名運動に取り組んだりと、多彩な活動を展開してきたが、二〇一四年の七月にジュネーブで開催された国連の「自由権規約委員会」に、国民運動として初めて調査団を派遣することにした。

本書は、それ以来足かけ三年、三度にわたるジュネーブへの代表団の派遣活動を記録し、その成果を明らかにしたものである。これまで、国連の委員会は、左派ＮＧＯ（非政府組織）のやりたい放題になっていたが、「性奴隷」という言葉が国連に注入されてから実に二十二年ぶりに、保守系の民間グループとして、組織的・継続的に代表を派遣する活動が始まったのである。そして、すでに、国政を動かすほどの成果をあげているのである。

本書は序章から第二章までの前半と、第三章から第六章までの後半の二つに分けることができる。前半では、まず、序章で、「慰安婦＝性奴隷」説がどのようにつくられ、国連に持ち込まれたかを解明した。第一章では、そもそも国連とは何であったのかを、二人の専門家にご寄稿いただいた。第二章では、二〇〇七年の米国下院議会における対日慰安婦非難決議以後、さらに世界に広がった慰安婦問題の現状を、アメリカ、オーストラリア、ドイツについて、現地在住の方々を中心に書いていただいた。

後半は、三回のジュネーブ行きを中心とした、行動と成果の報告である。第三章では、最初の調査団の中心メンバーに、国連に乗り込んだ印象などを座談会形式で語ってもらった。第四章では、第二次代表団から二人の女性の発言を計画し実行し、日本の左翼団体が跳梁跋扈していた国連に風穴を開けた様子を記した。第五章では、二〇一五年の暮、思いがけず日韓合意が発表されたので、合意内容の検討と国連での議論との関わりを明らかにした。第六章は、その後の人権理事会で起こったことの追加報告と、国連の今後のスケジュール、国連活動参加への呼びかけで締めくくった。

本書をまとめるに当たっては、たくさんの方々のお力添えをいただいた。篤くお礼申し上げ、本書が日本の名誉を回復する道行きの上で、少しでも寄与するところがあれば、それをもってお返しとなるよう、今後とも微力を尽くしたいと考えている。

二〇一六年（平成二十八年）四月

満開の桜を想いつつ　藤岡 信勝

藤岡信勝 編著

国連が世界に広めた「慰安婦＝性奴隷」の嘘

ジュネーブ国連派遣団報告

〈第二章〉世界に広がった「慰安婦＝性奴隷」の嘘

〈第三章〉国民運動調査団、国連に乗り込む

第1次派遣・ジュネーブ国連代表団（2014・7）

序章

「慰安婦＝性奴隷」説の捏造と拡散

ジュネーブ国連欧州本部の会合。

「慰安婦＝性奴隷」説の捏造と拡散

藤岡《ふじおか》　信勝《のぶかつ》

■「sex slave」の発案者・戸塚悦朗

「性奴隷」という用語を国連に注入したのは、戸塚悦朗という日本人の人権派弁護士である。戸塚はどのような人物で、どうしてこういう行為に及んだのだろうか。（以下、人物の敬称をすべて省略させていただく）

戸塚悦朗（とつか・えつろう）は一九四二年静岡県生まれ。一九六四年立教大学理学部物理学科を卒業後、同大学文学研究科修士課程（心理学専攻）を中退し、同大学法学部に学士編入し、一九七〇年卒業。一九七三年から八一年までスモン訴訟原告代理人となり、八四年以降、国連人権NGO代表として活動してきた。この間、英国、韓国、米国、カナダの大学で客員研究員・客員教授を歴任。二〇〇〇年から神戸大学大学院助教授、二〇〇三年から龍谷大学法学部教授。専攻は国際人権法。なお、二〇〇〇年に戸塚は弁護士を廃業している。

戸塚が国連人権委員会に「sex slave」という言葉を持ち込み、やがて、国連機関が「慰安婦」を「性奴隷」と定義するようになった。それについて、まず、本人の語るところを聞こう。戸塚悦朗著『日本が知らない戦争責任―日本軍「慰安婦」問題の真の解決に向けて』（二〇〇九年、現代人文社）の二八〇ページで、戸塚は次のように書いている。（引用にあたり括弧内の文献注記は省略した）

〈筆者は、九二年二月、国連人権委員会で「慰安婦」を「性奴隷」（sex slaves）と表現した。以後NGOは、国連で「性奴隷」を「慰安婦」の代名詞として使用してきた。九三年六月、ウィーン世界人権会議で、日本政府は、戦時性暴力への対応を「現在」の侵害だけに限定すべきだと主張したが、会議は過去を含む「すべての」侵害に対応すべきだと決めた。九五年九月、北京（第四回）国連世界女性会議でも、国連は、「性奴隷」を「慰安婦」の代名詞として使用した。日本軍の「慰安婦」という言葉が被害実態にそぐわないので、クマラスワミ報告書が「軍性奴隷」という言葉を提唱し、国連用語として定着した。〉

ここで、クマラスワミ報告書と言われているのは、一九九六年二月六日に、「女性に対する暴力特別報告者」に指名されたスリランカの女性活動家（弁護士）のラディカ・クマラスワミが、日本の慰安婦問題について出した報告書を指している。「軍性奴隷」は、英文では「military sexusal slavery」となっている。「軍用性奴隷制」とも訳すことができよう。その内容については後にふれることにする。

■金学順の提訴で決断

戸塚はなぜ、このような活動に及んだのか。前掲書の「まえがき」で戸塚は、「筆者が国連に日本軍『慰安婦』問題を持ち出した動機を尋ねられることがある」として、それに答える形で次のような説明をしている。

人権擁護に携わる国連の政治機関である人権委員会には、国連との協議資格を持つＮＧＯ（非政府組織）代表でなければ出席できない。そこで、「日本の象徴的な重大人権問題を国際的人権擁護の政治的手続を使って提起することが、この分野でボランティア活動に携わる筆者の責任でもあるのではないかと考えるようになった」という。慰安婦問題に取り組むキッカケになった直接の動機については、次のように書いている。

〈九一年暮れには、金学順さんなど韓国の日本軍性奴隷被害者が民事訴訟を提起した。九二年初頭には吉見義明中大教授によって、この問題への日本軍関与を証明する資料が公表された。その直後韓国を訪問した宮沢首相（当時）が、日本軍の関与を認めて、あいまいながらも謝罪するという事態になっていた。だから、この問題も国連に報告するべき時期だと判断したのである。問題提起の直接の動機はこのようなところにあった。誰からも依頼されたわけではなく、自主的な活動だった。〉

こうした経過のなかで特に、「勇気を奮って名乗り出た被害者とそれを支援する内外の多くの女性・市民運動の声」に動かされたとも書いている。金学順らの訴訟戦術は、国連で活動していた戸塚を動かし、局面を大きく変えたと言えそうである。そして、その訴訟

東京地裁に提訴した元慰安婦・金学順。

の主任弁護人は、高木健一弁護士であった。ただし、戸塚と高木の間には、興味深い視点の違いがある。九三年十月二十四日から三十日まで開催された規約人権委員会という名称の会議に、「戦後補償」問題に長年取り組んできた日本の自由人権協会から詳しい報告書が提出された。その中の「慰安婦に関する報告」は高木が執筆したものであった。

その中で高木は、慰安婦の取り扱いが人道に対する罪を構成すると主張してはいるが、補償問題を論ずる段になると一転して、法的には旧「軍属」として扱っている。戸塚は、これは恩給などの支給をめざす「法技術的主張」であろうとしつつも、慰安婦の被害実態から見て、慰安婦は「日本帝国軍のために働いた軍属」とするよりも、その「性奴隷」とするほうが適当だろう、と述べている。

簡単に言えば、高木は原告の実益を目指す「ものとり派」、戸塚は「原理主義派」と呼ぶことができるだろう。日弁連は戸塚の立場を支持している。

■はじめに言葉ありき

慰安婦が性奴隷であったというのは、いかなる実証的な調査の結果でもなければ、事実にもとづく概念化でもない。

戸塚がある日のこと、この言葉をふと思いついたのだという。それで、国連の場に持ちだしたら、状況が一変した。戸塚は一九八四年からジュネーブに足を運び、日本のいろいろな人権問題について提言してきたが、何を言っても全く見向きもされなかった。それが、「性奴隷」と言ったとたんに、人権理事会の各国の委員の目の色が変わった。あれは実にいいひらめきだった、と本人が述懐している。

だから、聖書ではないが、「はじめにことばありき」で、「性奴隷」という言葉が先に一弁護士の頭のなかで製造されたのであり、それに合わせて、そののち、「事実」や「証言」が捏造されたのである。

慰安婦の真実国民運動は、二〇一四年七月、ジュネーブへ調査団を派遣した。その中の一部のメンバーは、会場で戸塚に遭遇した。現地に出かけると、こうした接近戦を経験できる可能性があるのだが、一時間余にわたる戸塚との対話が実現した。これについて、本書第3章の2で、調査団の一員である藤木俊一が詳細なレポートを書いている。

それによれば、戸塚は、「性奴隷」という言葉の由来を、「私の勘だよ！　勘！」と言い、次のように語ったという。

「すごいだろ？　私は34年間国連に通い続け、20以上の日本が犯した人権侵害の問題を議案として提出し、ここで発言してきたが、どれ一つ取り上げられなかった。しかし、一九九二年に私が慰安婦を性奴隷と言い換えたことで、国連の委員たちが私の言うことに注目するようになったんだ。だからすごいんだよ」

「私が最初に性奴隷って言ったところは、人権委員会って大きなところだったんだよ。それで世界中にひろがったんだよ」

まさに、国連が「慰安婦＝性奴隷」説を世界に広めたのであり、そのもとを提供したのは自分であると、戸塚は鼻高々に自慢しているのである。

■一九九二年の仕掛け

「慰安婦＝性奴隷」説の誕生と拡散の歴史の中で、一九九二年という年は特別な位置を占めている。国連とその周辺での左翼諸団体、国連ＮＧＯなどの国際的なネットワークづくりと活発な運動は、目を見張るものがある。先の戸塚の文章にあった通り、この年の一月十一日に、朝日新聞の「スクープ」報道があった。いままで政府が否定していた慰安所への「軍の関与」について、動かぬ証拠がみつかったとして、歴史家の吉見義明が発掘したと称する史料を報じた記事である。これは十六・十七の両日、宮澤喜一首相が韓国を訪問することに合わせた、狙い澄ました作戦であったことは、誰の目にもあきらかだ。

朝日の記事は巧みな見出しの言葉の誘導で、政府は隠しに隠していた犯罪的行為をついに認めざるを得ない状況に追い込まれたと読者が錯覚して思い込む仕掛けがなされていた。実際は吉見が発掘したとする文書は、その時期を対象とした研究者ならその存在を知っていたもので、書かれている中身は、誘拐まがいのことが起こらないよう、悪質な業者を選ばないようにと、中国で展開している日本軍に通知した内容だった。話がまるで正反対である。

しかし、朝日のキャンペーンは巨大な効果をもたらした。韓国では日本を糾弾するデモが訪韓した宮澤を包囲した。大統領と首脳会談を行った宮澤は、30分に8回（一説では9回）も謝罪し、調査を約束した。注目していただきたいのは、この時点で日本政府は、慰安

朝日新聞　1992年（平成4年）1月11日　土曜日
朝日新聞
慰安所 軍関与示す資料
防衛庁図書館に旧日本軍の通達・日誌
部隊に設置指示
募集含め統制・監督
参謀長名で、次官印も
「民間任せ」政府見解揺らぐ

「軍の関与」を「スクープ」した朝日新聞
1992年1月11日朝刊。

婦について何一つ調査していないのである。だから、一国の名誉を担っている総理大臣としては、「それについては調査する」と言って、判断を保留するのが当然の対応である。理由もなく謝罪するのは日本人の悪い癖であり、世界広しといえど日本だけに見られる「謝罪病」とでも名付けることの出来る奇習である。

〈12月の提訴→1月11日の朝日の「スクープ」→宮澤首相の訪韓・謝罪〉という流れは、何者かによって周到なシナリオのもとにお膳立てされたものであると考えざるを得ない。過度の陰謀史観は間違いだが、かといって、歴史が偶然の連鎖で織りなされていくという見方も幼稚すぎる。この一連の仕掛けは、宮澤の性格までとらえた上で、周到に準備されたと考えられる。宮澤は自民党の政治家の中でも特に謝罪病の重症患者であった。うってつけの役者であったというべきである。

こうして慰安婦問題が日韓間の政治・外交問題として急浮上した。近現代史家の秦郁彦は、一九九二年を「慰安婦問題ビッグバーンの年」と呼んでいる。

日韓両国を中心とした、この一連の慰安婦キャンペーンの中には、国連に慰安婦問題を持ち込むことも当然入っていた。九二年二月、韓国挺身隊問題対策協議会(略称・挺対協)はニューヨークの国連本部とジュネーブの人権委員会に代表を派遣し、問題をアピールした。これが、慰安婦問題が国連に持ち込まれた最初だった。

ジュネーブの人権委員会の会議では、一九九二年二月十七日、戸塚悦朗が、慰安婦を人道の罪と位置づけ、「性奴隷」という言葉を持ち込んだ。つまり、国連に慰安婦問題が最初に持ち込まれた時から、同時にそれは「慰安婦＝性奴隷」として提示されたのである。

折から旧ユーゴスラビア内戦で、「民族浄化」と呼ばれる計画的で集団的なレイプ事件が発生した。これについて戦犯法廷の開催を求める声が高まる中、集団レイプと抱き合わせで慰安婦問題が急浮上した。「国連における慰安婦問題の審議は、異例の早さで進展した」とは、戸塚自身の述懐である。

この二月の国連審議で、国連としての調査・研究に取り組むことが決まったのだが、戸塚はこれに絡む「裏話」を紹介している。戸塚ら「関係NGOは日本軍性奴隷にしぼって研究する決議原案を内々提案した」が、委員から旧ユーゴなど組織的強姦も対象にしたいと提案があり、結局それに従ったというのだ。それにしても、戸塚らの、慰安婦問題への執念はすさまじい。

■保守系メディアによる反撃

一九九二年は、慰安婦問題が政治外交問題として火を噴いただけでなく、これに対して慰安婦強制連行の唯一の証言者であった吉田清治に関する検証と批判を保守系の言論誌が精力的に展開した年でもあった。三人の研究者の名前をあげたい。近現代史家の秦郁彦、朝鮮問題研究者の西岡力、そして歴史教科書研究家の（故）上杉千年である。

このうち、秦は、吉田清治が著書『私の戦争犯罪―朝鮮人強制連行』（一九八三年、三一書房）で書いている慰安婦の「奴隷狩り」の現場となった済州島へ現地調査に出かけた。その結果は驚くべきもので、島民は吉田の言う奴隷狩りの話を一笑に付して否定した。秦の調査以前に、吉田の著書が韓国語に翻訳された一九八九年八月、その内容に疑問をもった地元紙「済州新聞」の女性記者・許栄善が、吉田の奴隷狩りの話が事実無根であることを報道していた。秦の調査は産経新聞の四月三十日に記事として報道され、五月一日発売の月刊『正論』に論文が掲載された。

ここで、二つの情報を付け加える。私は、朝日新聞が吉田清治に関する記事を誤りとして取り消した直後の、二〇一四年八月十日、フジテレビの報道二〇〇一で、テレビの取材班が貝ボタン工場を訪ねる場面を観た。地元の男性は、確かに貝ボタン工場はあったが、働いていたのは男性ばかりで、女性は一人もいなかったと証言した。それは、貝殻からボタンを削り取る作業にはかなりの力が必要で、女性には到底無理な作業だったからだという。

また、アジア女性基金の活動がスタートした一九九五年ごろ、済州島に大使館事務所を設立するため赴任していた外務省の町田貢は、吉田の「本に書かれていることは、すべて嘘であることがわかった」として、関係者から話を聞き、調書にまとめ、公文書として本省に報告したという。吉田証言がすべて嘘であることを記した初の公文書となった。その中に、町田が親しくしていた人で済州島の海女の研究をしていた人物の証言がある。吉田は、海岸で海女を何人、まとめて奴隷狩りしたように書いているが、「吉田は海女について何も知らない」として次のように語ったと町田は書いている。

〈海女は団結力が強く、気性も荒いから女性の社会である海女小屋には男性は近づけないのだという。もし吉田の言うように海女たちのいるところを急襲した場合、男性が数名くらいいたとしても海女たちは、アワビを獲る手鉤を持っているので、それを振り回し急襲者に飛びかかっていく。

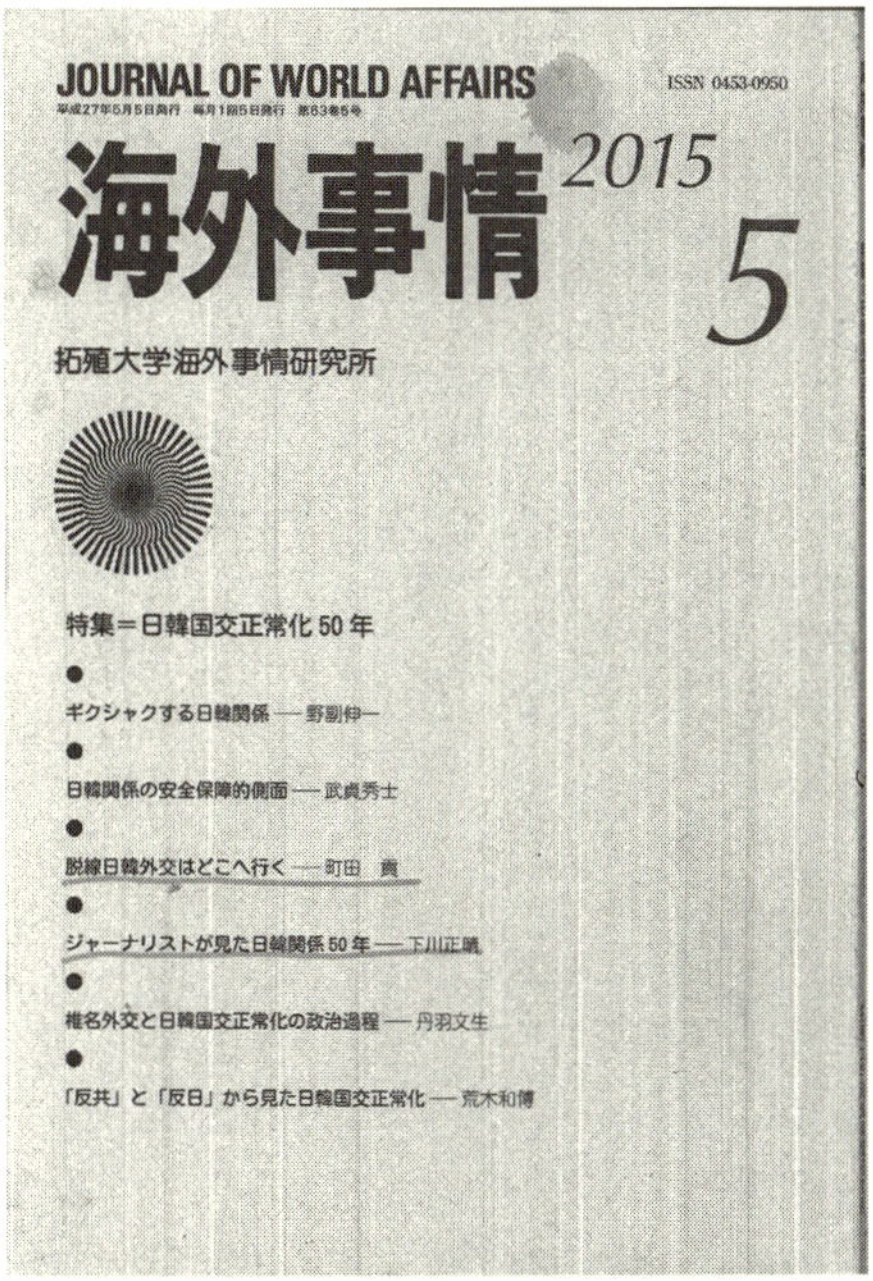

拓殖大学海外事情研究所『海外事情』
2016年5月号表紙。

もしかなわない時は、全員海に飛び込む。海女など連行できるわけがない、と言って笑った。〉（町田貢「脱線　日韓外交はどこへ行く」『海外事情』二〇一五年五月、拓殖大学海外事情研究所）

西岡は、最初にカミングアウトした金学順ら慰安婦の動向を詳細に調査した。西岡の論文は『文藝春秋』誌の四月号に掲載された。上杉は吉田清治の拠点であった下関市に出かけ、吉田の身元を洗った。上杉の報告は、『諸君！』の八月号に載った。

こうして、慰安婦問題は、一九九二年の五月ころまでに、日本国内では、事実に基づく実証的、研究的なレベルでは決着がついていたのである。

■元慰安婦の証言者を訓練

すでに見たように、一九九二年は、慰安婦問題について、様々な「仕込み」が行われた年であった。八月にはソウルで、アジア女性連帯会議が開催された。アジア六カ国から約千人が集まり、大いに盛り上がった。慰安婦問題が主要な議題であった。日本政府が慰安婦問題から逃げようとしていることに抗議するため、折からジュネーブで開催中の国連人権委員会向け出発する代表団を、会場から拍手で送り出した。

ところが、賠償金の話題が始まった時、おもしろいことが起こった。市川房枝の主催する女性運動に参加していた舘《たち》雅子は、著書『挑戦！　しなやかに』（二〇〇二年、日本評論社）で、この時の体験を書いている。（169～70ページ）概要は次の通りである。

台湾の代表がこんな発言を始めた。「台湾の女性は、韓国女性とはちがって、優しくて従順なので、日本の兵隊さんに可愛がってもらいました。だから弁償をしてくれ！　という強い韓国の姿勢とは少し違うんです…」

会場からは、「何言うの」という野次が飛んだ。発言途中で、場内は怒り出す人、議長席へ詰め寄る人で騒然となった。「通訳をやめろ！」という声で通訳はストップ。押さえたのは、日本の著名な人権活動家たちだった。

再開後、今度はインドに住むというタイ人の女性が大声を張り上げて叫んだ。

「インドに進駐してきた英国兵だって同じこと、いや、もっとひどいことをしているんです！なぜそのことも取り上げないの！」

泣きながら絶叫すると、日本の参加者の中から

「そんな余計なこと、何でいうの！　黙りなさい！」

と叫んだ人がいた。ひたすら日本人の過去の罪状が責め立てられているのに、日本人が躍起

になって日本人を叩くのはどういうことなのか。

館は、もう一つ、この会議で重要な経験をした。会場の大きな建物のなかで、部屋を迷っている内に、人が集まっている部屋に来てしまった。そこでは、舞台で証言する元慰安婦にセリフをつけ、発言する訓練をおこなっていたのである。もちろん、それを取り仕切っていたのは、日本人の女性だった。（産経新聞、二〇一四年5月25日付け）

このように、元慰安婦は生き証人として、運動のために育てられていたのである。

痛恨の河野談話

宮澤内閣は一九九二年一月の日韓首脳会談の約束に基づき、慰安婦問題について各省庁を動員した大がかりな調査を行い、同年の七月六日と翌九三年（平成五年）の八月四日の二回にわたって発表した。調書の結果、朝鮮人慰安婦を強制連行した資料はただの一件もみつからなかった。それにもかかわらず、宮澤内閣の河野洋平官房長官は、二回目の公表の際に、官房長官談話を発表した。これが河野談話とよばれるものである。そこには、次のように書かれていた。

慰安婦関係調査結果発表に関する河野内閣官房長官談話（平成5年8月4日）

いわゆる従軍慰安婦問題については、政府は、一昨年12月より調査を進めてきたが、今般その結果がまとまったので発表することとした。

今次調査の結果、長期に、かつ広範な地域にわたって慰安所が設置され、数多くの慰安婦が存在したことが認められた。

慰安所は、当時の軍当局の要請により設営されたものであり、慰安所の設置、管理および慰安婦の移送については、旧日本軍が直接あるいは間接にこれに関与した。慰安婦の募集については、軍の要請を受けた業者が主としてこれに当たったが、その場合も、甘言、強圧によるなど、本人たちの意思に反して集められた事例が数多くあり、さらに、官憲等が直接これに加担したこともあったことが明らかになった。また、慰安所における生活は、強制的な状況の下での痛ましいものであった。

なお、戦地に移送された慰安婦の出身地については、日本を別とすれば、朝鮮半島が大きな比重を占めていたが、当時の朝鮮半島はわが国の統治下にあり、その募集、移送、管理等も、甘言、強圧によるなど、総じて本人たちの意思に反して行われた。

いずれにしても、本件は、当時の軍の関与の下に、多数の女性の名誉と尊厳を深く傷つけた問題である。政府は、この機会に、改めて、その出身地のいかんを問わず、いわゆる従軍慰安婦として数多の苦痛を経験され、心身にわたり癒しがたい傷を負われたすべての方々に対し心からお詫《わ》びと反省の気持ちを申し上げる。また、そのような気持ちをわが国としてどのように表すかということについては、有識者のご意見なども徴《ちょう》しつつ、今後とも真剣に検討すべきものと考える。

われわれはこのような歴史の真実を回避することなく、むしろこれを歴史の教訓として直視していきたい。われわれは、歴史研究、歴史教育を通じて、このような問題を永く記憶にとどめ、同じ過ちを決して繰り返さないという固い決意を改めて表明する。

なお、本問題については、本邦において訴訟が提起されており、また、国際的にも関心が寄せられており、政府としても、今後とも、民間の研究を含め、十分に関心を払って参りたい。

記者会見で河野は、「強制連行」を認めた文書であるとし、この解釈が定着した。この談話に基づいて、同年8月17日、日本政府は、国連人権委員会小委員会で、「強制連行」を認めて謝罪した。二〇一四年、政府は河野談話の作成過程を検証する委員会をつくり、その答申(六月二十日)によって、当時の政府は強制連行があったとは認識していなかったこと、文言は日韓両政府でスリ合わせた上での政治的妥協の産物であったこと、強制連行を認めたのは河野の独断であったこと、などを明らかにした。

河野談話は国連が日本のみを対象とした慰安婦問題の調査を正当化する根拠となった。痛恨の河野談話であった。

■クマラスワミ報告書の公表と採択

一九九四年三月、国連人権委員会は、スリランカ出身の活動家で弁護士のラディカ・クマラスワミを、「女性に対する暴力に関する特別報告者」に任命した。任期は三年だった。

ラディカ・クマラスワミ Radhika Coomaraswamy は、スリランカ民主社会主義共和国の出身で、一九五三年コロンボで生まれた。七四年にアメリカのイェール大学で学士号、七七年コロンビア大学のロースクールで弁護士資格、一九八一年にハーバード大学で法学修士号を取得。アマースト大学など五つの大学から名誉博士号を授与された。人権問題の専門家で、一九九四年から二〇〇三年まで国連事務次長、二〇〇六年から一二年まで、国連のアナン事務総長の指名により子供と武力紛争事務総長特別代理を務めた。

かくかくたる経歴だが、特別報告者に任命されたのは、推測するところ、慰安婦問題はアジアの女性が被害者とされているテーマなので、報告者にアジア人の女性をあてるという人事がなされたと思われる。

クマラスワミは、報告書をまとめるため、九五年七月十八日から二十二日までソウル、二十三日から二十七日まで東京を訪問し、関係者に面会した。日本では、秦郁彦、吉見義明にも会った。平壌にも行く予定であったが、航空便の接続がうまくいかず、北朝鮮の訪問を断念した。北朝鮮政府からは八月十六日付けで資料や記録が届けられた。

一九九六年二月六日、報告書が人権委員会に提出され公表された。主報告書は「女性に対する暴力」というタイトルで、これに二つの付属文書がつけられた。付属文書1が慰安婦問題を扱ったものであり、付属文書2は家庭内暴力を主題としたものであった。付属文書1の正確なタイトルは、「戦時における軍事的性奴隷制問題に関する朝鮮民主主義人民共和国、大韓民国および日本への訪問調査に基づく報告書」という長ったらしいものである。これが、通常、日本の慰安婦問題を扱った「クマラスワミ報告書」と呼ばれているものだ。

国連人権委員会は、三月十八日から四月二十六日までの会期で開かれた。四月十日、クマラスワミは女性に対する暴力に関する報告を口頭で行った。戸塚は著書の中で、「満場の参加者が立ち上がり万雷の拍手を送った。拍手はしばらく鳴りやまず、強い支持を象徴する異例の事件となった。参加者は、しばし感激で興奮がさめやらなかった」（前掲書、188ページ）と書いている。戸塚は「性奴隷」という言葉とともに慰安婦問題を国連に持ち込んでから四年間、事実上の中心人物として活動してきたので、感激も一入《ひとしお》だったのだろう。ただ、実際にはクマラスワミ報告は、あとで述べるように、公表の時点ですでに決定

国連特別報告者・ラディカ・クマラスワミ。

的ともいえる批判を浴び、満身創痍の状態だった。

四月十九日、国連人権委員会はクマラスワミ報告を、参加国のコンセンサスに基づき、無投票で採択した。

■「性奴隷」の定義

クマラスワミ報告書は英文で37ページ、9部構成で、139のパラグラフからなっている。パラグラフには通し番号が付けられ、参照しやすく編集されている。注が25個あり、慰安婦16人を含む78人の面接者リストが付けられている。

ここでの最大の関心事は、「性奴隷」という言葉の扱いである。これについては、「1 定義」というタイトルの付けられたパートで真っ先に論じられている。以下、アジア女性基金の翻訳から引用する。

６まず最初に、戦時中、軍隊によって、また軍隊のために性的サービスを強要された女性たちの事例は軍性奴隷制の実施であったと、本特別報告者はみなしていることを明らかにしておきたい。

７この点で、特別報告者は東京訪問中に日本政府から伝えられた立場を意識している。日本政府は、「奴隷制」という言葉は1926年の奴隷条約第一条（1）に、「所有権に帰属する権限の一部又は全部を行使されている人の地位又は状態」と定義されており、この言葉を現行国際法の下で「慰安婦」に適用するのは不正確であると述べている。

８しかしながら、本特別報告者は、「慰安婦」の実施は、関連国際人権機関および制度が採用しているアプローチに従えば、明確に性奴隷制でありかつ奴隷に似たやり方であるという意見に立つものである。これとの関連で、差別防止少数者保護小委員会が１９９３年８月15日の決議１９９３／24で、戦時の女性の性的搾取その他の強制労働の形態に関して現代奴隷制部会から伝えられた情報に留意し、同小委員会の専門家の一人に戦時の組織的レイプ、性奴隷制及び奴隷に似たやり方について詳細な調査を行うよう委託したことを、本特別報告者として強調しておきたい。さらに同小委員会は、この専門家に対し調査の準備に当たって、重大な人権侵害被害者の原状回復、補償およびリハビリテーションの権利に関する特別報告者に提出された情報を考慮に入れるよう要請したが、この情報には「慰安婦」も含まれる。

9 さらに、現代奴隷制部会が第20会期中に、第二次大戦中の女性の性奴隷問題に関して日本政府から受け取った情報を歓迎し、かつ日本政府が行政的審査会を設置して「奴隷に似た処遇」の実施を解決するよう勧告したことにも、本特別報告者は注目する。

10 最後に、現代奴隷制部会のメンバーならびに非政府組織（NGO）代表、一部の学者は、女性被害者は戦時の強制売春と性的従属と虐待の間、日常的に度重なるレイプと身体的虐待といった苦しみを味わったのであり、「慰安婦」という用語はこのような苦しみをいささかも反映していないという意見を示している。本特別報告者は、用語という観点から、この見解に全面的に同意するものであって、「軍性奴隷」のほうがはるかに正確かつ適切な用語であると確信する。

■「奴隷」とは何か

クマラスワミ報告の「性奴隷」という用語は、日本軍慰安婦の実態とかけ離れた、明白な誤りである。以下、論証する。

第7項（パラグラフナンバー7。以下、「パラ7」のように表記する）で、日本政府の批判が書かれている。「奴隷制」という言葉は一九二六年の奴隷条約第一条（1）に、「所有権に帰属する権限の一部又は全部を行使されている人の地位又は状態」と定義されており、「慰安婦」に適用するのは不正確であるというものだ。この定義は、ちょっと理解しにくいかもしれないが、「所有権に帰属する権限」というフレーズの中の「所有権」とは、人を物のように所有しているという状態を前提として想定し、それを「所有権」と表現している。

ところで、「所有」とは何かというと、主体が対象に対して処分権を持っているということである。たとえば、私が今、目の前にあるりんごを所有しているということは、私がそのりんごを他人に差し上げてもいいし、冷蔵庫にしまっておいてもいいし、自分で食べてもいい、ということを意味する。それが出来ないとすれば、私はそのリンゴを所有しているとはいえない。要するに、所有物についてどのように利用し、処分してもよいという状態を「所有」というのである。

りんごのようなモノについては理解が簡単だが、人が所有の対象となっている場合も原理的には同じことだ。人物Aが人物Bを所有しているということは、人物Aは人物Bをどのように処遇してもかまわない、ということだ。それが社会的に認められているということだ。

アメリカ大陸では歴史上のある時期まで、アフリカ大陸から略奪してきた黒人を所有する白人は、その黒人に対してどのような処遇をすることもできた。所有の対象となる黒人を、農場で働かせてもよかったし、他人にお金で売り飛ばしてもよかった。殺しても罪に問われなかった。黒人が女性である場合、上記のことに付け加えて、所有主の白人男性は黒人女性を自由に強姦することができた。子供が生まれれば、その子も所有の対象となるから、主人である白人の財産は増える。白人と黒人の混血児は、定義によって黒人とされる。実際にはどんなに肌が白くても、例外は認められない。境界線を曖昧にすれば社会秩序が維持できない。現在、アメリカ大陸に「純粋な」黒人の数が非常に限られているといわれるのは、白人男性による財産を殖やすための実践が盛大に行われた結果である。

アメリカ社会は、「原罪」ともいうべきこの問題を多大の努力によって解決しようとしてきたことをここで書き添えておくことは、公平のために必要である。しかし、右に述べたことは歴史的事実である。

アメリカの白人の所有者のなかには、何らかの考えに基づくか、または気まぐれから、所有している黒人に対し、実際には自由な行動を許したり、放任したりしたケースもある。そこで、実際に所有者の意思に拘束されて、本人の意思に関係なく処遇されている状態、これを「奴隷」というのですよ、というのが、1926年の奴隷条約における奴隷の定義なのである。

もう一度読んでみよう。「所有権に帰属する権限の一部又は全部を行使されている人の地位又は状態」。これが「奴隷」の定義である。今度はよく分かるはずである。一般に日本人がこの条約の定義に取っつきにくいものを感じるのは、他者をモノのように所有するという奴隷制が日本では発達しなかったからであろう。しかし、これは逆に、慰安婦を「性奴隷制」などと非難されても、いまいちピンとこないという日本人の態度のもとにもなっている。

■レトリックと現実の混同

では、クマラスワミ自身は、なぜ日本軍慰安婦を「性奴隷」と言うのか。パラ8と9で、国連のアプローチに従うという言明があるが、そんなことはどうでもよく、クマラスワミ自身の根拠は何かということが問題だ。それについてはパラ10に書かれているが、クマラスワミは、「女性被害者は戦時の強制売春と性的従属と虐待の間、日常的に度重なるレイプと身体的虐待といった苦しみを味わったのであり、『慰安婦』という用語はこのような苦しみをいささかも反映していない」という見解に全面的に同意して、用語という観点から、『軍性奴隷』のほうがはるかに正確かつ適切な用語であると確信する」というのである。これについてコメントしよう。

第一に、右のような事実認識がまず誤りである。これは後述する。

第二に、報告書は、慰安婦の苦しみの程度によって、「慰安婦」か「性奴隷」かという用語の妥当性が決められるという考えに立脚している。用語の選択は、被害者の苦しみを表現するレトリックの問題として扱われている。ところが、いったんレトリックとして「奴隷」という言葉が導入されると、今度は独り歩きを始め、人類史のなかで膨大な実践を残した本当の「奴隷制」の話にすり替えられる。だからレトリックと現実とを混同してはならないのだ。

例えば、会社で重労働、あるいは過酷な残業を課せられ、「このままでいったら、会社に殺される。俺は社長の奴隷だ」と叫んでいる会社員がいたとする。その境遇は真に同情にあたいするが、だからといって、このレトリックをもとに彼が「奴隷」であると規定することはできない。彼はあくまで、マルクス主義経済学風に定義すれば、「労働力」を売って賃金と交換している賃金労働者であって、人格的には自立している。彼は社長の所有物ではなく、奴隷ではない。クマラスワミは、これと同じ論理の誤謬を犯している。

■チョン・オクスンの証言

「Ⅳ証言」というタイトルがつけられたパートには、クマラスワミが調査した16人の（自称）元慰安婦の中から、数人の証言が取り上げられている。その中の一つに、北朝鮮のチョン・オクスンの証言がある。クマラスワミはチョン・オクスンに面会しておらず、北朝鮮政府からもたらされた資料をそのまま引用して、まるごと事実であったかのように扱っている。

54チョン・オクスン（現在74歳）の証言は、こうした女性たちが日本軍の兵隊たちから性的暴行や日々のレイプに加えて、いかに残酷で厳しい扱いを受けたかを物語る。

「私は1920年12月28日、朝鮮半島の北部、咸鏡南道環境威銚繭遣のプンサン部ファバル村で生まれました。

6月のある日、当時13歳だった私は畑で働く両親のために昼食を用意するため、村の井戸に水くみに行きました。そこで日本人の守備兵の一人に襲われ、連れて行かれたのです。両親は娘に何が起きたのか知らずじまいでした。トラックで警察署に連れていかれ、そこで数人の警官にレイプされました。私が泣き叫ぶと、ソックスを口に突っ込まれ、レイプが続きました。警察署の所長は私が泣き叫ぶので、左目を殴りつけました。それ以来、私は左目が見えません。

10日ほどして、恵山市の日本陸軍の守備隊に連れて行かれました。そこには私のような朝鮮人の女の子が400人くらいいて、毎日、5000人を超える日本兵のため性奴隷として働かされました。一日に40人も相手にしたのです。抗議するとその度に殴られたりぼろ切れを口に突っ込まれたりしました。私がいいなりになるまで局部にマッチをあてた兵隊もいます。私の局部からは血が流れ出ました。

私たちと一緒にいた朝鮮人の少女の一人が、なぜ一日に40人も相手にしなければならないのかと聞いたことがあります。彼女を懲らしめるために、中隊長ヤマモトは剣で打てと命じました。私たちの目の前で彼女を裸にして手足を縛り、釘の出た板の上にころがし、釘が彼女の血や肉片でおおわれるまでやめませんでした。最後に、彼女の首を切り落しました。もう一人の日本人ヤマモトは私たちに向かつて、『お前らを全員殺すのなんかわけはない。犬を殺すより簡単だ』と言いました。『朝鮮人の女たちが泣いているのは食べるものがないからだ。この人間の肉を煮て食べさせてやれ』とも言いました。

ある朝鮮人の少女はあまりに何度もレイプされたため性病にかかり、その結果50人以上の日本兵が感染しました。性病が広がるのを止め、少女を『殺菌消毒』するため、彼女の局部に熱した鉄の棒を突っ込みました。
ある日、彼らは私たちのうち四十人をトラックで遠くへ運び、水と蛇で一杯になったプールに連れていきました。兵士たちはそのうちの数名の少女を殴り、その中に乱暴に押し入れ、土を入れ、生きたまま埋めました。（以下、略）」

ネタもとは中国＝朝鮮の残虐文化

これは普通の日本人が読めば、ほとんど一笑に付すような馬鹿話にすぎない。しかし、恐ろしいことに、このような、程度の悪い作り話が、国連の名を冠して、国連の権威のもとに、英語圏で堂々と闊歩しているのである。「sex slave」という造語には、こうしたイメージの「裏付け」が、あとから付け加えられたのである。

チョン・オクスンの凄まじい「体験談」を読んだ秦郁彦は、どこかで聞いた話だと思い、古いファイルを探してみた。出てきたのは一九九二年七月十五日付けの労働新聞（ピョンヤン）に公表され、ＡＰ電で世界中伝わった李福汝の身の上話だった。「彼女は一九四三年に満州の慰安所に連行されて焼き印を押され、生首スープを飲まされたと申し立てていた。場所も時期も違うので別人だろうが、話の中味は似たりよったりだ」（秦『慰安婦と戦場の性』、273ページ）。「シナリオライターの構成力がお粗末すぎて、ばかばかしくなる」とぼやきつつも、秦は、チョンが拉致されたという一九三三年の朝鮮半島は平時で、遊郭はあったが、軍専用の慰安所は存在していなかったことを指摘した。

上杉千年は、同一場所に五千人以上の兵力が駐屯し、その兵舎に売春宿があり、四百人も慰安婦がいることはありえない、と書いている。（『検証「従軍慰安婦」』一九九六年、全貌社）

ジャーナリスト櫻井よしこは、チョン・オクスン証言にある、①釘の板の残虐な刑、②ヘビの池の刑、のどちらも、実は中国の伝統的残虐文化にほかならないことを指摘した。（産経新聞二〇一五年三月二日「美しき勁《つよ》き国へ」）

①は五代十国時代の閩《ビン》の国の軍使、薛文傑が考え出した刑罰から始まったもので、罪人をくぎの突き出た狭い箱に入れて揺らして死にいたらしめる刑であった。

②も五代十国時代の南漢という国の帝が考案した罰で、「水獄」と呼ばれていた。

これらは中国の歴史書『資治通鑑』に書かれているもので、『資治通鑑』の内容は麻生川静男著『本当に残酷な中国史　大著「資治通鑑」を読み解く』（二〇一四年、角川SSC新書）が紹介している。クマラスワミ報告の中の蛮行は、中国人の伝統であり、冊封国家として中国に従属し中華文明の影響を受けた朝鮮民族の行動様式でもあったと考えられる。

蟹は自分の甲羅に似せて穴を掘る。日本糾弾の材料を揃えるための素材も自分たちが知っている文化の要素を利用するしかないのだ。

国内反日左派による卑劣な隠蔽工作

チョン・オクスンの身の上話を使った反日宣伝工作の演出は、致命的な失敗をした。やり過ぎたのである。やり過ぎてボロを出した。「釘の板の刑罰」だって、常識ある日本人は認めないだろうが、「ヘビの池の刑」の話になると、あまりにばかばかしくて、噴飯物だ。ここまでくれば、たいていの日本人はあほらしくなってくる。何のためにそんなことをするのか。日本の軍隊はそんなことをする暇と資金をもてあましていたのか。ありえない。だから、これによって、チョン・オクスン証言は丸ごと嘘であることが日本人にはわかってしまう。これをお膳立てした工作員たちも、日本人はどこまで信じるか、という手加減の感覚がまるでない。宣伝としてはお粗末極まりない。

同じことを考えたのが、日本国内の反日左翼の人々だ。実は、先のクマラスワミ報告書のチョン・オクスン証言の訳文は村山富市氏が理事長を務めた「アジア女性基金」の翻訳文を利用したのだが、「ヘビの池の刑」の話だけは、別のソースから付け加えたのである。なぜそんなことをしたかというと、インターネットを調べればすぐにわかるが、「アジア女性基金」のホームページに掲載されている全訳では、「蛇の池」の事例がスッポリ抜け落ちているのである。

このことについて、再び櫻井の文章を引用しよう。

「以下は私自身の推測だが、『蛇の池』は日本人にとってあまりにも荒唐無稽で、こんな話を入れればクマラスワミ報告への信頼が失われてしまいかねないと、彼ら（彼女ら）は恐れたのではないか。アジア女性平和国民基金をはじめ、慰安婦問題で日本を糾弾する人々にとってさえ、報告書はそれほど信頼できないものだということか。」（産経新聞前掲記事）

これは見過ごすことのできない大問題である。なぜなら、アジア女性基金は国民の税金で運営された公的機関であり、その運営は真実に基づき公正・透明であることが厳しく求められるのに、このような不当な隠蔽工作が行われていたからである。女性基金の関係者は、自分たちもチョン・オクスンの証言が嘘であることに気づきながら、そう気づいたが故に、それを国民の目から隠そうとしたのである。

クマラスワミ報告の欠点を隠す、同様の卑劣な隠蔽工作は、「日本の戦争責任資料センター」

によっても、より大規模に、組織的に展開された。その中心にいたのは、やはり戸塚悦朗である。戸塚は荒井信一と共訳で、『クマラスワミ国連報告書』を「日本の戦争責任資料センター」から刊行した。上杉千年が著書『検証「従軍慰安婦」』（全貌社、一九九六年）で指摘しているとおり、その翻訳は原著の多数の間違いのボロが出ないように、翻訳に名を借りて勝手に内容を修正したものであった。

■情報ロンダリングのカラクリ

秦郁彦は、クマラスワミ報告の出来映えを、「欧米における一流大学の学生レポートなら、落第点をつけざるをえないレベルのお粗末な作品」と評価した。（『慰安婦と戦場の性』新潮選書、一九九九年、２６５ページ）また、朝日新聞の記者で『ＡＥＲＡ』の編集部にいた長谷川熙も、「この性奴隷制報告の全文を私は読み、国連の名を辱める文書と思わざるをえなかった」と評している。（『崩壊朝日新聞』二〇一五年、ＷＡＣ、１１１ページ）

実際、その内容は酷いものだった。ここではさらに、報告書が依拠した文献を検討してみたい。そこには、「慰安婦＝性奴隷」説の捏造のプロセスがくっきりと浮かび上がる。

クマラスワミ報告の注記を見ると、通し番号の１から９まで、すべてオーストラリア人のジャーナリスト、ジョージ・ヒックスが一九九五年に刊行した『The Comfort Women』で占められている。そして次の注10、注11には、何と吉田清治の『私の戦争犯罪　朝鮮人強制連行』があげられているのである。

ヒックスの著書は、九五年の二月にオーストラリア版が出され、八月にアメリカ版が出されている。私は両方を所蔵しているが、特に内容の違いは見つからなかった。出版は丁度クマラスワミが報告書を書くために苦吟していたであろう時期だから、英語の出版物が出たことで、彼女は干天の慈雨のごとくそれをむさぼり読んで利用したに違いない。その結果、報告は、ヒックスと吉田清治の本の書き写しといった体裁になったのである。

ヒックスの著書の日本語訳は、同年十月に、濱田徹訳『性の奴隷　従軍慰安婦』というタイトルで、三一書房から出版された。しかし、その翻訳は、誤訳が多いと指摘されていることを別にしても、いろいろ問題のあるものであった。というのは、日本語訳はもとの英語の著書の忠実な置き換えではなく、かなり内容に変更が加えられているのである。たとえば、上海で慰安所の設営に関わった産婦人科医の麻生徹男の長女で同じく産婦人科の医師・天児都は、英語版には父の名前が七カ所も出ていることを確認しているが、日本語訳では一切、麻生医師の名前が除かれていることを指摘した。日本語の読者には、麻生医師の名前を隠しておきたい何らかの事情があり、その作為が翻訳書作成の過程で働いたと考えるしかない。

また、日本語の訳書のつくりは、興味本位の読者を想定した通俗的な一般書の体裁で出来ている。タイトルからしてそうなっている。巻末の文献リストもなければ、索引もない。学問的な難しい本であると思われては読者に敬遠されるというのが出版社の考え方であったと思われる。ところが、英語版の原著は、巻末に文献一覧とインデックス（索引）を載せ、学術書のスタイルをとった著作物として編集されている。英語の読者には、まじめな学術書と思わせる必要があったのだ。

では、ヒックスの本は何に基づいているかというと、金一勉の一九七六年の著書『天皇の軍隊と朝鮮人慰安婦』（三一書房）という本である。そして、その金の著書は、元慰安婦のグロテスクな嘘話を検証なしにかき集めた、まともに相手にするのもばかばかしい種類のシロモノなのである。

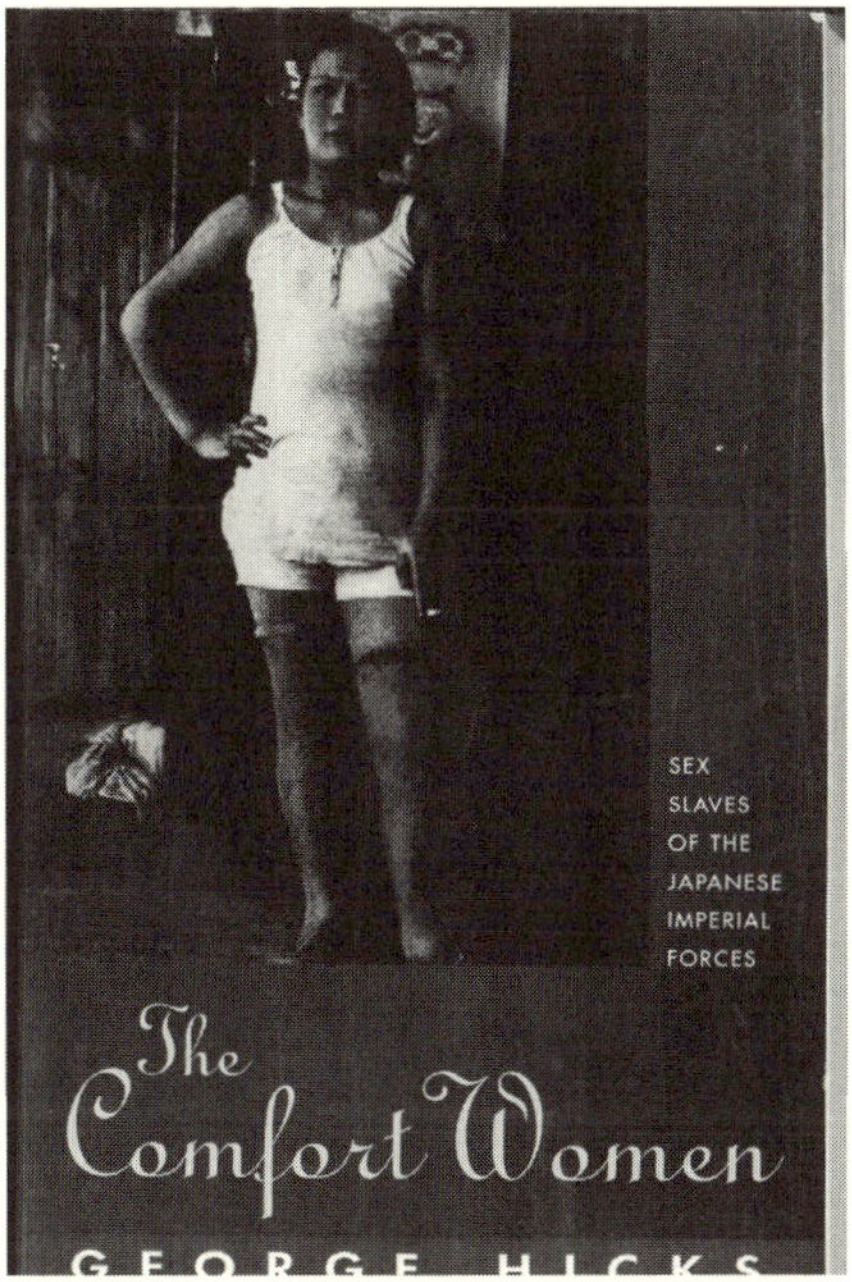

George Hicks"Comtort Women" 1996 の表紙。

たとえば、金によれば、「朝鮮総督府は、戦争という狂気に乗じて、植民地の未婚女子すべてを日本軍隊用の『女郎』に投げ込んで朝鮮民族の衰亡を謀った」（278ページ）とか、「日本軍の敗北が決定的になったとき現地の部隊では、彼女たちを防空壕に入れたまま、虐殺することを計画した。そして、これを行っている」（279ページ）などと、デタラメ極まりないことを書いている。

ところが、この金の本がヒックスの英語の本に移しかえられると、何かまともな文献であるかのような体裁を取る。〈金→ヒックス→クマラスワミ〉と、日本語から英語に書き写される過程で、マネー・ロンダリングならぬ情報ロンダリングとも言うべき事態がおこり、日本では破綻したデマが英語圏では堂々とまかり通る、というカラクリになっているのである。その結果は、多くの英語使用国民が、デマを信じ、たとえばマグロウヒル社の世界史教科書には、「日本軍は戦争が終わると、証拠隠滅のため、慰安婦を集団で虐殺した」と書かれるようになった。

著者のヒックスは全く日本語が読めないので、東大の高橋彰教授に連絡しその紹介で在日韓国人の女性リ・ユミと会った。リ・ユミは活動家サークルの知己をも動員し、日本語の文献をせっせと英語に翻訳してはヒックスに送った。ヒックスは日本語版の謝辞の中で、著書の内容の80％はリ・ユミらの翻訳情報だったと書いている。ヒックスの著作は、このようにして、一大プロジェクトとして取り組まれ、クマラスワミ報告という大輪の花を咲かせたのである。

■日本政府の幻の反論文書

日本の外務省は、直ちにクマラスワミ報告に対する反論文書を作成したが、すぐに撤回してしまった。反論文書の正式名称は、「女性に対する暴力に関する特別報告書（クマラスワミ女史）提出にかかる報告書付属文書1に対する日本政府の見解」である。文書のうち、何と言っても最も重要なのは、事実関係についての反論である。以下、引用する。

第3章　事実面に関する反論

1．付属文書がその立論の前提としている事実に関する記述は、信頼するに足りないものである。

2．特別報告者の事実調査に対する姿勢は甚だ不誠実である。特別報告者は、旧日本軍の慰安所に関する歴史的経緯や、いわゆる従軍慰安婦の募集、慰安所における生活等について記述しているが、ほぼ全面的に、日本政府に批判的な立場のG．Hicks氏の著書から、特別報告者の結論を導くのに都合の良い部分のみを抜粋して引用しているに過ぎない。一般刊行物に依拠する場合、十分な裏付け調査を行わなければならないことは職責上当然のことだが検証が行われた形跡がない。その上主観的な誇張を加えている。無責任かつ予断に満ちた付属文書は調査と呼ぶに値しない。

3. 付属文書は本来依拠すべきでない資料を無批判に採用している点においても不当である。従軍慰安婦募集のため slave raid を行ったとする吉田清治氏の著書を引用している。しかし、同人の告白する事実については、これを実証的に否定する研究もあるなど、歴史研究者の間でもその信憑性については疑問が呈されている。軽率のそしりを免れない。北朝鮮在住の女性の「証言」は、特別報告者が直接聴取していない「伝聞証言」である。特別報告者自ら問いただして確認するなどの努力もなしに、いかに供述の真実性を確認することができたのか、全く不明である。

4. 文書の記述は一面的、かつ misleading である。いわゆる従軍慰安婦の実態は地域によっても千差万別であるとともに、歴史的に見てもかなりの変遷がある。特別報告者は、極めて限定された資料と、若干の「証言」に安易に依拠しつつ、それらを一般化し、あたかも付属文書に記述されていることが、すべての場合に真実であるかのような誤った印象を与えるものになっている。付属文書のごとき偏見に基づく一般化は歴史の歪曲に等しい。

5. 特別報告者は、日本政府の調査結果に十分な注意を払うべきであった。

6. 結論　付属文書の事実関係は信頼するに足りないものであり、これを前提とした特別報告者の立論を、日本政府として受け入れる余地はない。特別報告者がこのように無責任かつ不適当な付属文書を人権委に提出したことを遺憾に思うとともに、人権委の取り扱い方によっては、特別報告者制度一般ひいては人権委そのものに対する国際社会の信頼を損なう結果となることを深く憂慮する。

この文書について、これ以上いきさつや意義を書く紙幅がないが、この文書こそ、今、改めて公開しなければならないものである。

国連活動に取り組む教訓

戸塚悦朗は国連人権会議では「NGOの貢献が七〇パーセントを占める」とも言われるほどだと言い、被害者が継続的に情報提供すれば相当の効果がある、と書いている。（前掲書、二八二頁）それは自らの六年間にわたる「日本軍性奴隷」の国連運動の成果が証明している、と豪語する。そして、最低五年は国連人権活動を継続しなければ成果はあがらないという。

戸塚は、確かに六年間で人脈をつくり、情報を絶えず流し、ロビー活動を行い、世界にNGOとネットワークをつくって、「慰安婦」を「性奴隷」にでっち上げることに成功した。それも、ほとんど一人の力によってである。その有能さは日本を性犯罪国家に仕立て上げるために十分に発揮され、本人も驚くほどの広がりをもたらした。昭和戦前期に活躍したコミンテルンのスパイ・ゾルゲにも匹敵する反日活動の「業績」である。

我々もまた、逆の立場で、戸塚の教訓を生かして取り組まなければならないと考える次第である。

第一章
そもそも、国連とは何だったのか

ジュネーブ国連欧州本部。

1

国連幻想はなぜ生まれ、どこが間違っているのか

加瀬《かせ》 英明《ひであき》

世界のなかで、滑稽なことに日本ほど、国連に対する憧れが強い国はない。

それなのに、日本人は国連について、よく知らない。

国連は「平和の殿堂」として、多くの日本国民にとって〝平和憲法〟と並んで、信仰の対象となってきた。

そのかたわら、歴代の政府が「国連中心主義」を、日本の外交の基本方針とすることを、表明してきた。

何よりも、まず「国際連合」という名の国際機構は、困ったことに世界中どこを捜してみても、どこにも存在していない。

「国際連合」も、「国連」も、「ジ・ユナイテッド・ネーションズ」の誤訳である。国連は、日本人の頭のなかだけに、存在しているのだ。

もっとも、日本では「国際連合」とか、「国連」という呼称が、すっかり定着してしまっているから、ここでは便宜のために「国連」という呼称を、用いることにしたい。

国連は、その公用語の一つである英語では、「ジ・ユナイテッド・ネーションズ」と呼ばれている。「チャーター・オブ・ジ・ユナイテッド・ネーションズ」である国連憲章は、日本がまだ連合国を相手にして、第二次大戦を戦っていた昭和二十（一九四五）年六月に、日本と戦っていた五十一ケ国によって、サンフランシスコにおいて調印された。

国連憲章は、今日でも外務省による正訳となっている翻訳では、「われら連合国の人民は……」という言葉から始まっている。原文は、「ウィー・ザ・ピープルズ・オブ・ジ・ユナイテッド・ネーションズ……」だ。

ここでは、「ジ・ユナイテッド・ネーションズ」が、「連合国」と正しく訳されている。

そして、「われらの一生のうち二度まで言語に絶する悲哀を人類に与えた戦争の惨害から将来の世代を救い……」という文言が、続いている。

ところが、文中で「ジ・ユナイテッド・ネーションズ」が、「連合国」と訳されているのに、「ザ・チャーター・オブ・ジ・ユナイテッド・ネーションズ」のほうは、なぜか、「国際連合憲章」と訳されている。翻訳に当たって、当然のことに同じ言葉は、同じように訳さなければならないのが、鉄則であるのに、何とも奇妙なことだ。

ニューヨークのマンハッタンのイースト川《リバー》に面して、三十九階建てのガラス張りの本部がたっている「ジ・ユナイテッド・ネーションズ」の正しい名称は、「連合国」なのだ。

国連が誕生した時から、五つの公用語の一つとして定められてきた中国語では、「ジ・ユナイテッド・ネーションズ」は、「連合国《リエンホーグオ》」である。

それだったら、日本語でも、「連合国」と呼ぶべきだ。日本は中国と同じ漢字圏に、属している。韓国と北朝鮮においても、国連を指す言葉として「連合国《ヨナプグク》」を使用している。「連合国」は、日本語でも先の大戦中から常用され、十分に馴染んできた言葉である。「連合国」という正しい名称を、そのまま用いるべきである。

日本と同じ敗戦国であるドイツでは、ドイツ語で第二次大戦前に存在した、かつての国際連盟が、「ディ・フルカーブンド」であるのに対して、国際連合はドイツが戦った相手の連合国と変わらない、「ディ・フェアインテ・ナツィオネン」（連合国）と、正しく呼ばれている。

イタリア語でも、「レ・ナツィオニ・ウニテ」であって、「連合国」である。

「ジ・ユナイテッド・ネーションズ」という呼称が、連合国を指す言葉として、初めて採用されたのは、日本が真珠湾を攻撃して、対米戦争が始まった翌月の昭和十七（一九四二）年一月一日のことだった。

この日、日本、ドイツ、イタリアなどの枢軸諸国と戦っていた二十六ヶ国の代表が、ワシントンに集まって「連合国宣言」を発した。

この名称は、このワシントン会議で演説した、フランクリン・D・ルーズベルト大統領が主唱した。

ルーズベルトが、このワシントン会議において演説し、日本や、ドイツと戦っている同盟諸国を、「ジ・ユナイテッド・ネーションズ」と呼ぼうと、提案したことによった。

したがって、日本は昭和十六（一九四一）年十二月から三年八ヶ月にわたって、「ジ・ユナイテッド・ネーションズ」、または連合国を敵として、戦ったのだった。

東京をはじめとする日本の都市に、国際法

ニューヨークの国連本部。

を踏み躙って、絨毯爆撃を加え、広島、長崎に原子爆弾を投下して、無辜《むこ》の住民を大量に虐殺したのも、「ジ・ユナイテッド・ネーションズ」――連合国の空軍だった。

あるいは、今日、日本ですっかり定着してしまっている「国際連合」という言葉を用いるならば、国連の空軍が日本の都市に、非人道的きわまる爆撃を、加えたのだった。

「ジ・ユナイテッド・ネーションズ」は、第二次大戦を戦った、一方の軍事同盟の呼び名である。国連が結成された時に、日本と戦っていることが、加盟資格とされた。国連は生まれからして、平和の国際機構ではなかったのだ。

国連への加盟資格については、国連憲章第四条によって、「すべての平和愛好国」と規定されたが、国連が発足するのに当たって、「平和を愛好する国」の条件として、一九四五（昭和二十）年三月一日までに、日本、ドイツをはじめとする枢軸国に対して宣戦布告していることが求められた。

そのために、いくつもの国が国連に加盟するのに必要な、「平和を愛好する国」として資格をえるために、日本とドイツに慌てて宣戦布告した。

国連憲章――正しくは「連合国憲章」は、加盟資格として「平和を愛好する国」であることを定めているが、いったい、中国や、ロシアが平和を愛する国であろうか？

北朝鮮も、今日、アメリカや、ヨーロッパ諸国によって「平和の敵」として烙印を押されているアサド政権のシリアも、国連加盟国である。

この疑問は、日本に宣戦布告をしていた国が、「平和を愛好する国」の要件であったことによって、氷解しよう。国連は、「平和を愛好する国」の組織ではないのだ。

日本でも「ジ・ユナイテッド・ネーションズ」は、昭和二十（一九四五）年十一月までは、正しく「聯合國」と訳されていた。聯は連の旧字である。

この年の四月に五十ヶ国の連合国の代表が、国連憲章――正しくは連合国憲章――を起草するために、サンフランシスコに参集した。

この時、日本の外務省は当然のことに「ジ・ユナイテッド・ネーションズ」を、「聯合國」と訳した。昭和二十年四月二十五日付の朝日新聞をみると、「桑港（注・サンフランシスコ）會談　けふ開く　群小國驅り集めて四十六ヶ國　筋書どほり果して踊るか」という見出しがあって、「國際機構審議聯合會議と彼等が銘打つ桑港會議は……」と、記事が始まっている。

その後も、「ジ・ユナイテッド・ネーションズ」は、「聯合國」と訳されている。

八月九日付の朝日新聞は、「聯合國安全保障中間委員會」という見出しのもとで、「ロンドン特電＝桑港會議において設置を決定された聯合國安全保障機構の中間委員會は恒久的國際機構設置準備のため来る九日ロンドンで第一回の會合を行ふことになつた……」と、報じている。

十一月六日付の朝日新聞には、「世界共通の教科書　聯合國文化會議で提案」という、見出しがある。記事は「聯合國教育文化機構の第一次會議は」と、始まっている。ユネスコ（UNESCO・国連教育科学文化機関）のことだ。

ところが、十一月二十七日付の紙面から、なぜなのか、「聯合國」が「國際聯合」とも訳されるようになっている。「國際聯合總會は一月」という見出しで、「〔ロンドン二十五日発UP＝共同〕聯合國準備委員會は二十六日、小國代表中から委員長を選擧する予定を発表した。なほ國際聯合第一回總會を明年一月開くやう準備をすすめてゐる」と報じている。

短い記事であるのに、何とも奇妙なことに、原文は「ユナイテッド・ネーションズ」であるのに、「聯合國準備委員会」と「國際聯合第一回總會」と、異なって訳している。

「連合国」が「国際連合」にすり替わったのは、外務省が「聯合國」と訳すると、刺激的であるために、戦前あった「國際聯盟」をもじって、「國際聯合」と呼び替えたのだった。

敗戦後、敗戦を「終戦」にすり替え、占領軍に対して敵意をいだかないように、「占領軍」を「進駐軍」といい替えて呼んだのと、同じことだった。

もっとも、日本民族はいまでも宴会が終わる時には、験《げん》を担いで、「お開き」というし、戦時中は軍が「退却」を、「転進」といい替えたものだった。

明治に入るまでは、四つ足を口にしてはならなかったから、猪を「山鯨」と呼び、兎は一羽、二羽といって、数えられた。このような例は、多い。

戦後、軍を「自衛隊」と呼んでいるのも、同じことだ。日本人は都合の悪いことを、言葉をすり替えることによって、自分を騙すことに長《た》けているが、贋物《にせもの》を本物だと取り違えてしまうと、物ごとによっては、大怪我をすることになる。

「連合軍」を「国際連合」と呼び替えたために、日本国民の眼から、国連の本質が今日に至るまで、隠されてしまった。国連は、〝戦勝国のクラブ〟なのだ。

そこで、国連憲章には、日本などの旧枢軸同盟諸国を対象とした、「敵国条項」がある。国連のどの原加盟国も、日本をはじめとする旧敵国が、不穏な動きをみせたと判断した場合には、国連に諮《はか》ることなく、いつでも自由に軍事攻撃を加えてよいというものだ。

日本では国連に対して、宗教的なといえる信仰心をいだいている者が、多い。

しかし、もし、国連を「連合国」と正しく訳してきたとしたら、戦後の日本においてまさか、国連信仰がひろまることが、なかったに違いない。

一九七五（昭和五十）年に、多額の国税を投じて、東京に国連大学を招致して開設されたが、もし、正しく「連合国大学」と呼ばれていたとしたら、いったい、誘致したものだろうか。

日本国憲法は、戦後、日本で一貫して「平和憲法」と呼ばれて、親しまれてきた。

しかし、アメリカが日本を占領下に置いたもとで、日本に強要した日本国憲法は、日本に永久に軍備を持つことを禁じることによって、アメリカにとって日本が再び脅威となることがなく、日本を永久にアメリカの属国とすることをはかったものだった。憲法の姿を装った、不平等条約だった。日本国民が「平和憲法」として親しんでいるものの、事実は「アメリカを守る憲法」なのだ。

国連は平和の守護者として、頼ることができるのだろうか？

国連の唯一つの最高の意思決定機関である安全保障理事会は、拒否権を持つ五つの常任理事国によって構成され、牛耳られている。国連が生れた当初から、アメリカ、イギリス、フランス、ロシア、中国の五つの国が、常任理事国となっている。

国連は、建てられてから七十年にわたって、一度も修理することがなかった廃屋に、よく似ている。国連は世界の現実に、まったくそぐわなくなっている。この意味でも、日本国憲法によく似ている。

プーチン大統領のロシアが、二〇一四年にウクライナから、傍若無人に国際法を蹂躪して、クリミア地方を奪い取ったが、国連はこのウクライナ危機に当たって、何の役にも立たなかった。国連は、まったく無力だった。

国連は麻痺したように、動くことができなかったが、ロシアが安保理事会で拒否権を持っているからである。

日本では「国連中心主義」という言葉が、長いあいだ、国是として罷り通ってきたが、〝中心がないものを、中心とする主義〟だった。

国連は最高意志決定機関である、安全保障理事会を構成している、常任理事国である、ロシア、中国を含めた五ヶ国の意志が、一致しないかぎり、まったく動くことができない。だから、中心を欠いている組織である。

国連の歴史を、少しでも知っている者なら、五つの常任理事国の意志が一致することが、めったにないことを、よく承知しているはずだ。

日本が、万一、中国の侵略を蒙った場合には、国連は動くことができない。中国が安保理事会の常任理事国であって、かならず拒否権を行使するからだ。

これまで、日本は国連が中心を欠いており、五つの常任理事国によって牛耳られているという現実に、目を向けることなく、日本外交の中心として頼りにしようという、甘いというよりも、愚かしい幻想に耽《ふけ》ってきた。

中国が武力を用いて尖閣諸島を奪いにきた場合に、国連に縋《すが》ろうとしても、無駄である。

国連は万一の場合に、頼りにならない。「諸国民の公正と信義に信頼」（日本国憲法前文）して、日本の安全を保つことはできないのと、同じことだ。

戦後の日本国民の平和願望は、祈りであるが、平和は努力して創りだすものであって、祈りや、呪（まじな）呪いによって、もたらされない。

戦後の日本国民は、〝憲法幻想〟と、〝国連信仰〟によって、自ら進んで目を目隠しによって覆ってきた。

日本において、国連は「平和の殿堂」と呼ばれてきた。

だが、世界のなかで滑稽なことに、そのように崇めて、国連を信仰の対象として拝んできた国は、日本の他に存在していない。

他の国はすべて、国連を外交の道具の一つであるか、国際的な闘争の場としてみなしている。

「国際連合」という誤訳も、〝戦後レジーム〟を、支えてきた。

しかし、日本政府と国民が、「国際連合」がまったくの誤訳であることを認めて、「連合国」という正しい名称を用いる決断が、できるものだろうか？　そうするべきであるが、そのようなことは、とうてい望むことができまい。

今日、国連の加盟国は百九十三ヶ国を数える。国連職員がそれぞれの加盟国ごとに、人数を割りふられており、雑多な人々によって構成されている。

第三世界の加盟国から拠出された職員のなかには、これらの国の政権幹部や、政権を支えている有力者や、取り巻きの縁者が多い。

職員のポストは、本国における所得を大きく上回る高給を目当てにして、利得とみなされている。

そのために、能力や、人格が疑わしい者が多く、国連を食い物としている。第三世界の貧しい加盟国の大多数において、専制政治が行われているか、民主主義が未熟であるために、役人の不正蓄財がさかんに行われ、収賄が蔓延《まんえん》している。

国連本部や、下部機関は多分に、第三世界のこのような現実の延長となっている。国連本部や、その下にあるさまざまな機関において、資格をまったく欠いている者が働いており、不正があとを絶たないことが、しばしば問題となってきた。

国連の下部機関によって、奇矯としかいえない報告書が発表されることが、少なくない。とくに、人権を扱う委員会の構成国として、国内で人権を踏《ふ》み躙《にじ》っている諸国が多く加わっており、発言権を行使しているのは、国連の権威を疑わせるものであって、国連のおぞましさを示している。

国連は、真っ当な国際機関ではない。

それでも、国連は全世界の国々の代表が、一堂に集っている唯一つの公的な場である。

そのために、国連の質がどうあれ、加盟国にとって、重要な外交の道具となっている。日本としては、国連において日本の主張を、堂々と積極的に行い、世界に日本の立場を知らせる場として、活用してゆかねばならない。

2

国連とは、壮大な無駄と腐敗の体系だ

藤《ふじ》井《い》 厳《げん》喜《き》

日本人の国連幻想と国連信仰は最早、滑稽を通り過ぎて悲惨ですらある。国連が第二次大戦の連合国（戦勝国）が中心に造った国際組織であり、日本などの敗戦国にとっては極めて不公平で不利な仕組みをもっている事については、既に加瀬英明先生が本書に優れた論文を寄稿されているので筆者は違った観点からの国連批判を試みてみたい。

かつて自民党の某政治家が国連を「田舎の農協のようなもの」と批評してマスコミから袋叩きにあったことがある。しかしこんな発言は日本の田舎の農協に対して誠に失礼である。農協は実質的な機能をもっているし、そこの職員は善良であり、国連程の無駄遣いはしていない。国連というのは殆ど何のポジティブなアウトプットもなく、ただ巨大な予算だけを浪費する機関である。

国連を意味する「UN」という英語の略称をみると、筆者が強烈に思い出す事がある。それはカンボジアでのことだ。カンボジアの停戦協定が結ばれ、国連のPKO活動が開始された。その時、筆者は2年連続してカンボジアPKO活動の現場を取材した。その時の話であるが、夕刻になると豆電球で飾られた買春街に青い「UN」の旗をなびかせた白いトヨタの四輪駆動車がずらりと並んでいた。各国から集まったPKO要員達は、車体に大きく「UN」と書かれた四輪駆動車で、国連の旗までなびかせながら売春宿に押し寄せていたのである。第三世界から来た兵士達にしてみれば、この国連PKO活動では大変な高給をもらっており、どこに行っても彼らは陽気であった。筆者は終戦直後の日本の占領軍の兵士達もこんな調子ではなかったかと、ふと想像力を巡らせていた。

さて、箇条書き的に国連の批判を述べてみたい。

(1) 国連は膨大な予算を浪費する国際機関である。そこはある意味「無駄遣い天国」だ。我々が税金から拠出する分担金は国際高級官僚という寄生虫階級に浪費されている。

(2) 国連は国際紛争の解決に何の役にも立っていない。時には明らかに人道主義に反する役割を果たす事もある。国連はよく見ても無駄なおしゃべりのフォーラムに過ぎない。

(3) 国連は、北朝鮮のような人権や人道を無視するテロ支援国家がそのプロパガンダを行なう場となってきた。日本ばかりではない。アメリカやイスラエル等も度々、国連関係機関の攻撃と批判の対象になっている。

■国連をどう利用するか？

国連は好意的に見ても国益を追求する国家間の喧嘩の場所の1つに過ぎない。見方を変えれば謀略の場でもある。「国連中心外交」というのは、日本では未だに受けのいい言葉のようだが、何の意味もないどころか、寧ろ日本の国益を傷つける危険な発想である。日本に必要なのは、第1に国連において戦う姿勢と第2に脱国連外交の強化なのである。

一体、「国連中心外交」という言葉は何を意味しているのだろうか？

よく考えると全く意味不明である。例えば今日の日本の政治家が「国会中心に政治を進めます。我が党の方針は国会中心主義です」と言ったら誰もが大笑いをするだろう。政治の中心が国会なのは分かりきった事で、その国会でどのような政策を掲げ、どのような主張をするのかが、それぞれの政党の役割なのである。国会は駆け引きと合意形成の場に過ぎない。

しかも日本の現体制では、国会は国権の最高機関と位置づけられているから、国会という場を政治の中心とする事には何の問題もない。そんな事は常識なので、「国会中心政治」などという事は誰も主張しないのである。

国連中心主義というのも愚かな発想で、国連で何を主張するのか、国連でどのような日本の国益を主張するのかが大事なのである。国連は国益を追求する外交の場の1つに過ぎない。しかも、国会は世界の外交の中心ではない。国会は国権の最高機関であるが、国連は世界政治の最高機関ではないのだ。いくつも存在する国際機関の1つに過ぎない。

現在まで日本は膨大な資金を国連に提供してきたが、およそ国連が日本の為に役に立ってくれた事は極めて稀である。単に無駄遣いというばかりでなく、慰安婦問題や拉致問題の事を考えれば、国連と国連関連機関は日本を軽視し、更に日本の国益と尊厳を傷つけるような事を平気で行なってきた。国連とそれに関係した諸機関は、日本の味方であるよりは、日本の敵であった事が多いのである。

アメリカの愛国者は国連が大嫌い

1970年代後半から80年代前半にアメリカに留学した筆者にとって、印象的だったのは、アメリカの愛国者が国連に著しい嫌悪感を抱いていた事である。そもそも国連という組織が構想された時に、共産主義にシンパシーを感じていた米大統領フランクリン・ルーズベルトは今日思えば異常と思える程の妥協をソ連のスターリンにしてしまった。スターリンはルーズベルトに対して「ソ連は15の共和国の連邦であるから、15の共和国は別々に国連に加盟する。ソ連には国連で15票を与えろ」と主張したのである。アメリカ合衆国は1票だが、ソ連は15票欲しいという主張だ。流石のルーズベルトも驚いて、この案には同意しなかったが、スターリンに妥協してロシア共和国の他にベラルーシとウクライナは別の国家として国連に議席を与えるという妥協をしてしまった。つまりソ連は1国だが国連総会で3票を獲得するという約束を勝ち取ったのである。

日本には国際政治に関する陳腐な謀略論を振り回す輩が少なからずいる。彼らの一派にこんな主張がある。「国連はアメリカが造ったものなので、全てアメリカの謀略によって動いている」という国連陰謀論がそれだ。ところが、アメリカの保守派、愛国者は国連を嫌悪している。これは国連が、ソ連をはじめとする共産主義勢力が大きな力を揮う場所になってしまった、という事に由来している。ソ連は発展途上国の間に多くの友好国を創り上げ、彼らをまとめて反米の方向に誘導していった。国連が反米活動の場になってしまったので、アメリカとしては極めて居心地の悪い事になってしまった。特にベトナム戦争を通じて、アメリカは国連の場で多くの批難を受ける事になり、国連はアメリカにとって、極めて危険な場所になっていった。当時のアメリカの国連大使ダニエル・パトリック・モイニハンが書いた回顧録のタイトルは『危険な場所（A dangerous place)』であった。当時の国連の雰囲気がよく表れている。アメリカの愛国者の中には、「国連本部をアメリカから追放しろ」と唱える者までいた。国連本部のビルが建っている土地は、国連創設時にアメリカが国連に寄付したもので、他国の大使館のようにアメリカの主権が及ぶところではない。アメリカの国益に反する国連が米国本土に治外法権の土地をもっている、という事自体が気に食わないというのが保守派の主張であった。それほどにアメリカの保守派の間では国連の評価は低かったのである。

１９８４年、レーガン政権の時にアメリカはユネスコを脱退した。この時の経緯をみると、国連関連団体なるものは如何に膨大な予算を無駄遣いしているかだけではなく、国際高級官僚という寄生虫の巣窟となっているかがよく分かる。ユネスコは国連専門機関と呼ばれているものの1つである。国際労働機関（ＩＬＯ）、世界保健機関（ＷＨＯ）などと並ぶ国連専門機関であり、これらの機関は国連経済社会理事会の傘下にある。国連の名を冠してはいるがユネスコのような専門機関は、国連本体とは別の官僚組織であり、予算も別である。ただ国連経済社会理事会が国連本体と専門機関との橋渡し役となっている。

事の発端は１９７４年にアマドゥ・マハタル・ムボーというセネガル人がユネスコの事務局長に選ばれた事に始まる。ムボー氏は独特の押しの強さを発揮して、ユネスコを私物化し、牛耳ってゆく。６年の任期を終えたムボー氏は80年には再選されている。２期目に入るとムボー事務局長は欧米先進国、特にアメリカを露骨に敵視するようになっていった。彼の組織運営の仕方は極めて独裁的であり、事務局員の採用に関しても縁故者の採用を優先させた。経理にも介入し、ユネスコの資金を利用してパリの高級アパートでの奢侈な生活にふけっていた。ムボー氏の反米的な言動とその組織の私物化に、時のアメリカのレーガン政権は鋭く攻撃を加えた。アメリカの会計検査院はユネスコの経理の監査に乗り出した。ところがその直前、パリ市内のユネスコ本部ビルで放火事件が起き、重要な書類の一部が焼失してしまった！それでもアメリカは監査を行なったが、それによればユネスコには使途不明金が少なくとも１４００万ドルある事が明らかになった。会計報告も全くのデタラメであった。３３００人の全職員の内、パリ在住者が７割も占めている事も問題になった。レーガン政権は、ムボー氏が反米的言動や腐敗を正さなければユネスコを脱退すると表明した。そしてレーガン大統領が２期目の当選を決めた１９８４年末にアメリカはユネスコを脱退した。シンガポールとイギリスもアメリカに続いて脱退している。

●専門機関

国際労働機関(ILO)
国連食糧農業機関(FAO)
世界保健機構(WHO)
国連教育科学文化機関(UNESCO《ユネスコ》)
世界銀行グループ
国際通貨基金(IMF)
国際民間航空機関(ICAO)
国際海事機関(IMO)
万国郵便連合(UPU)
など

持続可能開発委員会などの各種機能委員会、
アフリカ経済委員会などの各種地域委員会、
非政府組織委員会などのその他の機関、
各部局および各事務所

アメリカがユネスコに復帰したのは、2003年になってからで、ブッシュ・ジュニア政権での事であった。実はこういった腐敗や無駄遣いは国連本体は元より、国連関連の専門機関すべてで行なわれていると見る事が出来る。

とにかく国連のやっている事は無駄遣いのオンパレードである。天文学的量の印刷物が発行されるが、殆ど誰もがそれを利用しない。

滑稽な実例を1つあげよう。国連経済社会理事会のジュネーブに本拠を置く欧州経済委員会は、1992年に『タマゴ基準』と題された24ページの英文パンフレットを3000部、発行した。これは新鮮な卵、割れた卵、等々、多

国際連合の主な組織（2012年、国連広報センター資料による）

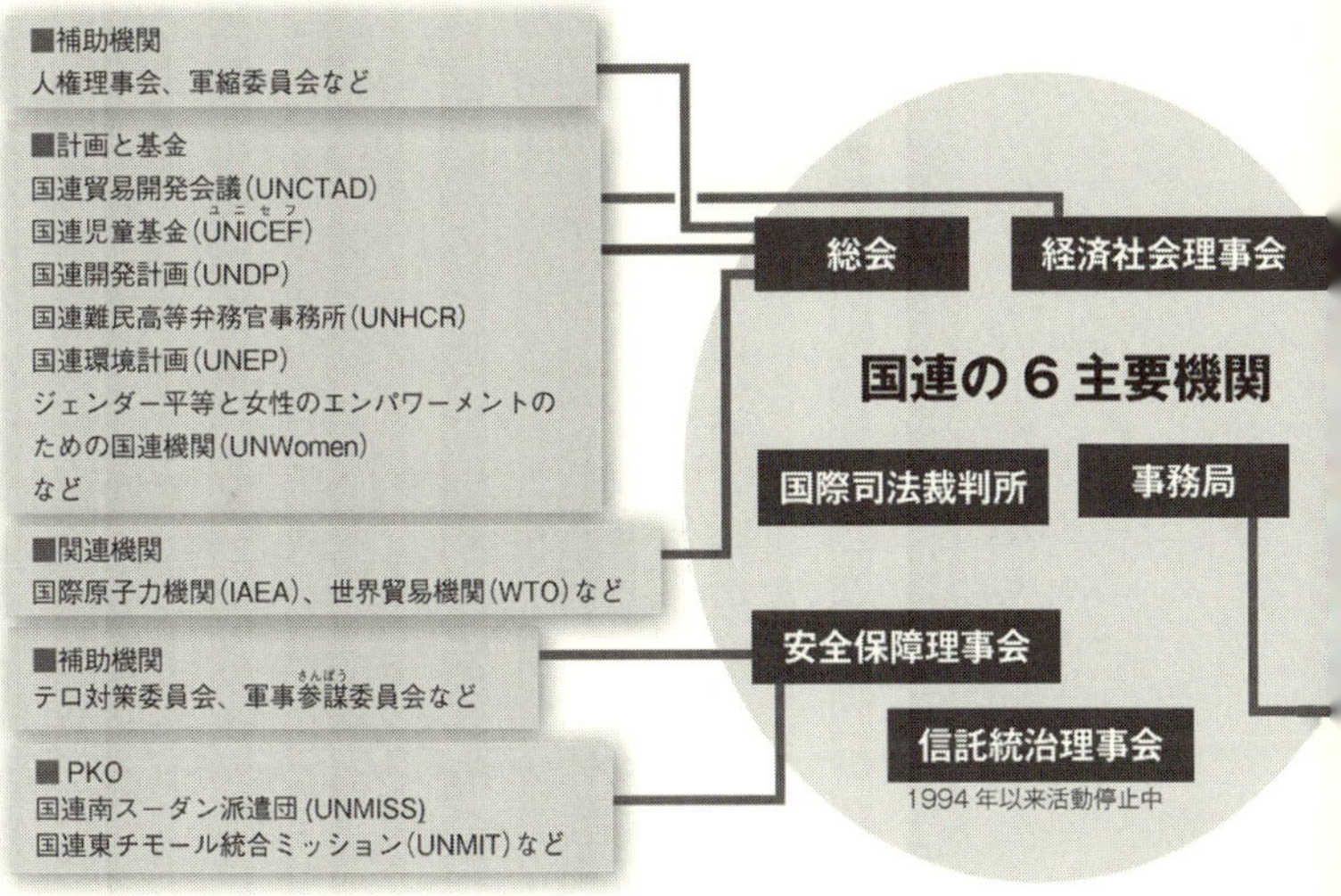

様な卵を美しいカラー写真で印刷した刊行物である。当時のアメリカのピッカリング国連大使は流石にこの刊行物にショックを受け、ジュネーブの経済社会理事会に抗議を行なっている。このような無駄は国連やその関連専門機関では日常茶飯事である。このような刊行物の印刷の背後で、どのような不正や腐敗が行なわれているかは、容易に想像できる。

国連専門機関は、国連という名を冠してはいるが、実体上は国連とは別の組織である。国連本体は元より、こういった専門機関に対しても、日本は膨大な額の分担金を負担しているが、その資金がムボー氏のような人物の高価なシャンパン代や不要不急の印刷物に浪費されていくのである。

■チベットへのチャイナの侵略を防げなかった国連

現在、チャイナがチベット人やウイグル人に対して行なっている非人道的な弾圧、虐殺については、国連は全くなすすべがない。それはチャイナが国連の中心である安全保障理事会の常任理事国であり、拒否権をもっているからだ。しかし、中華人民共和国が国連メンバーとなり、国連安保理の常任理事国となる以前の段階でも、国連はこの国のチベット侵略を防ぐ事ができなかったのである。

話は1950年にさかのぼる。この年の10月、中国共産党の4万の軍隊が東チベットに侵攻した。この攻撃に対し、当時独立国であったチベットの国軍兵士と義勇兵8000人は果敢に抵抗したが、圧倒的な中共軍の兵力に敗北。この戦闘でチベット人兵士の半数、約4000人が殺害されている。この時、チベット政府は既に誕生していた国連に救いを求めた。しかしこの時、インド代表は驚くべき発言をした。それは「この問題を国連総会の場で討議するのは相応しくない」という発言である。その理由はチベット、チャイナ、インド3ヶ国に平和をもたらす為には、国連の場は相応しくないという理由である。この時、イギリスの代表までもインドの提案を支持した。この為、救いを求めるチベットの声は、国連の場で終に取り上げられることもなく、黙殺されたのである。国連はチャイナのチベット侵略について討議する事すらしなかったのである。

当時、インド、イギリス、チベットの3国は条約を結んでおり、この条約は3ヶ国間で効力を有していた。つまりインドとイギリス両国はチベットを独立国として承認していたのである。しかし国連はチベットを救えなかったのだ。600万人のチベット国民は終に中国共産党の侵略の犠牲者となってしまった。国連が如何に無力な存在であるかが、この一事からしても明瞭である。しかもこの時、中国共産党政権は、国連に議席すら持っていなかったのである。それにも関わらず、このような有様であった。まして現在のように、中共政府が国連安全保障理事会の常任理事国となった状況においては、この国の尖閣列島に対する侵略などを国連の場で防ぐ事は不可能なのである。

当時のチベットは紛れもなく独立国であった。第二次世界大戦中、米ルーズベルト政権は蒋介石政権への武器供与の為に、インドからチベットを経由して重慶へ到る道路建設の許可をチベット政府に要請していた。チベット政府は第二次大戦における中立を貫くという政策をとっており、このアメリカからの要請を拒否している。実はチベット国内では、日本の勝利を祈る仏教祈祷が行なわれていたとも言われており、チベットは親日的な態度を保持した中立国であった。こういった外交的経緯からしても、アメリカも又、チベットを独立国として認識していた事がよくわかる。

１９４６年には、チベット政府は連合国諸国に使節団を送り、１９４７年にはインドで開催されたアジア諸国会議にも代表団を送り込んだ。又、インドの独立を契機に、チベット政府は英米インド、チャイナ各国に通商代表団を派遣している。この時の通商代表団はチベット政府発行のパスポートをもって各国に入国した。つまり、これらの国々はチベットが独立国である事を事実として認めていたのである。しかし、チベットの悲劇は起きてしまったのだ。

■日本を疎外する片寄った国連

国連やその傘下の専門機関が日本を如何に疎外してきたかは、実例を挙げればきりがない。国連人権理事会やその前進である国連人権委員会における慰安婦問題の扱いの愚劣さと極端な反日ぶりについては、実際に人権委員会に乗り込んだ皆さんの報告に詳しいので割愛させて頂き、他の分かり易い簡単な事例を挙げておこう。

１９９８年8月、北朝鮮はテポドン・ミサイルを発射し、これは日本列島の上を通過して太平洋上に着水した。日本はすぐさま国連安全保障理事会に働きかけ、北朝鮮非難の決議を出そうと働きかけた。当時、日本は安保理の非常任理事国であった。だが、チャイナがこれに抵抗し、非難決議の採択はできなかった。それどころか非難決議の提出すらできなかったのである。

２００３年4月、日本は北朝鮮の日本人拉致問題を含む同国の人権弾圧への非難決議を採択しようと国連人権委員会で各国に働きかけた。しかし、当時の国連人権委員会加盟53ヶ国の内、チャイナなど10か国が反対し、インドなど14か国も棄権した。

２０１４年12月18日、北朝鮮の人権侵害を批難する決議は国連総会で賛成１１６ヶ国、反対20、棄権53で可決した。北朝鮮への同種の決議は10年連続で可決されている。しかし何の拘束力もないため、日本の拉致問題の解決などには全く力を発揮していない。拉致問題のような明々白々な反人道的テロですら、その解決に国連は全く無力なのである。

ちなみに日本は、国連通常予算の10％以上を毎年負担してきている。２０１２年は米国の分担率は22％、日本の分担率は１２・５％である。２０１３年は米国の分担率は22％、日本は11％である。２０１３年の米国の支出額は１ドル＝１００円と換算して６１８億５０００万円であり、日本の支出額は約２７６億円である。これに対してチャイナは安保理常任理事国でありながら、２０１３年の分担率は５・１％、僅か１３１億円しか負担していない。

日本が国連関連で膨大な無駄遣いをさせられている機関に「国連大学」があるが、これについては稿を改めて論じたい。

ちなみに、国連人権理事会によく槍玉にあげられるイスラエルのネタニヤフ首相は、最近「人権理事会はテロリスト理事会だ」と憤慨していた。誠にもっともな怒りである。慰安婦問題で人権理事会に苛められている日本人にはこの怒りはよく分かるはずだ。

■潘基文が潰してくれた国連幻想

国連の内側でも外側でも、潘基文（パン・ギムン）事務総長の評判は非常に悪い。まして韓国の国論に連動して反日的な言動が顕著である。本来、国連事務総長は出身国からも中立的でなければならないはずだが、この人には恥も外聞もないらしく、現在の韓国の反日がそのまま彼の言動には反映されている。国連の一割以上の予算を分担している日本としては、事務総長に堂々たる抗議をしなければならないが、どうも日本外務省にはそんな度胸もないようだ。この際、国連分担金の大幅減額も考えてみるべき時である。

しかし、潘基文事務総長は、大いに日本の役に立ってくれているのかもしれない。それは同氏の反日的言動が、日本人の間に蔓延していた国連幻想や国連信仰を破壊する効果があったからだ。日本の国連大使を1998年から2002年まで4年間務めた佐藤行雄氏は一部の日本人が未だに主張しているところの「国連中心主義」を次のように鋭く批判している。「国連中心主義というのが、日本の国益に関わる問題についての判断を国連にゆだねるという事ならば、危険極まりない。日本には、自国の利益の為に国連を使用するという視点が欠けている。国連を神聖化したような議論には心から危惧の念を覚える。」

このような認識が日本人全ての常識にならなければならない。

第二章

世界に広がった「慰安婦＝性奴隷」の嘘

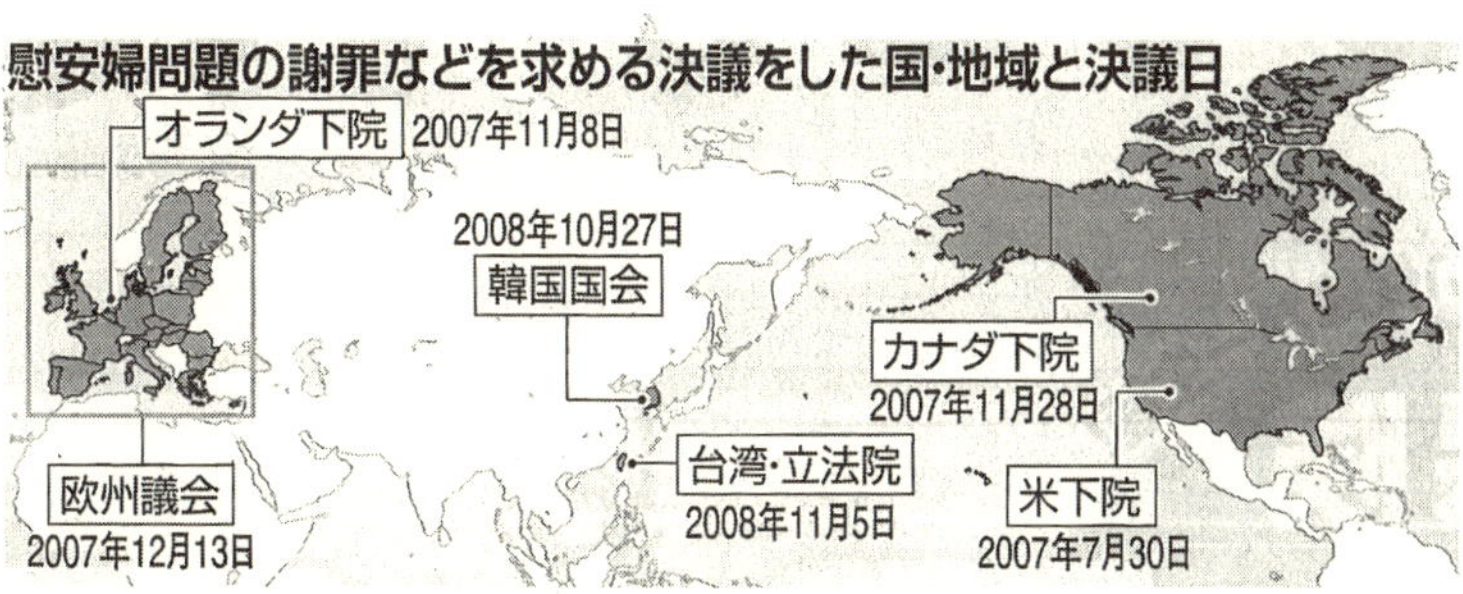

産経新聞 2013 年 11 月 5 日付。

1

二〇〇七年米議会慰安婦決議から全米に波及

ケネディー日《ひ》砂《さ》恵《え》

■私の中の「国連幻想」

私は子供の時、国連という機関は、世界に存在するすべての国々の上に立つ権威ある機関だと考えていた。国連事務総長などは、それこそ世界大統領のようなものかと考えていた。いつからか、それが旧戦勝国を枢軸国にした連合国軍の名残りであり、日本とドイツは（未だに）敵国条例に入れられている事を知った。しかも常任理事国には、中国やロシアのように第二次世界大戦後もいわゆる西側諸国と戦争をした、或いは戦争状態となった国々が控えている。

それでも世界の193か国が加盟している国際機関であるのだから、やはり個々の国々の上に立つ権威を持つのだろうと漠然と考えていた。であるから、国連の決議は大きいし、決まった事には逆らえない。逆らったら、国際社会からつまはじきにされる。多かれ少なかれ、日本人はそんな意識を国連に対して持っていないだろうか。

アメリカに住むようになり、メディアの扱いや、一般のアメリカ人の国連に対する意識を知るにつけ、国によって考え方はこうまで違うのか、と驚いた。アメリカ人は自分の国を、まるで果汁100％のオレンジジュースのように思っている。だから、他の国が多く加われば加わるほど不純物や添加物が増え、ろくな飲み物にならないと考えているような節がある。

ジュースの喩えはともかくとして、正しい決断は他国が加わらずアメリカ一国に任せておけば良いと考えている事は確かだろう。実際、国連が介入することによって問題が複雑化したり、解決が遠のく場合が多々あるのだから、それも自然な感覚だろう。いずれにせよ他の国々や国際社会がどう考えているか、意見を聞いてから判断しよう、などと言う感覚はアメリカには皆無だ。

■挫折した対日賠償訴訟

アメリカに於いて慰安婦問題が大きく取り上げられるようになったのは、2007年下院決議案１２１号が可決されたあたりからである。それまでは、慰安婦問題は他の対日訴訟問題の陰に隠れていた感がある。

対日訴訟問題は、１９９８年にカリフォルニア州選出のトム・ヘイデン上院議員、ロッド・パチェコ州下院議員とマイク・ホンダ議員らが提案した、ヘイデン法と呼ばれる「第二次世界大戦中に、ナチスや日本から強制労働を強いられ、賃金の支払われていない被害者が州裁レベルで賠償を求める事を可能にする、『戦時強制労働補償時効延長法』と呼ばれる州法」の可決によって発生したと言って良いだろう。同法案は「被害者」たちがドイツや日本に対して提訴できる期限を２０１０年までとしたから、１９９９年から２０００年にかけて対日の補償を求める訴訟が旧日本軍捕虜であった退役軍人や戦時中に日本の企業などで働いていた中国人などから多発した。

２０００年９月18日には、第二次世界大戦中に日本軍に慰安婦にさせられたとする在米中国人や韓国、フィリピン、台湾人女性ら計15人が、日本政府を相手

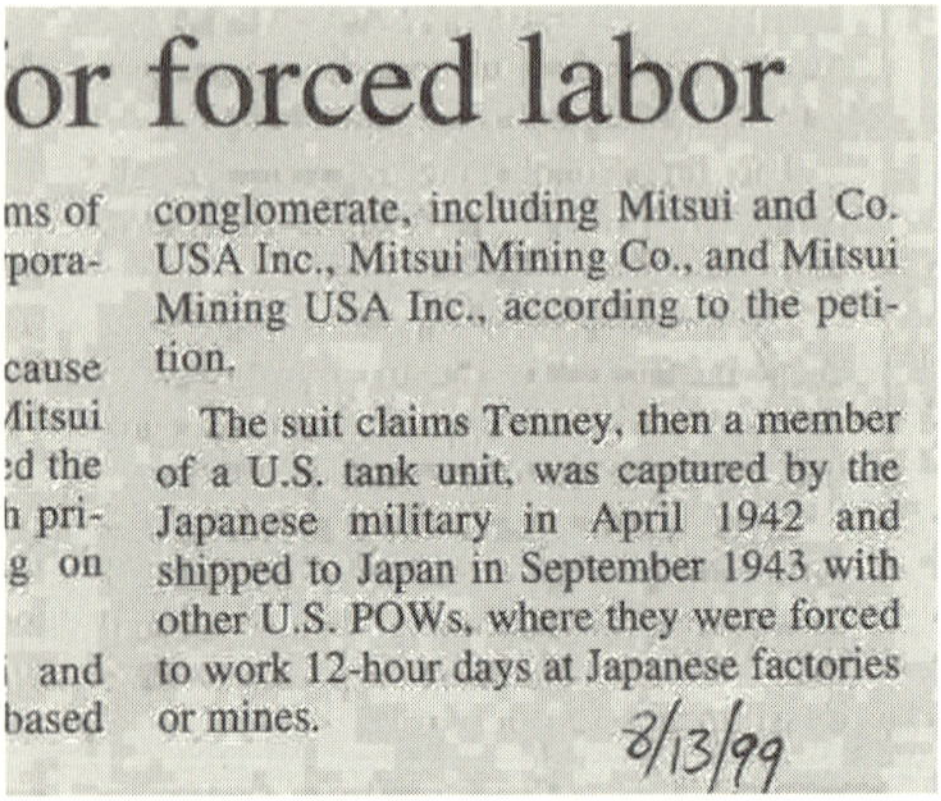
or forced labor

ms of
pora-

cause
Mitsui
ed the
h pri-
g on

and
based

conglomerate, including Mitsui and Co. USA Inc., Mitsui Mining Co., and Mitsui Mining USA Inc., according to the petition.

The suit claims Tenney, then a member of a U.S. tank unit, was captured by the Japanese military in April 1942 and shipped to Japan in September 1943 with other U.S. POWs, where they were forced to work 12-hour days at Japanese factories or mines.

8/13/99

訴えたことを報じる新聞記事。

取って損害賠償請求の集団訴訟をワシントン連邦地方裁判所で起こした。日本政府は「日本国との平和条約（サンフランシスコ講和条約）での国家間の合意で解決ずみ」としてワシントン地裁に訴えの却下を求めた。

そうした集団訴訟を支援していたのは中国系の反日団体「世界抗日連合」である。カリフォルニア選出の議員らが特別州法を作り、それによって生じる集団訴訟を中国の抗日連合が支援する構図が出来上がったようである。

これに対して、米国国務省と米国司法省は一貫して日本の主張に同意した上で、米国議会の決定に反対の立場をとり、米国政府と議会の激しい応酬が繰り返されることになった。またウォール・ストリート・ジャーナルなどの主要メディアも、米政府と日本の立場に歩調を合わせ、これらの訴訟を強く非難していた。

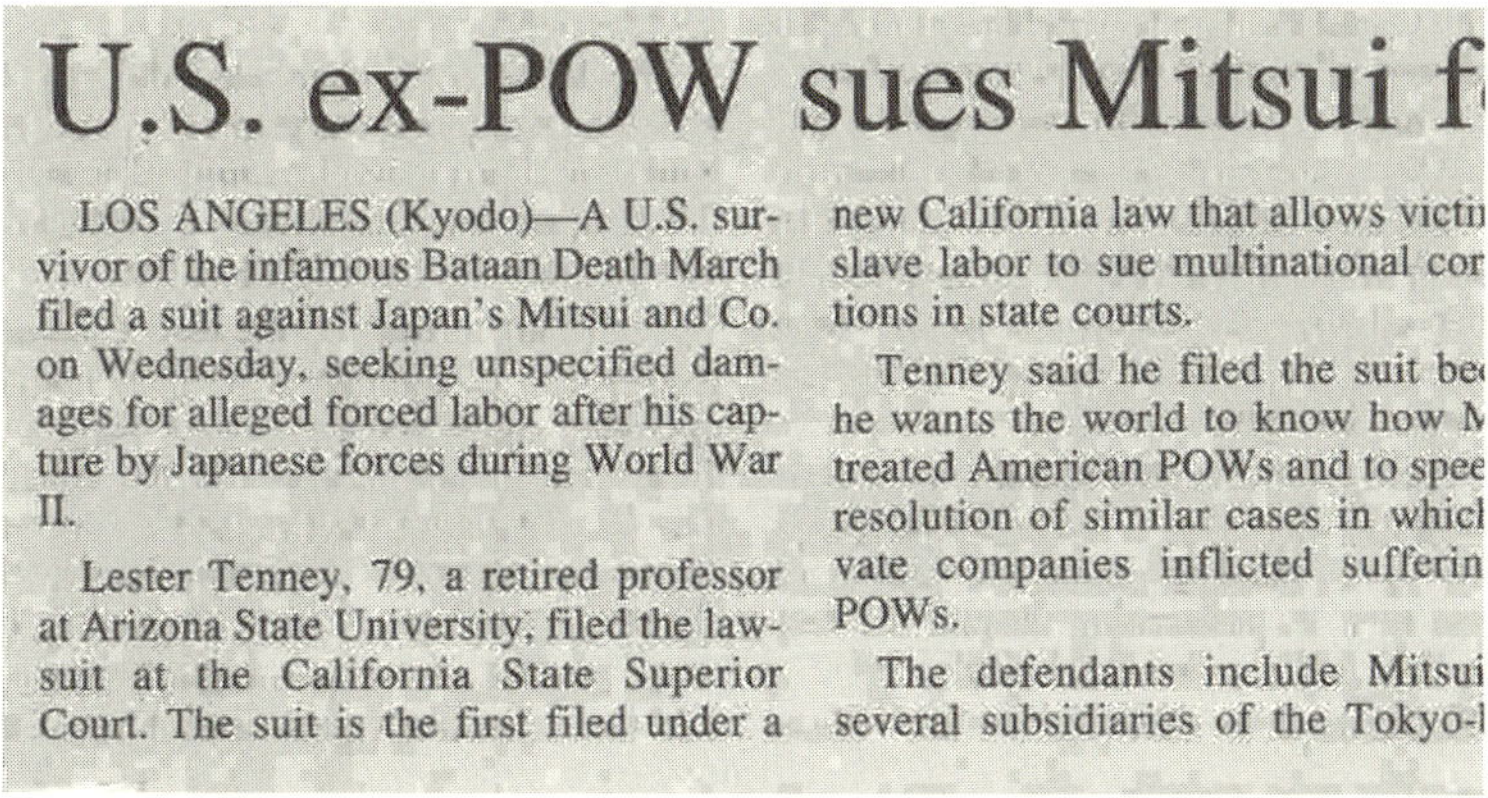

U.S. ex-POW sues Mitsui f

LOS ANGELES (Kyodo)—A U.S. survivor of the infamous Bataan Death March filed a suit against Japan's Mitsui and Co. on Wednesday, seeking unspecified damages for alleged forced labor after his capture by Japanese forces during World War II.

Lester Tenney, 79, a retired professor at Arizona State University, filed the lawsuit at the California State Superior Court. The suit is the first filed under a new California law that allows victi slave labor to sue multinational co tions in state courts.

Tenney said he filed the suit be he wants the world to know how M treated American POWs and to spee resolution of similar cases in whic vate companies inflicted sufferin POWs.

The defendants include Mitsui several subsidiaries of the Tokyo-

日本軍の捕虜だった元米兵が強制労働をさせられたとして日本企業を

２００３年1月15日にカリフォルニア州高裁は１９９９年に施行された戦時中のの賠償請求を認めたカリフォルニア州法を合憲としたが、1月21日には、サンフランシスコ連邦高裁がヘイドン法を憲法違反と司法判断し、日本企業への集団訴訟28件をすべて却下している。また、２００６年2月26日、アメリカ合衆国最高裁判所は、慰安婦たちの起こした集団訴訟についても却下の最終司法判断を下した。

つまりこの当時は、米国の行政、司法、又メディアは、対日訴訟に関して、日本の主張を理解し、日本は補償の法的義務を負わない事を共に主張していたのだ。

私の考えでは、これらの問題が法的には解決済みであり、連邦政府も司法も主張を曲げず、日本叩きがメディアや国民の共感を得られない事が明確になるにつれ、元捕虜や労働者を利用した日本叩きではなく、女性の権利や人権を口実にした日本叩きに問題をすり変えていったのではないかと考える。

■女性の人権問題にスリカエ

対日非難決議を可決させるに当たって下院議員らに接触して活躍したミンディー＝コトラーやアナベル＝朴によれば、彼女たちはこの決議が支持を得る為に第二次世界大戦中の慰安婦の問題が、アフガニスタンやイラク、ダルフールやなどに於いて現在進行中で行われている女性の権利や人権の蹂躙などの根源となっている事を説いたそうだ。

これらの地域で行われている女性の権利や人権の蹂躙について、懸念や反対を表明しない事は選挙民の前に決してよく映らない。しかしながら、これらの国に於いて行われている人権問題に対して直接非難して外交問題にこじらせたら、それも厄介である。しかもダルフールなどの虐殺には中国が加担している。人権問題にまじめに取り組んでいるとアピールをする為にいずれかの国を叩かなければならないのなら、大人しい日本を叩こうと思ったのではないかと思う。

それ以前にもマイク＝ホンダ議員は１９９９年に対日非難決議をカリフォルニアの州議会に於いて可決させている。その時の事をジャパン＝フォーカスのインタビューに答えてこう発言している。

「私は１９９９年にカリフォルニアの議会でＡＪＲ27を可決させました。その時に在サンフランシスコの日本領事との間にちょっとした諍いが生じました。彼らは『どうしてカリフォルニアでこんな事をするんです？　これは国内、国際問題であって州の問題ではないのに』と言いました。しかしながらそれは可決されました。その後自分は米国下院議会に当選しました。だから言ったんです。『私は下院に当選した。またこの決議を広めていって、国内、国際問題のレベルにまで高めていきます。』」

同議員のこの熱意、日本に対しては疲れる事無く非難を止めないこの執念はどこから来るのだろう。彼が人権問題を第一に考えているなら、同じ熱意を以て反中国の非難決議を進めるべきだ。しかしそういった行動は一切起こしていない。それどころか、人権侵害の甚だしいイランから、2015年には、米国との核合意が結ばれる前にイラン側から金銭を受け取り合意に賛成票を投じた議員の一人として、保守派アメリカ人から「売国奴」と書かれている。ホンダ議員の「人権問題への取り組み」の建前はともかく、現実問題としてのイランの人権侵害を解決するつもりは一切無いようだ。

■米下院決議の正体

ホンダ議員やミンディー＝コトラーたちによる執念の取り組みで可決された非難決議121号だが、実際そこに居合わせて賛成票を投じた議員は10人程である。2014年の9月に、ハンティングトン＝ビーチのコーヒーショップで会った共和党のデーナ＝ローラバッカー下院議員は、「慰安婦問題の歴史背景はともかく、もっと大きな敵である中国に対して、日本とアメリカは強い絆を堅持しなければならない」と語っていた。ところで日本では、同議員が韓国ロビーのアプローチ後に対日非難決議に賛成票を投じたと報道されたが、この報道は事実とは違う。デーナ＝ローラバッカー議員は、同下院決議に対して賛成票を投じてはいないし、同決議が可決された事すら知らなかった。

一般のアメリカ人でその決議について知っている人は殆どいないと言って良い。合衆国下院の決議には拘束と非拘束とがあり、この対日非難決議は非拘束のものであり、上院に送られ行政に法的処置を迫る性質のものではない。そう言われても日本人の感覚としては、曲がりなりにも米国議会で決議されたものであるのだから、受け取り方もそれなりに真剣に、それこそ非難決議と呼ばれる分、非難された気になるのも充分理解できる。

しかしながら、およそ７０００の決議案が採決を待っていると言われているが、その中の他のいくつかの例を挙げて下院決議案（非拘束）というものがどういうものなのか、見ていきたいと思う。

▽下院決議案、２６１７号。２０１３年７月８日、民主党ドナ＝エドワード議員により提出された「アポロ＝ルナー月面着陸文化遺産案」。目的は、アポロ＝ルナー号が月面着陸をした場所に国立歴史公園を建てること。

▽下院決議案、８０８号。２０１３年２月25日。民主党バーバラ＝リー議員により提出された「平和の建物部門案」。国内外の政府機関に平和状態を作り出すことを目的とする「平和の建物

部門」を設置する。
▽下院決議案997号。2013年3月6日。共和党のスティーブ＝キング議員により提出された「英語統一案」。英語を米国における公用語として定めるよう設定する。
▽下院決議案3276号。2013年10月8日、共和党ビル＝フォスター議員により提出された「政府機関閉鎖優先順位案」。政府機関閉鎖間に於いて議員が建物内のスポーツジムを利用する事を禁止する案。
▽上院決議案1665案。2013年11月7日。共和党ランド＝ポール議員により提出された「法案に目を通す案」。法案や決議案採決の1週間前に法案または決議案をインターネット上で閲覧できるようにし、議員はそれに目を通したことを宣誓供述書に署名をすることを要求する案。

——ご理解頂けただろうか。

■検証ナシの決議が果たす役割

まだまだ、こういった案は多くあり、その「くだらなさ」は、まさにシカゴ＝トリビューン紙が、「途方もない時間の無駄」と揶揄した通りに思える。「拘束」のものは一方からの意見を聞いただけではなく、反対派の意見や提出書類や添付書類の中身も詳しく調べられ、記録されたうえで採決が取られるのだが、非拘束の決議は法的な意味を持たないので、証拠として出された書類や証言に対しての調査や裏付けを取らなくても良い。要は言った者勝ちの「談話」のような性質なのである。だからこそ、「国際パイの日」とか、「太陽は役に立つものだから感謝をする日」といった、自己満足だけで意味を持たない非拘束の決議案などが出来上がるのだ。

ところが、クマラスワミ報告書、マクドゥーガル報告書に対しても同じことが言えるのだが、意味を持たないからこそ許された「検証というプロセスを経ない決議」がまるで「検証というプロセスを経た決議」であるかのように、正当性を持って一人歩きを始めてしまっている現実がある。まさにこの非難決議121号がそういった類で、反日団体はこれを以て鬼の首でも取ったかのように日本への非難を強め、フラートン市のような地方都市は慰安婦像を設置する事への法的裏付けとする。下院では法的拘束力を持たない決議が、地方都市に対しては慰安婦像設置の法的裏付けとなっているのだ。

左翼日本人活動家や中韓のロビイストたちは、国連やアメリカ議会に慰安婦問題を執拗に働きかけて来た。さらにアメリカの地方都市に於いても、慰安婦像を設置しようとする運動とそれに協力するアメリカ人達がいる。グレンデール市とニュージャージー州をあげて見ていきたいと思う。

■カリフォルニア州グレンデール市

全米に於いて初めて慰安婦像が設置された都市が、カリフォルニア州グレンデール市であることはご存じの通りだ。慰安婦像が建てられるまで、この地方都市は日本人にとって決して馴染みの深いものではなかったと思う。

通常、グレンデールには、市長と市議員が合わせて5名おり、誰が市長になるかは、毎年市議の中から選出される。市長が市議より権限を持っている訳ではない。

現在の市長はアラ＝ナジャリアン、市議たちは去年の市長を務めたザレイヤ・シナイニャン、ローラ＝フリードマン、ヴァータン＝ガーピシャンがいる。東大阪市の市議がグレンデール市を訪れて慰安婦像設置に異議を唱えた折に「南京大虐殺を知らないのか」と食ってかかったフランク＝クィンテロは、任期を終えてもはや市議ではない。彼の代わりの市議には２０１４年の7月からポーラ＝ディヴィーンが選出されている。

グレンデール市に慰安婦像を設置する運動は、ロサンゼルス在住の韓国人ビジネスマンのチャン＝リーが、市議たちに近づき韓国旅行に招待をしたことから始まる。

そうした接待を受けることを快く思わなかった当時の市長デイブ＝ウィーバーは招待を断ったが、他の４人の市議たちは招待を受けた。フランク＝クィンテロなどは韓国旅行の接待を二度も受けた。

韓国でどのような接待を受けたかは想像するしかないが、市議たちが韓国から帰国すると、二人の韓国人元慰安婦たちが前触れもなくグレンデール市議会を訪問し、涙ながらに体験談を語り、ウィーバー市長を驚かせた。

その数週間後に、グレンデール市立図書館裏に慰安婦像を設置する計画が、突然チャン＝リーにより持ち掛けられる。その直後、グレンデール市は市議たちの意見により、急きょ韓国の二つの市と姉妹都市関係を結ぶことを決定した。三つ目の姉妹都市関係を結ぶ計画が持ち上がった時に、ウィーバーによってその計画は強烈な反対に会い破棄される。

それだけでも奇異な話だが、アルファ＝エルエー（世界抗日連合傘下のグループ）のウエブサイトとLAタイムズによれば、グレンデール市は、公聴会で採決を取る以前に慰安婦像と碑を注文していたようだ。よほど設置案の可決を確信し

グレンデール市の慰安婦像。

ていたのだろう。

ウィーバー市長は最後まで慰安婦像設置に反対していた。市長は像を建てる場所を駐車場にしようと考えていたのだ。可決後、チャン＝リーはグレンデール市の計画委員会の委員に就任する。

市議会の背後にあるもの

ここで、グレンデールの市議会議員を二人見てみたい。

２０１５年に市長であったシナイニャンはアルメニア系アメリカ人である。この慰安婦像設置運動が韓国人団体の言う「女性の権利」や「人権」の向上についての意識を高めることを目的としているならば、彼の言論は正反対であり、糾弾するべき人物であると言ってよい。

シナイニャンはユーチューブなどのソーシャルメディアでの発言で、良識派でなくても常識ある人物であるならば、眉をひそめるような発言を残している。

その代表例は、彼がユーチューブにコメントした「（討論相手を）お前の尻にテニスラケットを突っ込んでやる」というもの。同じくユーチューブで、女性器名称を用いてディベート相手をなじったものもある。

また、もう一人の市議会議員、ローラ＝フリードマンは、今年の夏、チベット開発会議に出席するために、チベット入りをしている。

彼女が出席したチベット開発フォーラムに対する憂慮を、チベット亡命政府が以下の通り書いている。

「中国によれば出席者は、『チベットの本当の姿を歪曲して紹介した』としてダライ＝ラマを攻撃するとともに『チベット人は幸福で宗教の自由を満喫している』ことを謳ったラサ＝センサスという書類に同意と署名をしました。１００人を超す外国の政治家たちを招いてのプロパガンダ・フォーラムが開かれている最中、少なくとも10人のチベット人が平和デモの最中に中国警察によって狙撃され、そのうちの５人は死亡し、25人が逮捕され、一人は拷問に抗議する為に焼身自殺を図りました。」

彼女が一体何を考えてこういった会議に出席したのかは定かではないが、忘れてはならないのは、中国共産党がチベットに対して行なっている「開発」とは、中国共産党軍によるチベットの寺院などの破壊であり、チベット人を強制立ち退きさせて、中国からの漢民族を移住させる事を指す。フリードマンが真に普遍的人権の向上を求めているならば、中国政府によるチベット人虐殺やこうした人権侵害、国家の主権の問題、女性の人権で言えば、中国政府による一人っ子政策などへの批判を、彼女が声を大にしてしないのは何故だろう。

■慰安婦像は誰のために建っているのか

グレンデール市に建てられた慰安婦像を巡っては、ロサンゼルス在住のハーバード大学元助教授である目良《めら》浩一氏らが撤去を求めて訴訟を起こした。その訴訟に対して「提訴不当」を訴える意見書を裁判所に提出したことが知られている。また、原告側が控訴をすると、続いて弁論趣意書を提出した。それは当事者ではないものの、訴訟の結果のいかんに興味があると彼らが法的に明らかにした事を意味する。民間人がグレンデール市を訴えた裁判で、市が共産主義組織の反日団体「抗日連合」によってサポートされ、市の求めと共産主義団体の求めるところが一致している事を、グレンデールに住む一般のアメリカ人は知っておく必要があると思う。

因みに、グレンデールに住む一般アメリカ人について言えば、慰安婦像は市の図書館裏の広場に設置されているが、図書館に通うアメリカ人やその周りを歩くアメリカ人に慰安婦像について意見を聞いてみると、慰安婦像の存在自体を知らない人が多い。というか、像がそこに設置されている事を知っている人には会えなかった。勿論、慰安婦という言葉ですら、説明をしないと「それは一体何ですか」と聞かれる。「第二次世界大戦中に日本軍にサービスした売春婦たちです。」と答えるが、市の公共の地に売春婦の像が設置されているということに大抵のアメリカ人は戸惑う。かと言って、私は韓国側の主張する「強制的に連行された」と言う話を助長するつもりもないので、一体どんな像が建っているのかアメリカ人が困惑しているのを見ても、知らないふりをしている。

２０１４年の７月30日には、慰安婦像設置一周年を記念して、慰安婦像の周辺で記念式などの催し物が開かれたが、集まったのは10数人の韓国人だけで、見事なまでにこの慰安婦像がアメリカ人の関心を呼ばず、韓国人の為だけのものである現実をさらしていた。

ニュージャージー州ユニオンシティー

地方都市の不正で言えば、ニュージャージー州ユニオンシティーのブライアン＝スタック市長をおいては語れない。彼こそが、慰安婦像設置運動のロビイスト達が近づき、運動に協力をしていく地方自治体の抱える矛盾を表している典型的ケースだと思われる。

２０１４年の８月４日に、韓国人元慰安婦、李玉善（イ・オクソン）と、姜日出（カン・イルチュル）を招いて新たな慰安婦碑の除幕式がニュージャージー州のユニオンシティーで行なわれた。韓国系住民が多いグレンデール市と違って、ユニオンシティーには韓国系住民は殆ど住んでいないのだが、全米で６基目となるこの慰安婦碑は市の公共地に設置され、「日本帝国陸軍によって性奴隷になることを強制された数十万の女性と少女を記憶にとどめる」との文字が刻まれている。

この式典に参加した元慰安婦達は、中国共産党が独裁政権を握る中国に50年以上滞在していただけでなく、中国人民解放軍に所属して看護婦として働いていた姜日出。同じく人民解放軍に所属し1999年まで中国で暮らしていた李玉善の二人だ。

中国共産党の人民解放軍に属していたという事は、すなわちおよそ4500万人の死者を出した大躍進、文化大革命時に於いて、中国人民やチベット人、ウイグル人に対する殺戮を行っていた側に属していたという事になる。その彼女たちが、今になって、70年以上前の慰安婦制度の被害者として日本政府を訴えている、という構図なのだ。

この式典ほど、慰安婦像設置運動の本質的偽善をよく表したものはないと思う。ブライアン・スタックは、メディアと市の有力者達を招き、蝶の形をしたモニュメントを前に「我々は歴史から教訓を学び、こういった事が世界のどこに於いても二度と行われないようにしなければならない」と人々の感情に訴えるスピーチを行った。

ところが、スタックが日本政府を訴えるスピーチをした地点からほんの数マイル離れた場所で、2005年にニュージャージー州のクリス＝クリスティー司法長官が「最悪の人身売買のケース」と言った事件が起こっていた。

人身売買摘発の為に調査を進めていた司法当局が、ユニオンシティーの2つの酒場とグーテンベルグ＝タウンシップ内の小さな酒場で、未成年者強制売春組織が活動を行っている事を突き止めた。

　被害者はホンジュラスから誘拐されて連れてこられた13歳から21歳までの少女たちで、アメリカに密入国させられて昼の12時から明け方の2時まで週七日、飲酒と客との性行為を行うように強要されていたという。そのうちの21歳の少女に至っては、顧客との間に妊娠をして、風呂場において出産させられ、生まれた次の日に赤ん坊が死亡したケースもあった。

■不正・腐敗にまみれた地方都市を狙う

　クリス＝クリスティー司法長官（当時）の管轄下にある法廷で、酒場を経営していたルイサ＝マドラノは、ユニオンシティーのブライアン＝スタック市長とグーテンベルグ市のデヴィッド・デール・ダーナ市長だけで、彼女の経営する酒場における未成年者の強制売春を、見ないふりをしてくれるように何万ドルも賄賂を払って頼んだことを供述した。

　ところが、この件に関して懲役刑の判決を受けたのはグーテンベルグの市長だけで、マドラノは保護観察処分、スタックに於いては、クリスティーの特別な計らいで、受け取った金額を女性の保護施設に寄付しただけで、それ以降の捜査の対象となることからも免除された。マドラノの事件を未成年者の人身売買犯罪の最悪のケースと言いながら、その共犯ともいうべきスタックに対して無罪放免にした理由は何故だろうか。

こう言った不正行為が良識ある市民からの反発を招くのは当然で、実際、以前スタックの選挙キャンペーンに協力をしていたユニオンシティーの元警察副署長であるジョセフ＝ブレイトラー氏をはじめ、多くの市民から訴えられ、訴訟を抱えている。またクリスティーの評判はすこぶる悪く、フェイスブックにはクリスクリスティーに反対するニュージャージーと言うグループすら出来ている。

慰安婦像が設置されている他の地方都市を見ても、似たり寄ったりで、韓国票が目当てであるのも一理あると思われるが、それよりも70年前の女性の人権に真剣に取り組んでいる振りをすることで、市議たち自らの不正であるとか腐敗などの疚しさをカバーアップしようとしているのでは、と思われる。そして、まさにそうした不正や腐敗を狙って、中国、韓国、日本などの共産主義者たちがアプローチをしている事が伺える。

アメリカの政治事情

アメリカの政府と司法が、慰安婦問題が他の訴訟と共に浮上した当初は一貫して日本の立場を支持していた事は先に述べた。ところがオバマ大統領が政権に就いて以降、対日政策がいささか今までの政権とは違った方向に舵を取られている感は否めない。慰安婦問題に限った事ではなく、例えば靖国神社参拝についても、捕鯨についても、今まで以上に踏み込んだ日本批判を行なっている。

こうしたアメリカの変節は日本だけが感じているのではなく、タイやフィリピン、またはイスラエルなどの同盟国も感じているようだ。であるからアセアン諸国からは「誰が同盟国なのかハッキリと示してほしい」と皮肉られ、イスラエルの首相からはオバマのパレスチナ融和政策に対して憂慮の声があげられている。オバマのこうした「どの国が同盟国でどの国がそうでないのか」をはっきりさせない外交政策は、決して国民の支持を得ていないし、共和党からの指名選に立候補しているテッド・クルーズ共和党議員から、「友からは信用を失い、敵からは恐れを失う外交だ」と批判されたばかりだ。

さらに、２０１４年５月のオバマ大統領の韓国訪問に於いて彼が行なったスピーチは、慰安婦問題に関して、元慰安婦だった女性たちの言葉に耳を傾け、それを歴史の真実として直視していく事を日本に求める内容だった。

オバマ大統領のスピーチでは、過去の正確で明瞭な記録を残す重要性を訴えているのだが、オバマは決して真実の正確で公正な記録を残していこうなどと殊勝な事を考えているのでない。

元慰安婦の証言を、正確で公正な、疑う余地のない過去として受け入れ、記録にとどめるように日本に求めているのだ。

あの共同記者会見での朴大統領のスピーチからは、当時の韓国政府による北朝鮮融和政策のメッセージが伺える。北朝鮮に対して、あれほど統一を目指した融和を求めた大統領は今までにいない。その朴政権が2015年に入り、北朝鮮の軍事挑発に対して強硬姿勢を取り始め、逆に米韓の軍事演習を徹底させ、年末には、日本との間に慰安婦問題の不可逆的解決を謳った合意を結んだ。安倍首相はこの合意を、地域の安全保障のために必要不可欠と位置付けるが、この合意に対し欧米政府やメディアが賛同の趣旨を発表する中、不満を発表したのは中国政府である。これは、歴史問題を取り上げて、まず日本と韓国が離反することを画策し、続けて日米の離反を狙ってきた中国にとって、大きな痛手である。

オバマは今までのアメリカ大統領とは一線を画し、共産主義者ではないか、と噂される大統領である。実際に彼の祖父母、母親はかなり共産主義に傾倒していたようだ。

一方、2016年の大統領選挙の共和党有力候補者のドナルド・トランプ氏は、過激な言論でメディアを騒がせているが、彼の掲げるアジア政策も決して同盟国を大切にしているものではない。彼は、条件次第では在日米軍の撤退もあり得ると言及している。勿論、いくら大統領の権限が大きくても、大統領一人の決断で条約の違反や破棄は許されない。米軍の撤退については必ず議会の承認が必要となる。アメリカの介入についても米国議会と世論の同意が必要である。外国の紛争に巻き込まれたくないという「一国平和主義」がアメリカに根強くあることを考えれば、「同じ脅威を共有する韓国、インド、フィリピンなどとの軍事協力関係を強めることが欠かせない」と安倍首相が考えたことは理に適っている。

オバマ政権と米メディアが反日親中路線を辿る中、また韓国が極端な親中、親北朝鮮の道を選ぶ中で、日本のとるべき外交は、インターネット上で一部に囁かれるような、思い切った日米同盟の破棄や韓国との国交断絶なのだろうか。国連脱退なのだろうか。私は、それこそが共産主義中国の望んでいる事だと確信する。

■日本の覚悟が見たい

国連の分担金を期日までに支払っていながら、日本は国連の主張や行動に何らかの影響を持っているとは思えない。国連は、慰安婦問題を女性に対する差別や人権侵害と関連付けて日本を非難をし続けている。しかしながら私は、国連が介入するべき人権侵害など日本には無いと思う。

これはロサンゼルスに於いてお会いした元国連政務官の方に聞いた話である。

アメリカも依然、国連との間に同じ問題を抱えていた。分担金を期日までに支払っていたのである。けれど国連という組織に対して何の影響力も発揮できなかったようだ。

アメリカは期日までに支払う事を止めた。アメリカの国益に叶う見返りや要求がのまれるまで、支払いを滞る事にきめたのだ。それから、アメリカの要求は無視されなくなった。これが国連という組織が機能するやり方である。また、こういった狡猾さの元に外交がなされ、国際政治が行われているのである。

前出の元政務官は静かな声で言った。「こういったやり方に反発するのも、勿論良いでしょう。ただこのように国際社会は機能しているのです。日本がもし、今までのやり方を大きく変えてまで何とかしたいと思っている事があるのなら…」

私は、普段は何の主張らしい主張もせずに我慢して、限界が来たら国連を脱退すれば良いという極端な意見には賛成しない。それではどんな外交も成り立たない。我慢の限界が来てしまうのは、それまでに主張らしい主張をしていないからである。元政務官の話ではないが、日本には、やり方を大きく変えてまで国益を守る気概はあるのだろうか。

国連や米国議会、またアメリカの地方都市を舞台に、この問題を取り上げようとした活動家らの真の目的は何だろう。この問題を利用し、対立を煽動しようとしている勢力が何であるかを知り、彼らの目的が何であるかを見極める事が必要だろう。彼らの目的は、「日本の名誉（をけがす）」云々ではなく、その先があるに違いないからだ。

先にも述べたが、アメリカに於ける世界抗日連合の反日活動の目的は「日本に対する中国と米国の同盟の歴史を人々に思い起こさせる事だ」という。日本がアメリカと中国の共通の敵であると主張し、アメリカの世論を日本に冷淡になるよう仕向けたいらしい。そしてこのような勢力は、アメリカの地方都市でも、政治腐敗の進んだ左翼都市を狙って活動していたように思える。

慰安婦問題に関する日韓の政府間で同意が結ばれた事を、軍事費の支出を抑えたいアメリカのオバマ政権は歓迎した。これからのアメリカの地方都市で慰安婦像設置の運動が起こっても、もはや自治体からの熱心な支援は得られそうにない。少なくとも未だ解決していない問題として、一般から同情を集める事はないと思われる。

慰安婦像設置運動の熱狂が覚めた時には、米国を挟んだ反日運動の目的を冷静に見据え、その対策に取り組むべきだろう。

2

米議会決議の根拠とされた「田中ユキ」氏の著書

髙橋《たかはし》 史朗《しろう》

2007年7月30日に米下院で慰安婦に関する対日非難決議がなされたが、そのベースになったのは、同年4月3日に米議会調査局のラリー・ニクシ調査員が同議会に提出した「日本軍の『慰安婦』制度」と題する報告書であった。

同報告書が次のように「結論」づけていることは極めて注目される。

〈安倍政府の軍による強制連行の否定は1992年から1993年に政府が行った調査で得られた元慰安婦の証言や田中ユキ著『日本の慰安婦』に記載されているアジア諸国出身の200人近い元慰安婦の証言や400人以上のオランダ人の証言と矛盾している。・・・2007年3

月24日のワシントンポスト紙の「安倍晋三の二枚舌」という論説では北朝鮮による拉致事件に対する安倍首相の情熱と「第二次世界大戦中に何万人という女性を強制連行、強姦、性奴隷化した日本の責任を取り戻そうとする動き」を「安倍首相の二重のキャンペーン」として対照的に描き出す。この論説は「もし安倍が拉致された日本人市民の運命を探る件で国際的な援助を求めるのならば安倍は日本の犯罪に対する責任を直接認め、彼が中傷している犠牲者に対する謝罪を行うべきである」と断言している。したがって日本政府が１００人以上の元慰安婦の証言を拒絶すると外部の者にとっては北朝鮮による日本の市民に拉致事件の信頼性に対する疑問を抱かざるを得ないのである。〉

最も注目されるのは、右の「結論」が、田中ユキの英文著書"Japan's Comfort Women"(Routlege)を主要な論拠としていることである。同書は第1章で慰安婦制度の由来、第2章で中国などでの慰安婦の調達と性奴隷としての生活について詳述しているが、上海師範大学の蘇智良教授の調査を取り上げ、「日本軍とその協力者

は市民の家庭を襲撃して約３００人の女性を拉致し、その内の約１００人が慰安婦として働かせるために選ばれた。・・・『敵性地区』の多くは山西省と河北省にあり、そこでは日本軍が『焦土作戦』という戦略を採用した。中国人はこの残虐行為を『三光作戦』と呼んでいた」と述べ、多くの元慰安婦の証言を紹介している。

蘇智良教授の英文著書"Chinese Comfort Women"(Oxford University Press)は田中ユキの「慰安婦制度の組織構造」(田中の前掲書、１９～２０頁)を参照して書かれており、両者の相互の影響関係に注目する必要がある。

ちなみに、同教授は慰安婦40万人(日本軍に蹂躙されて30万人の慰安婦が死亡)、中国人慰安婦20万人を説いているが、慰安婦40万人説の根拠は、日本軍の兵数を3百万人とし、病気、死亡、廃業などによる慰安婦の「交代率」を「四」とし、兵士29人に慰安婦1人と推計したものであるが、「交代率」が「四」というのは荒唐無稽な数値に過ぎない。こんな根も葉もないトンデモ数値が次回のユネスコ記憶遺産に登録されようとしているのである。

慰安婦20万人説を説いた吉見義明氏は、同編『従軍慰安婦資料集』（大月書店）において、「当時、『ニクイチ』という言葉がかなり流通していたようである』と述べ、兵士29人に慰安婦1人というパラメーターは伝聞に過ぎないことを明らかにした上で、交代率の「最大限の数値」は「二」で、慰安婦20万人と推計している。

さらに、田中ユキは『知られざる戦争犯罪』（大月書店）第4章で日本陸軍の「人肉食に関する証言と資料」について証述し、「人肉食は、日本の軍隊の中で組織的に行われた」ことを強調した。同書はアメリカで４００万部のベストセラー"Unbroken"（ローラ・ヒレンブランド『不屈の男』角川書店、アンジェリーナ監督により映画化され、2月から日本でも上映）の主要参考文献となった。

ところで、前述した米議会調査局報告書によれば、２００６年9月13日に上院外交委員会に提出され、継続審議になった決議案７５９号の主な条項は以下の通りであった。

・「１９３０年代および第二次世界大戦の間、若い女性を性奴隷（一般には「慰安婦」と呼ばれる）にした責任を日本政府は公式に認めるべきである」という意見を表明する。
・日本政府は「性奴隷」にする目的で慰安婦を「組織的に誘拐、隷属」させた。
・「慰安婦は家庭から誘拐されたか、または嘘の勧誘によって性奴隷にされた」

・日本政府の慰安婦制度は慰安婦に対して「人道に反する数えきれない犯罪」という苦痛をもたらした。歴史家は20万人もの女性が「性奴隷にされた」と結論づけた。
・日本の歴史教科書の中の慰安婦制度に関する記述を縮小または削除しようと日本政府は努力してきた。
・日本政府は「この人道に反する恐ろしい罪」を現在及び将来の世代に教育するべきであり、慰安婦への支配と隷属はなかったという主張を公式に否定するべきである。
・日本政府は慰安婦に関して国連とアムネスティ・インターナショナルの勧告を受け入れるべきである。

2007年の1月31日に下院外交委員会に提出された決議案121号の発起人は75人で、6月26日、以下のような決議が行われた。

米下院外交委員会決議121号　2007年6月26日

1930年代から第2次世界大戦までの間、日本政府は、「慰安婦」と呼ばれる若い女性たちを日本軍に性的サービスを提供する目的で動員させた。日本政府による強制的な軍隊売春制度「慰安婦」は、「集団強姦」や「強制流産」「恥辱」「身体切断」「死亡」「自殺を招いた性的暴行」など、残虐性と規模において前例のない20世紀最大規模の人身売買のひとつである。

日本の学校で使われている新しい教科書は、こうした慰安婦の悲劇や太平洋戦争中の日本の戦争犯罪を矮小化している。また、最近日本には、慰安婦の苦痛に対する政府の真摯な謝罪を含む河野洋平官房長官による１９９３年の「慰安婦関連談話」を弱めようとしたり、撤回させようとしている者がいる。

日本政府は１９２１年に「婦人及児童ノ売春禁止ニ関スル国際条約」に署名し、２０００年には武力紛争が女性に及ぼす影響についての国連安保理決議「女性、平和及び安全保障に関する第１３２５号も支持した。

下院は、人間の安全と人権・民主的価値・法の統治及び安保理決議１３２５号に対する支持など、日本の努力を称える。米日同盟はアジア太平洋地域で政治経済的な自由、人権と民主的制度に対する支持、両国民と国際社会の繁栄確保をはじめ共同の核心利益と価値に根ざす。下院は日本の官僚や民間人らの努力により本人たちの贖罪の意識を慰安婦に伝えた後、２００７年3月31日に活動を終了した。

以下は米下院の共通した意見である。

1日本政府は1930年代から第2次世界大戦終戦に至るまでアジア諸国と太平洋諸島を植民地化したり戦時占領する過程で、日本軍が強制的に若い女性を「慰安婦」と呼ばれる性の奴隷にした事実を、明確な態度で公式に認めて謝罪し、歴史的な責任を負わなければならない。

2日本の首相が公式声明によって謝罪するなら、これまで発表した声明の真実性と水準に対し繰り返されている疑惑を解消するのに役立つだろう。

3日本政府は「日本軍が慰安婦を性の奴隷にし、人身売買した事実は絶対にない」といういかなる主張に対しても、明確かつ公式に反省しなければならない。

4日本政府は、国際社会が提示した慰安婦に関する勧告に従い、現世代と未来世代を対象に残酷な犯罪について教育しなければならない。

前述した米議会調査局の報告書は、「日本の教科書での慰安婦問題」と題する項目において、次のように指摘している。

〈日本の歴史に対する肯定的な見方を提示する歴史教科書の出版の作業のために「新しい歴史教科書をつくる会」が結成された。2001年に承認された8冊の歴史教科書が慰安婦について触れていないのは疑いもなく「新しい歴史教科書をつくる会」の批判とキャンペーンの結果であった。韓国は抗議の意味を込めて計画されていた日本との交流事業のいくつかを中止した。2005年には新しい8冊の検定済み教科書が慰安婦についての言及を取りやめ、慰安婦に触れているのは1冊のみとなった。中山成彬文部科学大臣は教科書の慰安婦についての説明は「不正確であった」と述べて、この決定をした。2001年9月の国連人権委員会の日本に対する勧告では日本の学校教科書や補助教材において「公平なバランスのとれたやり方」で歴史を教えるように命じている。〉

このように日本の「新しい歴史教科書をつくる会」と「日本の前途と歴史教育を考える議員の会」の動向や歴史教科書検定について分析した上で、結論として、ナパーム弾爆撃と原爆投下に対する公的補償というパンドラの箱を開ける危険性、東京裁判を受諾したサンフランシスコ平和条約違反や北朝鮮による日本人拉致事件の信頼性に対する疑問に言及していることは、アメリカ人の本音を吐露しているという意味で大変興味深い。

そして更に、米下院決議の主要な根拠になった田中ユキの著書については、「韓国、中国、台湾、フィリッピン、インドネシア、オランダの元慰安婦数百人の証言。これらの証言の多くは、2002年に出版された田中ユキ著『日本の慰安婦』に書かれていて、400人以上の女性の証言を引用している」と特筆している。

同年4月13日付しんぶん赤旗も、同報告書が日本軍の「従軍慰安婦」に対する「強制性」の根拠として、田中ユキの著書を挙げていることに注目し、次のように報じている。

〈米議会調査局の報告書「日本軍の『慰安婦』制度は…400人以上の「慰安婦」の証言にもとづく2002年出版の田中由紀氏の著書『日本の慰安婦』など9件を列挙。・・・報告書は「強制」とは「暴力的な行動で無理強いすること」だとして、田中氏の著書で200人以上の元「慰安婦」が日本軍や憲兵、軍の代理人による暴力的な拘束について述べていると指摘しています。〉

同書は、「慰安婦40万人説」を提唱する上海師範大学の蘇智良・陳麗菲教授と米バッサー大学の丘培培教授の共著『中国人慰安婦―日本帝国の性奴隷からの証言』（オックスフォード大学出版）にも影響を与え、「慰安婦制度を『軍の性奴隷』と捉える代表的な学説」として高く評価され、十カ所で同書が引用され注記されている。

「田中ユキ」という著者は広島市立大学の田中利幸教授が別人の名前を使ったもので、田中教授はオーストラリア国内で記事を書く場合には「赤坂まさみ」の名前も使用しているようである。

田中教授の英文著書には「Japan's Comfort Women – Sexual slavery and prostitution during

World War II and US occupation（『日本の慰安婦―第二次世界大戦と米占領下の性奴隷と売春婦』）と「"Hidden Horror"」（『知られざる恐怖』）がある。このうち「"Hidden Horror"」は『知られざる戦争犯罪―日本軍はオーストラリア人に何をしたか』という学術書のようなタイトルで大月書店から出版された。その序文で田中教授は、「日本軍が戦時中示した極端な暴力性、残虐性は日本人固有の国民的性格に由来するものであり、日本の『特有な』文化性と深く関連した問題であるという考え方が支配的となり、戦後もこうした観念がかなり長く欧米諸国だけではなく日本国内でも持続された。・・・何が日本人をしてそのような残虐な犯罪を犯さしめるにいたったのかという問題をともすると忘れがちである」と指摘している。

さらに、田中利幸編『戦争犯罪の構造―日本軍はなぜ民間人を殺したのか』（大月書店）の「あとがき」において、「日清戦争以前から私たちの先祖がアジア各地で犯したさまざまな非人間的な残虐行為を直視し、そこから残虐行為を発生させる原因と経過を正しく学びとる必要性を訴えることが重要である」と強調している。

このように日本人特有の非人間的残虐性を強調し、慰安婦制度は「男性の攻撃性、支配性が広範囲に広がったパターン」と捉えた田中教授の著書が国際的に大きな影響を与え、戦後70年の国際的な歴史論争にも影響を及ぼし続けている。日本語に訳されていないために日本人のほとんどが知らない田中教授の著書や論文を学問的に検証する必要があろう。

また、米下院決議の主要な論拠の一つに、1992年1月11日の朝日新聞の記事を挙げている点も極めて注目される。同記事は一面トップで「軍関与示す資料」と大々的に報道されたが、ここで取り上げられた資料は、内地で民間業者が慰安婦募集を行うときに、誘拐まがいのことをしないように統制を強めよという内容であり、朝鮮人慰安婦の強制連行を立証する資料ではなかった。

しかし、朝日新聞は同じ記事の中の用語解説で、「太平洋戦争に入ると、主として朝鮮人女性を挺身隊の名で強制連行した。その人数は8万とも20万ともいわれる」と書いた。

そして、翌日付け社説で「挺身隊の名で勧誘または強制連行され、中国からアジア、太平洋の各地で兵士などの相手をさせられたといわれる朝鮮人慰安婦」と述べ、事実無根の「92年1月強制連行プロパガンダ」を完成させた（「朝日新聞『慰安婦報道』に対する独立検証委員会報告書、日本政策研究センターHP、拙著『「日本を解体する」戦争プロパガンダの現在』宝島社、参照）

米下院決議のみならず、慰安婦は「強制連行」された「性奴隷」という認識を世界中に拡散した国連のクマラスワミ報告書に直接的な影響を与えたのも、朝日新聞が吉田清治『私の戦争犯罪　朝鮮人強制連行』を直接的な典拠として、「強制連行を行った一人である吉田清治は戦時中の体験を書いた中で、国家総動員法の一部である国民勤労報国会の下で、他の朝鮮人とともに1000人もの女性を『慰安婦として連行した奴隷狩りに加わっていたことを告白している』と述べたことにあり、「慰安婦狩り」という虚報がジョージ・ヒックスの著書『性の奴隷　従軍慰安婦』に受け継がれた。

時系列で整理すると、〈朝日の初報（1982）→吉田本（1983）→朝日の「92年1月強制連行プロパガンダ」→ヒックス本（1995）→クマラスワミ報告（1996）〉という影響関係が成立したのである。

ところで、中国がユネスコ記憶遺産として登録申請した「慰安婦」文書には、この米下院決議に関連して、次のような注目すべき内容が含まれていたことが明らかになった。

「米下院決議案121号は2007年7月30日に可決され、第二次世界大戦中のアジア諸国からの『慰安婦』（日本帝国軍のための性奴隷）の強制的徴用を非難した。米上院は２０１４年1月16日、同年の米連邦政府予算を可決した。これには「慰安婦」（日本帝国軍のための性奴隷）問題の決議も含まれていた。この決議は、日本が第二次世界大戦中アジア諸国から強制的に「慰安婦」（日本帝国軍のための性奴隷）を徴用したことを非難し、日本に歴史的、政治的責任をとり、公式な謝罪をするように依頼した。この決議には法的な拘束力はないが、「慰安婦」（日本帝国軍のための性奴隷）問題に関して上院が可決した最初の制定法であった。」

このように「日本帝国軍のための性奴隷」というフレーズが執拗に繰り返され、マイク・ホンダ議員の暗躍によって事実上の慰安婦決議が米上院でも巧妙に行われたという訳である。アメリカの国会決議が中国の世界記憶遺産登録申請の根拠として利用されていたことが判明したが、ユネスコの記憶遺産登録の是非を審議する国際諮問委員会の下部機関である登録小委員会で資料の不備を指摘されて中国が追加申請した文書には、次のように、２０１４年の国連人権規約委員会からの日本政府への勧告に対する日本政府の最終報告に言及していることも極めて注目される。

「２０１４年7月24日に国連人権委員会は、市民的及び政治的権利に関する国際規約の履行に関する日本政府の第６期最終報告を発表し、日本に慰安婦問題の調査と、犠牲者に対する公式謝罪表明を求めた。日本は一方で、日本軍が第二次世界大戦の期間中、女性の意思に反し、強制的に、威圧的に「慰安婦」を徴用し、移動させ、管理したことを認めたが、他方、「慰安婦」は「強制的に移送」させられたのではないと述べたことを、国連人権委員会は指摘した。同委員会の副議長は、「我々はこのような矛盾した立場に注目することが重要である。なぜなら、真の人権問題は存在しないことを意味するかの如くであるからである。同委員会は次のような確約を促した。すなわち、『戦時中日本軍が犯した「慰安婦」に対する性奴隷あるいは他の人権侵害の申し立ては、有効に、個別的に、公明正大に調査されるべきであり、人権侵害者は起訴され、有罪となれば処罰されるべきである』と。また、同委員会は、日本がすべての入手可能な証拠を明らかにし、公的に謝罪し、責任を認め、同時に、犠牲者を誹謗したり、事実を否定するいかなる試みも糾弾するよう、全面的努力をするように促した。」

このように国連の委員会の勧告を記憶遺産登録申請の根拠として利用する姿勢は、5月31日に締め切られる次回の「慰安婦」再申請（6カ国による共同申請がユネスコ側から奨励されたと中国政府は記者会見で公表している）においては、2016年3月の国連女子差別撤廃委員会の対日審査の最終見解を引用する形で継承されることが予想される。

それ故に、これに対処するためにも、同最終見解に至る歴史的経緯を整理し再確認しておく必要がある。その際に重要なのは、2014年と2015年に国連で日本政府が事実に踏み込んだ反論を3回行っていた事実を踏まえる必要があるということである。一般的には知られていない3回の反論内容は次の通りである。

国連における日本政府の反論

1 国連人権理事会(2014年9月15日)「本件問題が国連で本格的に議論される契機となったクマラスワミ報告書等についても言及したい。これらの報告書では、20万人もの女性が慰安婦として強制連行されたことが事実であるかのような記述がある。この点については、これらの報告書に強い影響を与えたと思われる日本の大手新聞社の記事が、最近、同新聞社の検証結果を踏まえ、撤回されたことを報告したい。20万人との数字については、女子挺身隊と慰安婦との混同によるもの、強制連行については、関連証言を行った人物の虚偽であったことが明らかになった。このように、メディアの情報が国連へ提起されたこれらの報告書に影響を与えたことは大変残念である。」

2国連自由権規約委員会(2015年8月31日)・3国連拷問禁止委員会(2015年3月13日)「これまでの国連特別報告者による報告書や人権条約委委員会による非難・勧告には、一方的で裏付けの取られていない主張が記載されていることを指摘したい。例えば、『慰安婦を強制連行した』

とする唯一の証言者である吉田清治氏の証言や慰安婦の数字について『20万人』との数字が言及されたが、これまでこれらを積極的に報じてきた日本の大手新聞社が、２０１４年8月に吉田氏の証言に基づく記事について、証言は虚偽であると判断して取り消し、同氏に関する誤った記事を掲載したことについて謝罪した。また、同社は、慰安婦と「20万人」との数字の基になったと思われる女子挺身隊と慰安婦との混同を認めた。１９９０年代初頭以降に行った調査で日本政府が発見した資料（対外公表済）の中には、軍や官憲によるいわゆる強制連行を直接示すような記述は見当たらなかった。また、『20万人』という数字は、同新聞が慰安婦と女子挺身隊を混同して報じたことが契機に広がった数字であり、具体的裏付けはない。これらの誤った事実関係が国連における報告書の勧告の有力な根拠となっていることがあるのは大変残念である。」

これらを踏まえて、２０１６年2月16日の国連女子差別撤廃委員会で杉山外務審議官が初めて朝日新聞誤報の影響について明言した次第である。しかし、これは委員の質問に答えたものであるため、国連から英語で公表されておらず、対外的には発信されていないという重大な問題がある。次回のユネスコ記憶遺産の「慰安婦」登録申請に備えるためにも、朝日新聞や田中ユキ、蘇智良らがいかに国際的な誤解を広げたかについて事実に踏み込んで検証し、反論していく必要がある。

昨年、世界記憶遺産登録を決定する国際諮問委員会の下部機関である登録小委員会から資料の不備を指摘された中国は追加申請文書を提出し、蘇智良教授がセンター長である上海師範大学中国慰安婦研究センターの資料を追加し、3人の専門家を特記した欄のトップに蘇智良教授を挙げ、昨年10月にアブダビで開催された国際諮問委員会にも同教授を送り込んでいる。同教授らの研究に中国政府は1320万円の助成をしており、次回の世界記憶遺産登録申請が蘇智良教授を中心に行われることは明らかである。

なお中国が追加申請した文書の日本語参考文献として、吉見義明『従軍慰安婦資料集』大月書店、『性と侵略──「軍隊慰安所」84か所元日本兵らの証言』社会評論社、松井やより、西野留美子、金登美子（Kim Puy）、林博史、川口和子、東澤晴編『女性国際戦犯法廷の全記録（日本軍性奴隷制を裁く──2000年女性国際戦犯法廷の記録）』緑風出版、鈴木裕子、山下英愛、外村大編『日本軍「慰安婦」関係資料集成』2巻、明石書店が挙げられている。

昨年10月、国際諮問委員会は「記録遺産保護のための一般指針」及び「登録の手引」の見直しを行うことを決定し、3月25日、レイエス議長主導のレビュー・グループが結成され、次の15項目の見直しを行うことをユネスコのホームページで公表した。

⑴事業のビジョン、使命、目的⑵目的を示している程度⑶登録基準の妥当性と実践性⑷登録手続きと基準の調和⑸健全な運営基盤の提供⑹指名形式の改善⑺国際諮問委員会、登録小委員会の手続き・決定・勧告の透明性の導入⑻明確な追加要素の確認⑼ユネスコの他の事業や条約との関係性の改善⑽登録小委員会と他の小委員会の役割、機能、協力の再考⑾申請書の文言の客観性、内容の適切性、申請意図の中立性に関する基準の設定⑿潜在的議論のある申請と登録に関する機微な案件の取扱い⒀利益抗争、陳情活動、誘導に関する倫理的議定書⒁マーケティングと世界記憶ロゴの使用⒂地域社会との事業契約

特に注目される項目は、⑶⑺⑾⑿⒀であるが、３月には討議ペーパーが出されて、コメントを募集。８月までに意見照会、９月にレビュー・グループの会合が開催され、10月までに改正案の策定と事務局との協議。12月までに改正案について国際諮問委員会メンバーに意見照会し、最終案を策定。来年１月に「世界の記憶」サミットがアブダビで開催され、改定案を確認。２月に最終案をユネスコ執行委員会に提出し、４月に決定し、世界記憶遺産登録の次回審査から適用される。

５月末に締め切られる「従軍慰安婦」共同申請がいかなる改定案の下で審査されるか、注視する必要がある。

3

グレンデール市慰安婦像撤去裁判の展開と見通し

目良《めら》 浩一《こういち》

■米国初の慰安婦像

2013年7月30日に米国カリフォルニア州グレンデール市のセントラルパークに慰安婦の像が建立されました。

像は、若い女性が朝鮮半島の服を纏っているもので、隣に空席の椅子があり、そのすぐ下の土台に碑文があり、そこには1945年までの長い期間に、20万人以上の朝鮮などの女性が日本軍に強制連行されて性奴隷として虐待を受けたとして、そのようなことが再発しないことを望んで、この記念碑を建てたと記してあります。その目的は女性の人権を擁護するのであるとしていますが、その実際の目的は、日本国を蔑むことです。

それまでに、文字を主体とした慰安婦の記念碑は米国のいくつかの都市に作られていましたが、韓国ソウル市の日本大使館の向かいに設置されたものと同じ少女の像が建てられたのは、初めてでした。

碑の建立案は、韓国系の団体（ＫＡＦＣ）が市の市議会議員に提案したものであり、議員の多数が賛成して、建立となったのです。

この設置案が提案された7月9日には、市議会で公聴会が開かれました。関係者が自由に意見を述べることができる機会でした。ただし、意見発表希望者が多数いたので、一人の持ち時間は、2分となりました。ほぼ１００人の座席のある議場は満席となり、その8割が日本人で、推進している韓国系の人が意外に少ないと感じられました。

その日本人のうち29名が反対意見を表明し、韓国系の賛成意見は7名でした。しかし、市議会の決議は正反対で、5名の議員のうち4名が賛成、一人が反対でした。その反対者が、市長であったのですが、彼は制度上、拒否権をもっていませんでした。

日本人の反対の理由は色々でした。異文化の人々が集まっているアメリカで、特定の種族を非難することはコミュニティの調和を崩す、韓国系の唱えている慰安婦に関する説は、歴史的な事実に反する、一つの市がこのような国際的な問題に意見を表明するのは、問題である、日本の名誉を傷つけることはするべきではない、などでした。

■慰安婦像が撤去されるべき理由

我々としては、この慰安婦像は撤去されなければならないと確信したのですが、その理由は以下の通りです。

《この碑は明らかに捏造された歴史観に依存するもので、このような記念碑が設置されれば、米国内の他の都市にもこのような慰安婦像が設置されて、米国の人は日本人が極めて残忍な性格を持っているという認識が広まる。そして、それが全世界に広がる可能性があり、そうすればその見解は数世紀に亘り残るであろう。それでは、我々の子孫は、「君たちは残忍な人たちの子孫だ」とする汚名を負って生まれることになる。このようなことは許せない。何としても、我々の世代でこのような世紀の汚名は濯がなくてはならない》

これが我々の信念です。

日本からは新聞・雑誌の記者や地方公共団体の議員などが来訪して、グレンデール市の関係者に会い、見解を聞いたり、撤去を求めたりしました。また、撤去を求める署名運動も行われましたが、効果はありませんでした。

そこで、我々が考えたのが、裁判を起こすことです。

訴因の検討

裁判を起こすには、訴因が必要です。

第一に考えられたのは、日本人に対する名誉毀損でした。しかし、弁護士は、「日本人と称する漠然とした集団では、訴訟は出来ない」と答えました。

他に、学校に行っている子供がいじめられたとか、そのために反日感情が強くなり、住居を移転しなければならなかったなどの可能性も考えましたが、具体的な被害者を探し出すことには困難が予想されました。

そこで、残ったのが、「市の越権行為である」という訴因と、「碑文が手続き上、市議会で未承認のまま建てられた」という訴因でした。

まず、越権というのは、外交問題は、米国では連邦政府が扱うものとされていて、州や地方公共団体が関与すべきものではないと決められているので、日韓関係の問題である慰安婦問題に市が関与するのは、米国憲法に違反するとするものです。

次に、記念碑に書かれている文章は、日本政府を直接に非難しているものですが、慰安婦像の設置が承認された市議会では、この文面は提出されていなく、設置されるまで全く公表されませんでした。このように、市の承認手続きに瑕疵があったとするものです。

■連邦裁判所への提訴

2013年末から米国における著名弁護士事務所、メイヤー・ブラウン社の弁護士に依頼して訴状を作成してもらいました。この訴状は連邦政府の権限に関する事象が含まれているので、連邦裁判所に提出することを担当弁護士は提案しました。そして、訴状が提出されたのが、2014年2月20日でした。

訴状を出す前に非営利法人GAHT-US Corporationを立ち上げて、州政府に登録しました。直ちにホームページを通じて、訴訟を発表し、記者会見も行いました。

日本における反響は目覚ましいものでした。日本の人が、米国における韓国系の人たちの侮日運動とアメリカにおける慰安婦像の設置をいかに深く憤慨していたかが、明らかになりました。日本の銀行に開設した口座に、多数の方々が寄付金を振り込んで下さいました。訴訟の発表から一ヵ月以内に四千万円を超える金額が入金されました。

「フォーブス」の中傷記事

この提訴に対してグレンデール市は、真っ向から反発をすることを決めました。彼らは、やはり著名弁護士事務所のシドリー・オースティン社に弁護を依頼し、同社は、この訴訟は言論の自由を束縛するものであるとの解釈をし、報酬なしで、市のために弁護をすることになりました。（報酬なしとは、Pro Bono と言いますが、大弁護士事務所は、公益と考えられる訴訟に対して、新人研修などを兼ねてそのようなことを行うことがある）

注目すべきことは、訴訟を提出して間もなくの4月13日の経済雑誌『フォーブス』に、イーモン・フィングルトンと称する日本経済の専門家が、「メイヤー・ブラウン社は、金のためならどんな案件でも取り上げる最低な弁護士事務所だ」と中傷する文章を掲載しました。それが、メイヤー・ブラウン社の本社が注目するところとなり、17日には、本社の幹部がロスに来て、当社をこの件から降ろしてくれと懇願しました。これは明らかに、シリコンバレー地域に影響力を持つ抗日連合会の影響であると理解しました。

そこで、これに対抗する手段は、連邦裁判所の高等裁判所、ここカリフォルニアでは第九サーキット・コートと言われていますが、そこに控訴することです。そこでは、三人の判事が協議をして判決を出しますので、より適切な判断が出されることが期待されます。そして、そこでは、市が越権行為をしたと主張して、撤去を求めるのです。

この時期には、担当弁護士が確定していなかったために、多少時間がかかりました。9月3日には、一応、控訴状を提出しました。しかし、二週間後に、その修正版を出しました。

■日本総領事館の非協力

10月には、著名なマックスウェル・ブリーチャー弁護士事務所の支援を得て、強力な3名の弁護士と一人の大学教授（憲法学専攻）のチームを結成することができ、裁判所から再修正の許可を取り、翌年の3月13日に、再修正をした控訴状を提出しました。

その議論の中心は、アンダーソン判事の原告の資格に関する判決が、それまでの判例に照らして、誤りであることを力説したものです。

それに対して、グレンデール市側は、原告が資格を持たないことを強調し、更に地方自治体が外交的な問題について、強制力を持たない意思表示をすることは、連邦政府の権限を侵害することにはならないと主張するもので、5月13日に提出されました。わが方は、5月27日に、市側の反論の根拠が薄弱であるとした反論を提出しました。

この過程で感じた一つの問題点は、慰安婦像に対する日本政府の見解を示す書簡を総領事館に要請したのですが、協力が得られなかったことです。内閣官房や外務省などは一応好意的に対応しているのですが、書類提出の依頼には、全く反応しません。日本政府は、その立場を明確にすることを拒否しているのです。

その後、第九サーキット・コートからの開廷の通知がやっと来ました。書類提出が完了してから、1年以上経った2015年6月7日です。

■カリフォルニア州裁判所へ提訴

州の裁判所へ提訴するきっかけは、アンダーソン判事が、慰安婦像に付随している碑文上の文面が市議会で承認されていないという市議会内の手続き問題は、州の裁判所へ提出すべきだと判決で述べたことです。

しかし、弁護士と相談するうちに、市の越権行為も含めることができる事、更に、市が特定のグループ（日本人や日系人）に対して平等な扱いをしなかったことも含めて訴状を用意することにしました。

さらに、原告にロスに居住する人を加えました。此のことによって、この訴訟は、連邦裁判所に提出した訴訟とは、異なるものであると主張できるのです。この訴状は、２０１４年９月３日に州の裁判所に提出されました。

この訴状に対して、グレンデール市側は、この訴訟は州法で定められている濫訴防止のためのアンタイ・スラップ動議を持ち出してきました。この法律は、名誉棄損などで個人が気軽に組織などを訴えて、経済的な負担をかけることを防止するために設けられたものですが、公共の利益のために行う訴訟には適用されないなどの例外が設けられています。

しかし、グレンデール市側は、この動議で対抗してきました。

■リンフィールド判事の偏見

２０１５年2月23日に、リンフィールド判事の下で、公判が開かれました。この判事は、公判の直前に予備的な判決文を原告と被告に送付する習慣があります。その予備的な判決文は、以下の文章で始まります。

《日本政府が、第二次世界大戦中及びそれ以前に慰安婦に対して残忍な犯罪を犯したことに関しては、その正当性を疑う余地は無い。米国の下院もそれを認知しているし、日本政府自体もそれを認めている》

この記述には大きな問題があります。第一に、我々が訴えていることは、連邦政府が独占的に行うべき外交問題に市が関与することは、米国の憲法に違反するとして、訴訟をしているので、慰安婦に関する日本政府の犯罪性は全く関係の無いことです。そのような見解が判決文に入ってくること自体が不当であります。第二に、そのような見解からして、悪人を助けようとしているものは悪人に決まっているという意識で、この訴訟を見ていることです。

法廷では、我々の弁護士は、厳しく判事に迫りました。しかし、判事は、例外中の例外のケースに当たるとして、事前に用意した判決を再確認しました。グレンデール側の動議を認めたのです。

この裁判には、大きな問題があります。判事の偏見です。この偏見は、公判前の予備的な判決文に明確に示されたのですが、裁判中にも、発言の中で、このような反社会的な連中は相手にできないというような態度が間々見られました。更に、リンフィールド判事は禁止されていることを行いました。判事は、原告と被告が提出する情報だけを基にして判断すべきなのですが、彼は、自ら慰安婦像のある現場に赴き、写真を撮影し、それを公判中に提示しました。韓国系団体の誘いに応じた行動のようです。

■アンタイ・スラップ訴訟に敗訴

アンアタイ・スラップ動議が認められますと、敗訴した方は、勝訴した方に訴訟に必要とした費用を支払う義務が発生します。支払い費用の確定のための裁判が8月25日に開かれ、原告がグレンデール側に15万ドル余の弁護士費用とその日から支払日までの利子を支払うことが、言い渡され、9月16日に必要額全額が支払われました。支払い総額は、$150,992.34でした。

我々は、控訴することを決めました。この控訴状には、判事の偏向に対する抗議も含まれ、アンタイ・スラップの判定にも厳しい反論を展開しています。この控訴状は、2015年10月26日に州の高等裁判所に提出されました。

高等裁判所では、第一審と異なり、3人の判事が判断を下すので、より公正な判断が下されると考えられます。もし高等裁判所が、第一審の審議を要求するとすれば、我々はリンフィールド判事を拒否する権利があるので、別の判事を要求することにします。もし、アンタイ・スラップ動議が覆されれば、支払った費用は返却されることになります。

■裁判闘争は続く

しかし、より重要なことは、本筋の裁判で勝利を得ることで、その目的に向かって、我々は、最善の努力をしています。２０１５年の10月に提出された控訴状に対するグレンデール側からの反論は、２０１６年1月25日に提出されました。我々はそれに対して4月14日までに、再反論を提出します。第二審の開廷は、２０１６年の後半か翌年になると予想されます。

慰安婦に関する知識が、韓国寄りになっているアメリカの社会で、慰安婦像の撤去を要求するのは、たとえ裁判所を通してでも、かなり困難であることを知らされました。そこで、我々としては、慰安婦が性奴隷でないことを書いた英語の図書を出版したり、日本で発行された同様な英語の図書を積極的に、連邦政府の議員や、学者に配布したりして、側面攻撃を続けています。

4

慰安婦像設置を阻止したオーストラリアのたたかい

山岡《やまおか》　鉄秀《てっしゅう》

■背水の一夜城

たった一通のメールが人の運命を変えることがある。2014年3月31日。私は仕事中に舞い込んできた一通の拡散メールを見つめていた。メッセージの主は匿名の日本人女性のようだった。

「4月1日6時半から、ストラスフィールド公会堂で、慰安婦像設置案に関する公聴会と決議が行われます。日本人の皆さんは集まってください」

とうとうこの平和なシドニーまでやって来たのか。慰安婦像問題が対岸の火事では無くなった瞬間だった。日系コミュニティ紙がシドニーで中韓による反日団体の結成と、慰安婦像建立推進を伝えたのはほんの2週間ほど前だった。会長代理という韓国人がインタビューに答えていた。

「豪州全土に10基の慰安婦像を建てることを目標にします」

よくもぬけぬけと言ってくれたものである。しかも、日本語で答えたという。後でわかったことだが、推進役の韓国系副市長が申請書を議会に提出したのが3月25日。公聴会と市議会が開かれたのが4月1日とは、異例の早さである。日本側の反発が高まる前に電光石火で決めてしまおうという策略が見え見えだ。

私は不思議なほど静かな気持ちでメールを見つめていた。公聴会の前日にこのメールが舞い込んできたということは、Wake up call に他ならないと感じた。もはや座視するな、ということだ。絶対にあきらめない、徹底的に戦う、という気持ちを固めたら、迷う気持ちなどない。

「山岡さんはなぜ立ち上がったのですか?」と聞かれることがある。もちろん、中韓反日団体の卑劣な行為が許せないからだが、もうひとつの大きな理由は、この問題を地元の日本人の母親たちに押し付けていいわけがないからだ。メールを書いた女性とその数人の仲間は、政治に関心があるわけでも、英語が堪能なわけでもない。ただ、子供たちが差別されたり、苛められたりしないようにとの一念で立ち上がったのだ。日本人男性として、それを見て見ぬふりをすることは、どうしてもできなかった。これは総じて、自分自身の生き方の問題だ。

私はメールの拡散元である、なでしこアクションに電話した。この時点で、なでしこアクションがどういう団体かも、代表の山本優美子氏がどこに居るのかも知らない。山本氏に、メールの書き主の女性に、私に連絡をくれるように依頼してもらった。

しばらくして、書き主の女性に頼まれたというオーストラリア人男性から電話があった。後にずっと一緒に戦うことになるダレンだ。私は彼に自分が考える戦略を述べた。彼は言った。「その意見に賛成だ。でも、公聴会は明日だ。どうしたらいいと思う？」私は躊躇なく答えた。「今夜、君たちの仲間をできるだけ集めて欲しい。時間と場所を決めて知らせてくれ。今夜中に全てを決めるんだ」

その夜、文字通りの初対面、こんなことでもなければ、絶対に会うこともなかっただろう7名程度の人々が顔を合わせた。自己紹介をする暇もないままに、対策を相談する。集まったのは主にストラスフィールド在住の人々だったが、日本人の母親たちに近い米国人や、日本人女性を奥さんに持つオーストラリア人男性が来てくれたのは幸運だった。その夜から我々は最後まで、地元オーストラリア人を前面に出して戦うことになる。中韓対日本という構図ではなく、中韓反日団体対白人系住民を含むコミュニティの戦いという構図に持ち込んだのだ。それゆえに、その後の戦いにおいて、市議会は政治力皆無の日系コミュニティを無視して暴走することはできなかった。我々は、コミュニティの融和を維持することの大切さを主軸にして、切り口の異なるスピーチを3つ用意した。明日何人スピーチできるかわからない。私は、地元の白人系住民のスピーチを優先し、万が一4人目があったら自分自身で総括的なスピーチをすることに決めた。

一夜明けて、夏時間も終わり、すでにほの暗い午後6時、白壁のストラスフィールド公会堂が浮き上がって見えた。百人は居たであろう、中韓系の参加者はほとんどが中高年で、すでに戦勝気分のお祭り騒ぎだった。今回新たに起草された、スリーシスターズという慰安婦像のデザインが書かれた画用紙を掲げて

2015年4月1日公聴会。

記念写真まで撮っている。数時間後、このお祭り騒ぎがショックで凍り付くことになるとは誰も予想できなかっただろう。

やがて始まったスピーチ合戦は我々の圧勝だった。どこでも同じだが、20万人を拉致した、性奴隷にした、と一本調子で攻め立てる相手に対し、こちらはそれを相手にせず、慰安婦像が市のモニュメントポリシーに反していること、多文化主義に基づくコミュニティの融和を維持発展させることの大切さを軸に理路整然と展開した。中韓の英語はブロークンで、品格の無さが丸出しだった。聞いている市長の顔が不快そうにゆがむのがはっきり見えた。対してこちらは、私以外は全員ネイティブスピーカーだ。

4人目があることがわかったので、私がアンカーとしてマイクの前に立った。私はあえて原稿は用意せず、相手の論調を見て最後の反撃をするつもりでいた。相手は極めて感情的で攻撃的だから、この部分を突くのが一番効果的だと判断した。私は丁寧な口調で、しかし、毅然として言った。「中韓反日団体の会長代理の方は、新聞のインタビューに答えて明確に言っていますね。慰安婦像を建てる目的は、日本がいかに酷かったか、そして今も酷い国であることを世界に知らしめるためだと。そんな動機で慰安婦像を建てるような市の学校に、私は自分の子供たちを通わせるようなことは絶対にしません」聞いていた女性市議の顔が一瞬引きつるのが見えた。

誰の目にも我々の圧勝が明らかだったが、市議たちは否決を決定しなかった。中韓住民の票田を前に、自分たちの手で否決する事態を避けたのだ。40分も別室で市議だけで話し合った後、出した結論は、この問題は市のレベルを超えているので、州や連邦の大臣に判断を求める、というものだった。上の誰か、できればアボット首相に「そんなものは止めろ」と言ってもらい、それを理由に否決して終わりたいという、及び腰の作戦だった。

不満足な結果だが、とりあえず中韓反日団体が目論んだ「奇襲攻撃による可決」は阻止した。勝利を信じて疑わなかった中国人や韓国人の落胆は明らかだった。怒りとか嘆きというよりも、狐につままれた、という表情で皆ぽかんとしていた。翌日の韓国メディアは、「日本側は明らかに周到に準備していた。中国人のスピーチが酷かったのが敗因」などと伝えた。

この「第一次会戦」ともいえる公聴会から4日後の週末、3月31日に集まったメンバーを中心に、有志がショッピングセンターのカフェに集まった。これから長い戦いになることが予想されるので、グループとしての体裁を作る必要があるとの判断で、集まってもらった。改めて自己紹介をし合った。私はグループ名をJapan Community Networkにすることを提案し、賛同を得た。(後にAustralia-Japan Community Networkに改称) 皆、私が代表になるのが当然だと信じ切っている。成行き上、仕方がないと思って引き受けた。私が引っ張り込んだ、大学の大先輩で、現役時代は一部上場企業の海外ビジネス統轄だった江川氏が事務局長を引き受けてくれた。3月31日に電話で話し、スピーチもしてくれたダレンに副代表になってもらった。日豪混成チームであることが、何よりも大事だからだ。このスタンスは最後まで貫くことになる。

我々の会としての最初の仕事は、市議会が判断を委ねた大臣たちに手紙を書くことだった。ダレンの名前でカバーレターを書き、資料を添付した。誰かが良識的な判断をしてくれることを祈って。

しかし、市議会の目論見は外れた。アボット首相を含む、州や連邦の全ての大臣が、「これは市の問題だから、市が判断しなければならない」と回答して来た。こちらの働きかけへの反応は、回答に添えられた追加的メッセージだった。「国際的な問題なので、慎重に扱わなければならない」「銅像を建てても問題の解決にはならない」など。それでも市議会は凍り付いたように動かず、同年9月には、慰安婦像反対を明言していたダニエル・ボット市長から、後に中韓に取り込まれていく傲岸不遜なジュリアン・バカリ市長へと交代になった。ここからほぼ一年、長い水面下の戦いが続くことになる。

多文化主義を守る戦いへ

我々は大急ぎで慰安婦問題について勉強したが、軍隊による20万人の拉致と性奴隷化が虚偽のプロパガンダであることは明白だった。同時に、日本を糾弾してやまない反日団体の人々と事実を巡って議論しても無意味だとも考えていた。彼らの目的は日本を糾弾することでしかない。韓国人は憂さを晴らし、中国人は日豪の同盟を阻害することが動機であって、真実の究明など全く興味がないのだから、議論するだけ時間と労力の無駄というものだ。それよりも、コミュニティの融和を軸に、我々のスタンスを理解してくれる良識的な人の数を増やすことに集中する方がずっと合理的である。端的に言えば、たとえ、「日本軍が悪いことをしたのは事実だ」と思い込んでいても、「慰安婦像を建てるのは不適切だ」と考える人をも味方に付けることである。そのためには、常に品位を保ち、感情的にならず、

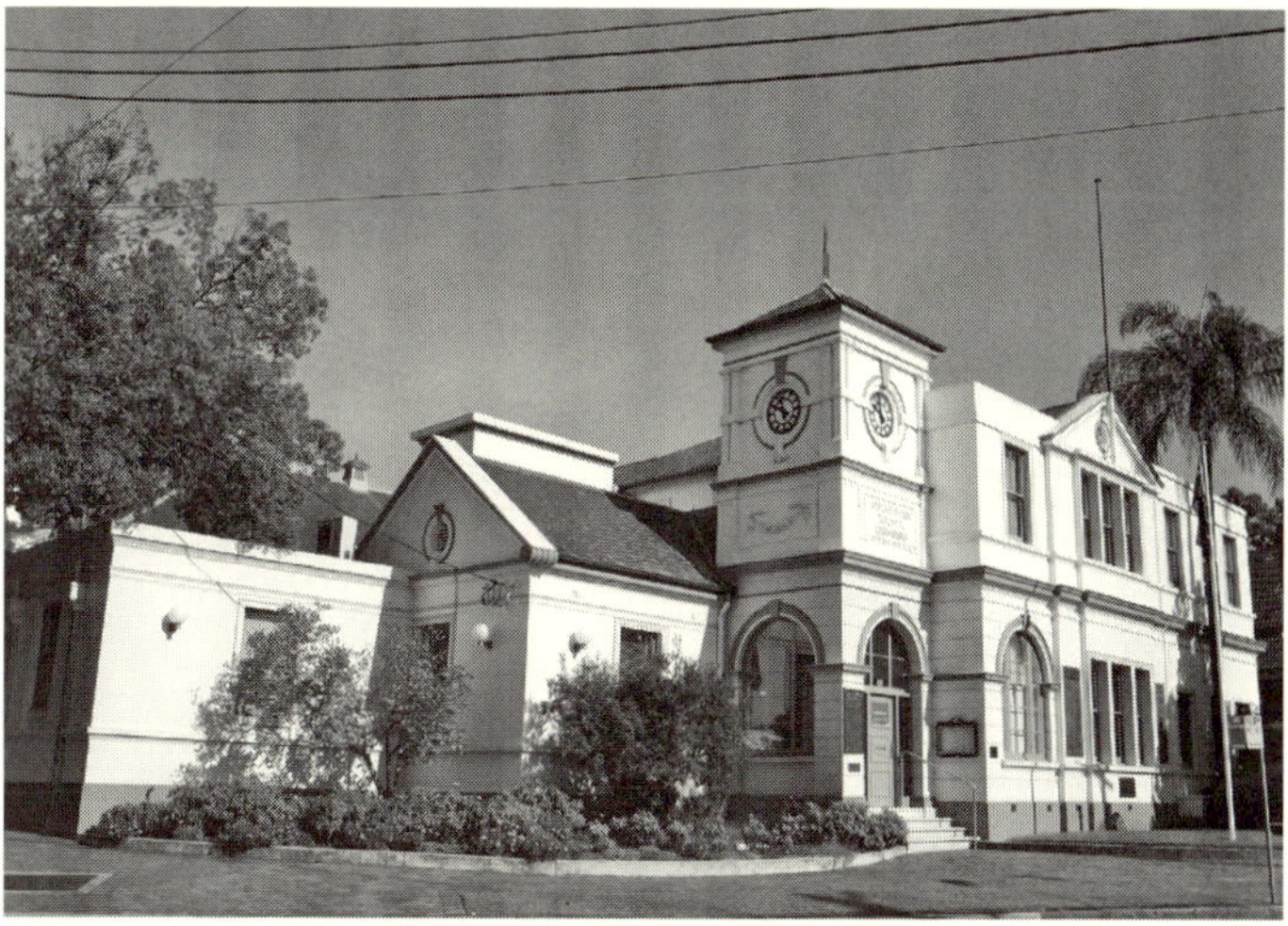

ストラスフィールド市庁舎外観。

理性的な議論を展開していくことが大切だ。私はこの根本理念を「非敵対的合理主義」と名付けた。日本の名誉を回復することも大切だが、ここでの目的は慰安婦像を阻止することであり、30年以上の無為無策が招いた歴史戦の大敗は、もっと時間をかけて別に取り組まなくてはならない。目的と手段を明確に峻別することが肝要だ。これを「防衛二元論」と名付けた。最終的に守るべきは日本の名誉でも、まず全力を挙げて守るべきはコミュニティの融和、すなわち、豪州の多文化主義である。我々の多文化主義を守る戦いが始まった。

■安倍首相来豪 - キャンベラ攻防戦

２０１４年７月７日に安倍首相が来豪し、日本の総理大臣として初めて豪州国会で演説することになった。それに合わせて、なんと慰安婦像推進役のストラスフィールド市副市長のオク氏がアボット首相宛てに「反日、反安倍」のオープンレターを書き、全ての国会議員と州議会議員にばら撒くという挙に出た。レターには、日本が軍国主義を復活させようとしていること、豪州は日本を友好国と見做すべきではないこと、日本の蛮行を風化させないために、慰安婦像を建てるべきであること、などが書き連ねてあった。

あまりの無礼さに憤慨したメンバーから、「こちらも反論のレターを書いて拡散しましょう！」

という声が挙がった。しかし私は答えた。「同じようなことをして、同レベルに見られても面白くありません。ここは、アボット首相からこのオープンレターを否定するようなコメントを引き出すのが最も効果的でしょう」私は入手したオープンレターを複数のルートから日本政府に送り、アボット首相から否定的なコメントを引き出すことの重要性を強調した。幸運にも、私自身、ある弁護士事務所からの招待で、安倍首相の国会演説後のランチパーティーに出席できることになった。さらに、安倍首相に随行するシニアメンバーともアポが取れた。7月7日、七夕の日、私は天の川を渡る思いで陸路キャンベラに向かった。車で3時間半の距離だ。同日夜遅く、キャンベラ市内のホテルで政府関係者に接触した私は、改めてオープンレターの内容を説明し、アボット首相の言葉で反論するのが最も効果的であると力説した。日本語に訳した概要も添付した。趣旨は十分に伝わった。後は運を天に任せるだけだ。

翌7月8日、キャンベラの国会議事堂の外では、シドニーからバスを連ねて駆け付けた中韓反日団体が反安倍デモを繰り広げていた。その中には件の副市長の姿もあった。安倍首相の顔に口ひげを書き込んでヒトラーに見立てるプラカードは、日本の民主党、社民党、共産党を含む左翼団体と全く同じ手法だ。彼らが裏で繋がっていても驚くに値しないが、そう考えたくなる光景だ。デモの場所は国会議事堂から離れているため、安倍首相の演説には全く影響がなかった。

安倍首相の豪州国会両院総会での演説は大成功だった。第二次大戦中、シドニー湾に特殊潜航艇で攻撃を仕掛け戦死した息子を弔うために来豪を希望していた松尾まつ枝さんを豪州政府が1968年に迎え入れ、日本酒をシドニー湾に注いだ逸話を紹介し、改めて心遣いに感謝を表明する導入部から、戦後の日豪の関係深化を振り返りながら、2020年の東京オリンピックに言及し、国会に招かれていた東京オリンピック（1964年）のレジェンドであるドーン・フレーザー氏に呼びかけ、「ぜひもう一度お越しください。日本に新しい夜明け（ドーン）を、豪州と日本の未来にも、新しい夜明けを、どうぞもたらしてほしいと思います」と洒落を織り込んで結んだ演説は偽りなき感動を呼び起こした。

そして午後、安倍首相の訪豪を総括する記者会見が始まった。私は緊張しながらテレビ画面に見入った。いくつかの質問に答えながら、最後は産経新聞の記者からアボット首相への質問だった。アボット首相は質問には答えず、明らかにあらかじめ用意していたと思われるコメントを述べた。

「もし私がオーストラリア的な表現を用いるならば、日本をフェアに扱え（Give Japan a fair go）と言いたい。戦後の日本は賞賛に値する国家だ。70数年前の姿で日本を評価すべきではない。今の日本の姿を評価すべきだ」

オク副市長のオープンレターが完全に否定された瞬間だった。ここに辿り着くまで、何人もの方のリレーがあり、その詳細が私に明らかにされることはないだろう。舞台裏で尽力してくださった方々に心から感謝したい。私のミッションは完遂した。シドニーを目指して帰路に着いた。冬のキャンベラの日暮れは早い。ハンドルを握る私は、疲労感を感じながらも、広大な牧草地を赤く染める夕日と、忍び寄る夜の帳が織りなすパステルカラーの景色の中に溶け込んでいく羊たちのシルエットにしばし見とれていた。

多文化主義の番人たちを探せ

我々の戦略は、豪州の多文化主義を守ることだ。その当然の帰結として、慰安婦像を阻止することだ。法廷闘争は最後の最後の手段

安倍首相とアボット首相。

だ。その前に、この国の多文化主義を維持発展させる目的を持つ組織に相談するのが順当だ。私は、Ethnic Communities, Council（ＥＣＣ）という独立系の組織があることを知った。多くの移民系民族団体が所属し、差別を無くし、多文化主義の理想を追求するために活動しているという。私がコンタクトを取ると、エグゼクティブオフィサーのマーク・フランクリン氏から、役員会議に招待するから、そこでプレゼンしてみろとの回答を得た。いかにも親切な人柄の彼は、私に個人的なアドバイスをくれた。

「あなたがくれた資料を見て、この問題が（中韓が主張するような）過去の追悼ではなく、現在の国際政治マターだと確信しました。ただ、あなたもご存知のように、東京裁判のウェブ裁判長はオーストラリア人でした。もしあなたが、過去の事実を否定することに焦点を当てると、良い反応を得られない可能性があります。一方で、もしあなたが、ストラスフィールドや豪州全般における、コミュニティのハーモニーの大切さを主に訴えるのであれば、好意的な反応を得られると思います」

これは、我々の戦略に合致したものだから、何の問題もない。私は副代表のダレンを伴って役員会に臨んだ。役員会は、それこそ人種のるつぼだったが、皆同情的な反応を示してくれた。ストラスフィールド市議会に懸念を表明するレターを出すことも検討してくれることになった。

だが、会話を重ねる毎に、私は柔和なフランクリン氏の瞳の奥に、「歴史上の事実関係については語りたくない」という、冷たい氷のような決意があるような気がしてならなかった。その理由は、ある日フランクリン氏とダレンの立ち話の中で明らかになった。フランクリン氏はいつものように微笑みを浮かべながら語った。

「私の父親はね、第二次大戦中に、ボルネオで日本軍に撃墜されて戦死したんだよ。でも、なんでボルネオなんかに居たんだろうかって考えた。調べてわかったんだが、アメリカはオーストラリアを戦勝国にしたくなかったんだ。だから、ボルネオなんて、戦略性の低い場所で日本軍の残存部隊と闘わせていたのさ。親父は日本軍に殺されたが、間接的にはアメリカに殺されたとも言えるんだ」

フランクリン氏は、父親が日本軍に殺されたという恩讐を胸の奥にしまいこんで、我々の話を公平に聞いてくれていたのだ。彼こそは尊敬すべき豪州人だ。しかし、その彼もしばらくして引退し、ＥＣＣは変容していく。

知られざる組織をめぐる攻防ー消されたガイドライン

２０１４年8月20日、私はパラマッタという、シドニー西部の街にあるホテルで開催された、ＣＲＣ（Community Relations Commission）という組織の年次会合に出席していた。ＥＣＣのフランクリン氏に勧められたのだ。ＣＲＣとは、多民族間の軋轢を緩和し、コミュニティの融和を促進することを目的とする州政府の下部組織で、いわば、ＥＣＣの州政府版だ。正式な州政府の機関であるにも拘わらず、知名度が低く、私も全く知らなかった。ＣＲＣは新しい会長にハカン・ハーマン氏を迎えたばかりだった。彼の前任者は、ユダヤ系だったが、「イスラエルのパレスチナへの攻撃は自己防衛の側面がある」と発言して、辞任を余儀なくされた。後任に任命されたトルコ系のハーマン氏は幼少時に移住した移民だが、見るからに有能そうな人物だ。

何百人いただろうか？　ホテルのファンクションルームを埋めたメンバーの人種的多様性と熱気に圧倒された。それこそ、主流のイギリス系以外は、アジア人から黒人まで、あらゆる人種が勢ぞろいしていた。それだけ、彼らにとって「人種差別」が切実な問題だということだ。こういう場に日本人の姿は無い。良く言えば、日本人はあまり差別もされずに暮らしている、恵まれた存在だと言える。しかし、言い方を変えれば、豪州の移民社会では全く存在感の無い存在だ。たまに「日本祭り」のようなイベントをしたり、「震災チャリティー」をやっていたりする、遠くて透明な存在なのである。だから、ひとたび有事となれば、これほど脆弱な民族もいない。それが現実なのだ。もっとも、この場に日本人が居ても、圧倒されて萎縮してしまうだろう。皆本当に活発に意見を述べる。会合のテーマは、「如何に海外の衝突を国内に持ち込ませないか」だった。おりしも、イスラム原理主義によるテロが頻発し、イスラム教徒への偏見が高まっている中で、どうやって豪州国内の平和を維持するか考えよう、ということだ。この話題についていって、独自の意見を述べられる日本人が何人いるだろうか？

私は人混みをかき分けて、ハーマン氏に話しかけた。

「今回のテーマは、我々が直面する慰安婦像問題にもそのまま当てはまると思うのですが」

「確かにそうですね。そんな理由で銅像を建て始めたら、シドニーのすべての街角に銅像が立つことになってしまうでしょう」

「州、できれば連邦レベルで、銅像やモニュメントに関するガイドラインを作成すべきだと思うのです。いかなる銅像やモニュメントも、コミュニティの融和に配慮すべきです」

「理解できます。ぜひ改めて私の事務所にいらしてください」

その場で私に話しかけてきた人物がいた。トルコ系の団体を束ねる上部組織の事務局員だという。専従職員が居るとは驚いた。

「実は、我々も、100年も前の出来事で未だに攻撃されていて、あなたの考えに同感します。ぜひ、我々の代表に会ってください」

トルコ人はアルメニア人に攻められていた。オスマントルコ時代に、大量のアルメニア人が虐殺されたとし、トルコ人をあらゆる機会を捉えて攻撃することを民族のアイデンティティーとしている。すでに複数の「虐殺記念碑」が豪州国内に建ち、そのうちのひとつはなんとニューサウスウエールズ州議事堂の敷地内にある。80年代には各地でテロを実行し、トルコのシドニー総領事が領事公邸の前で暗殺されている。

私は求められるままに、トルコ人団体の代表に、私の考えを纏めたレターを送った。代表は法廷弁護士（バリスター）とのことで、私の考えに同意を示したうえで、「銅像、モニュメントガイドライン作成案」を法律的な文章に書き替えて返送してきた。骨子は「言論の自由、表現の自由は保障されなければならない。しかし、規模が大きく、政治的に活発な民族団体が、そうではない他民族を圧迫するような事態は避けなければならない。その意味で、公有地に建てられ、永続的に存続する銅像やモニュメントは、コミュニティの融和を乱さない範囲において許されるべきものでなくてはならない」というものだ。

トルコ系団体は、この「ガイドライン作成案」を持って、前述のECCの役員会に出席することになり、私にも出席依頼が来た。役員会では、トルコ人代表が、いかにも弁護士らしく、理路整然と説明した。常識的な内容なので、皆、異存はないという感じで聞き入っていた。私もサポートするコメントをした。奇しくもその日は、引退するフランクリン氏の最後の日だった。彼は、ECCとCRCで協力していくことを提案していた。ある役員が感想を述べた。「たとえば人数が多いギリシャ人は、数にものを言わせて好きなものを建てられるだろう。しかし、そんなことをしたら収拾がつかなくなる」すべては良識と常識の線で進んでいた。

それから数か月が経ち、年が明けた２０１５年1月下旬。私にMulticultural NSW（New South Wales州のこと）と名称を変えたＣＲＣのハーマン会長から手紙が届いた。なんと、本当にガイドラインを作成し、役員会の承認を得たというのだ。ハーマン会長は本気だったのだ。レターは、私へのカバーレター、ガイドライン作成の背景、ガイドラインの説明からなる三部構成だった。

ガイドライン作成の背景はこのように記述されている。

〈今日、ＮＳＷ州の人口の45％は海外で生まれたか、両親の一人が海外出身である。その結果、移民は歴史的出来事について、それぞれの祖国に特有な見解を豪州に持ち込む可能性が高いし、個人的な経験を経た人も存在することが予想される。歴史的出来事の記念は以下を含む様々な形態が取られる。

・スピーチ、演説
・記念行事
・銅像、プレート、建物、記念公園などの物理的メモリアル

このガイドラインは、地方政府が公共の土地や施設を使用する歴史的出来事に対する「記念行為」について許認可の判断が必要となった時に参考とすべき指標であるが、言論の自由や表現の自由を制限するものではない。また政府関係者が個別の歴史的出来事に同情を示すことを

妨げるものでもない。ただし、特定の民族に非難が集中しないように、公正なコンサルテーションが実施され、相互に合意可能なソリューションを見つけることを奨励するものである。〉

そして、具体的なガイドラインが続く。

〈歴史的出来事に関する記念行為をサポートするか否かの判断に際して、地方政府は以下の点に留意すべきである。

・豪州の法律が認める範囲において、すべての個人が自由に意見を述べる権利を尊重しなくてはならない。

・歴史的出来事について、存在しうる様々な見解を尊重すべきである。

1. 歴史的出来事に伴うつらい経験やトラウマについて配慮すべきである。
2. NSW州のすべての住民は、豪州の法律と民主主義に基づく価値を尊重し、守らなくてはならない。
3. 可能な限りコミュニティの全構成員に偏りなく意見を聞かなくてはならない。
4. 可能な限り双方に合意可能なソリューションを求めなくてはならない。
5. 判断がコミュニティの融和に与える影響を考慮しなくてはならない。

6．判断が、いかなる個人、文化、宗教、言語グループに対する苛めに繋がってはならない。
7．判断が連邦政府の外交政策に合致しているか考慮すべきである。〉

極めて真っ当で常識的なガイドラインである。まさに我が意を得たりと思った。しかし、この直後に予想もしないドラマが展開することになる。

2月13日、ハーマン会長から再度手紙が届いた。何かと思いながら開けると、先般発表したガイドラインについて、現場で混乱が生じたので撤回するとの内容だった。何か異常事態が起こったに違いない。間もなく、メンバーから報告が入った。新聞報道によると、ハーマン会長が窮地に陥っているという。いったい何があったというのか？

現地の有力紙、シドニーモーニングヘラルド（ＳＭＨ）の記事を読んで事態を把握した。例のガイドラインがリリースされた後、韓国人、アルメニア人、ギリシャ人らの民族団体が州政府に殴り込みをかけ、ガイドラインを撤回し、ハーマン会長をクビにしろと担当大臣と州の首相に迫ったのだ。要するに、モニュメントや銅像を建てたい人たちが結集して抗議してきたのだ。青くなったギリシャ系の担当大臣と州首相が慌ててガイドラインの撤回をハーマン会長に指示するも、ハーマン会長の解任は拒否して、にらみ合いが続いているという。それを伝える新聞記事の書き方がひどい。「過去の蛮行を隠すためのガイドラインが発布された」というのだ。ハーマン会長がトルコ系なのが災いした。アルメニア人やギリシャ人を弾圧したトルコ系の会長だからこんなことをした、というニュアンスで伝えられている。

問題は、記事の中で、トルコ系団体と、ジャパンコミュニティネットワークが共同で提案した、と明記されていることだ。トルコ・日本連合対韓国およびトルコに恨みを持つ国連合という構図で描かれてしまっている。我々も、過去の蛮行を隠ぺいしようと目論んでいる側に入れられてしまった。トルコ側も激しく反発している。トルコとアルメニアの対立に巻き込まれるリスクはよく認識し、気を付けていたつもりだが、あの常識的なガイドラインにここまで過激に反応するとは驚きである。彼らの目的が敵対的なものだと白状しているようなものではないか。いずれにしても、こちらの名前が出てしまった以上、もはや傍観するわけにはいかない。

私はSMHの記者にメールを書いた。「あなたの記事を拝読しました。過去の蛮行を隠ぺいする目的とは、あまりにも一方的な偏見です。あなたはなぜ、問題になったガイドライン自体を掲載しないのでしょうか?あのガイドラインのどこに問題があるのか、読者に問うのが公正というものではないですか?」SMHの記者は、珍しく日本側が応答して来たので、興奮した様子で回答して来た。

「ご連絡誠にありがとうございます。ところで、あなたは、過去の歴史認識そのものに異議を唱えているのですか?それとも、自分たちに関係のない過去の出来事で自分たちが影響を受けることに抵抗しているのですか？私が取材したユダヤ系団体のリーダーは、豪州社会は十分に成熟しているので、銅像が建っても苛めや差別は起こらないだろう、と言っています」

私は即答した。

「どちらの質問に対しても、イエスとお答えします。軍隊を使って20万人の一般女性を拉致して強制的に売春させた、などというのは、活動家とサヨクメディアが作り上げた虚構です。韓国人研究者が発表している論文を添付していますから、お読みください。また、豪州社会が成熟しているなどと、誰が保障できるのでしょうか？慰安婦像が建つ北米ではすでに日系の子供たちが苛められています。豪州で同じことが起こったら、その方は責任を取れるのでしょうか？元駐日イスラエル大使は、慰安婦問題はホロコーストとは何の類似性もない政治的プロパガンダだと明言しています」

短時間ながら緻密な応酬だった。ここで一歩も引くことはできない。記者は週末版用の記事を書くので、それを読んで欲しいと言って応酬の幕を閉じた。日本側から明確な反応があったことには喜んでいるようで、最後まで丁重だった。こちらもプロフェッショナルな表現に徹した。

そして週末、問題の記事が掲載された。今回は私の名前も登場するが、内容はかなりニュートラルなものに修正されていた。異なる見解がモニュメントや銅像を巡ってぶつかったという内容になっていた。決して十分ではないが、初めて主要メディアと応酬して、ここまで押し返せれば、まずは上出来といえるだろう。ただ、残念なことに、ガイドラインが紙上で公開されることはついになかった。

結局、ハーマン会長は職を失わずに済んだ。私は、SMH紙を読んで、実は彼がある仕掛けをガイドラインに仕込んでいたことに気づいた。ガイドラインの9項目「判断が連邦政府の外交政策に合致しているか考慮すべきである」である。背景には、州政府がアルメニア人団体の主張を認め、オスマントルコによるアルメニア人虐殺（ジェノサイド）のモニュメント建立を認めたのに対し、連邦政府のビショップ外相は「連邦政府はジェノサイドとは見なしていない。憲法上、州政府には外交上の判断を下す役割は与えられていない」と明言していた。トルコ側は、「大勢の人々が亡くなったのは事実だが、あくまでも偶発的な出来事であり、計画的な虐殺行為（ジェノサイド）ではない」と主張しているので、連邦政府の見解を歓迎していたのだ。アルメニア人団体はその部分に敏感に反応していたのだ。

それにしても私が驚いたのは、ECCの反応だ。トルコ人団体が「ECCで意見表明し、支持を得ていた」と発言したのに対し、わざわざレターヘッド付の声明を出し「トルコ人代表が訪れてプレゼンしたことは事実だが、ECCがその内容を支持した事実はない。ECCはガイドラインの撤回を歓迎する」と言い放ったのだ。トルコ人代表の提案を、ECCは確かに好意的に受け止めていた。私はその場に居たのだから、間違いない。実は、マークフランクリン氏が去ったECCはギリシャ人が大勢を占めていた。それゆえ、なりふり構わずトルコ憎しの声明を発表したとしか私には思えない。興味深いのは、私がその場に居たことを知っているはずなのに、日本については一言も触れていないことだった。日本人に恨みはないが、トルコだけは許せない、ということなのだろうか。かくして、ハーマン会長のガイドラインは永久に葬り去られることになった。

このように、「多文化主義の理想」など、極めて脆弱なものである。わざわざ多文化主義を維持促進するための組織が複数存在していても、民族主義と感情に基づいた政治的圧力によって、いとも簡単に吹き飛ばされてしまうのだ。それが現実だということだ。多文化主義の希求を議論の軸にする戦略は間違っていないと確信する。しかし、それを無視してでも自己の欲求を優先しようとする政治的圧力にどう対抗するべきか。それが我々に突きつけられた課題であることは間違いなかった。

■ストラスフィールド最終決戦

このような水面下の戦いを繰り返しながら、一年以上の時間を経て、最終決戦の時が近づいて来た。中韓反日団体は、我々を「強力な活動組織」と見做して、細心の注意を払って作戦変更を企てて来た。反日色を弱めて、慰安婦像が、あたかも家庭内暴力反対の象徴であるかのような印象を与えて、幅広く支持を得ようという作戦だ。実に見え透いた姑息な作戦だが、残念なことに、アボット首相と同じ保守党である自由党のバカリ市長が、中韓側になびいてしまった。バカリ市長は、表面的には中間点を探すような発言をしながら、明らかに中韓側に有利な状況を作り出そうとしていた。彼の場合、北米の一部議員と違って、中韓の言い分を丸のみにしているのではなく、そろばんを弾いて損得勘定をしたあげく、中韓側の見方をすることに決めたのが見て取れた。例によって彼と同僚の議員たちは韓国の姉妹都市に招待されていた。

北米の都市で、慰安婦像阻止に成功したところには共通点がある。それは、市長に良識があったということだ。その場合は、日系人が団結して正論を述べれば、阻止に成功する確率が高くなる。問題は、市長やほとんどの市議が私利私欲から反日団体支持を決め込んでいた場合だ。この場合は確実に阻止に失敗している。ストラスフィールドの場合、市議は賛否で拮抗し、キャスティングボートを握る市長が中韓反日団体側に着くという、予断を許さない状態に陥っていた。コミュニティの融和、多文化主義、歴史的事実関係などを述べても、わかる人はわかるし、聞く耳を持たない人は理解しようとしないし、バカリ市長のように、理解していても、損得勘定を優先する人もいる。つまり、正義と良識に訴えることには限界があるということだ。

そういう状況に陥ったら、もはや綺麗ごとだけでは埒があかない。市長は我々のメールや手紙を一切無視しながら、中韓反日団体の「本来の趣旨を偽装した」駅前キャンペーンを許可し、反日団体の代表と個人的にランチまでして、慰安婦像推進用パンフレットを受け取っていた。我々は状況を注意深く観察しながら、打開策を模索していた。決着がつく8月11日の特別議会がじりじりと近づいていた。バカリ市長と反日団体は自分たちの計略が順調に推移していると自信を深めている様子だった。しかし、そこに油断があった。

私は決断した。良識や常識が通用しないなら、あくまでも相手の瑕疵を追求するまでである。レジスタンスのリーダー気取りの反日団体の代表は、表面上は「全ての女性の権利」などとオブラートにくるみながら、「シドニー韓人会」のサイトにはハングルで過激なメッセージを載せ続けていた。

「日本人たちも住んでいるこのストラスフィールドで、決して再び日本人に負けはしない。我々は、反省しない彼らを、軍国主義の復活を夢見る安倍晋三の日本人たちを撃破して、女性の人権を蹂躙する獣じみた歴史を終結させるだろう。20万人の元慰安婦の涙を拭いてあげよう、そして、外国に支配され続けた、惨めで悲しい朝鮮半島の歴史に終止符を打つ」

結局やっていることは、復讐心にかられた反日活動であり、事実の検証など興味がないのだ。

2014年3月、自由党が差別防止法を「検閲」とレッテル張りして部分的に削除しようとした際、自分たちが他民族と共同して必死になって反対し、阻止に成功したことを誇っていたことを忘れたのだろうか？いや、忘れてなどいない。あの時の成功に酔いしれて、今回の慰安婦像推進も「もう一度8か国連合を形成して強力に推進する」とアジっていたではないか。しかし、自ら守った差別防止法の18条C項の意味を理解していたのだろうか？他民族を誹謗中傷してはいけない、と書いてあるのだ。

だが、我々は中韓反日団体を相手にする気など最初からない。彼らと議論することに、一分たりとも費やす気はない。慰安婦像を建てることで、攻撃の対象となっているのは、明らかに日系住民である。慰安婦像を建てるという行為が、具体的な中傷行為となる。したがって、慰安婦像を建てることを認可した瞬間、市と市議会は加害者の立場に立つことになるのだ。市議会が慰安婦像設置を可決すれば、我々は即時、連邦人権委員会に提訴する。調停が不調に終われば、訴訟となる。もちろん、そのような事態は望まないが、中韓反日団体の抑制できない憎悪の炎が、我々のケースを立証する証拠をいくつも提供してくれた。この状況で、市長の損得勘定のそろばんは何をはじき出すだろうか？我々は、敏腕で知られる弁護士を通じて市にこちらの意思を伝えた。私は意図的に、特別議会まで7日間の猶予を持って市に考える時間を与えることとした。

市の行政サイドの反応は早かった。三日後には、「提案された慰安婦像はあらゆる角度から検証された結果、市のモニュメントポリシーに合致していないので、市はこれ以上の審議を行わないことを市議会に推奨する」というメッセージを大々的に発表した。市の公式サイトのみならず、ローカルペーパーに英語、日本語、韓国語で掲載する念の入れようだ。慰安婦像が市のポリシーに違反することなど、最初からわかっていたはずだ。行政サイドトップのジェネラルマネージャーは、慰安婦像を支持しないことは明言してはいたが、最後まで特別なアクションは起こさなかった。結局、官僚組織として、面倒なことになるのは避けたいのだ。特に、勝てる見込みが薄い時には。

そして8月11日、実に16か月ぶりに訪れたストラスフィールド市公会堂は、日系人約１００人、中国人韓国人約２００人で埋まり、急きょ追加の椅子が運び込まれる盛況ぶりだった。中韓側は、案の定、ユダヤ人のホロコースト研究者や、ギリシャ人のジェノサイド研究者にスピーチさせて、慰安婦問題をホロコーストやジェノサイドと同一視させようという作戦だった。全て想定内だった。我々は彼らのスピーチの威力を減殺する構成を組んで臨んでいた。

それにしても呆れたのは、中韓に動員された人々が、「安倍は日本の恥だ」「日本は世界に見捨てられる」などと書かれたカラフルなプラカードを会場に持ち込もうとしたことだ。「家庭内暴力根絶」ではなかったのか？どうしても自分たちの本当の動機を隠すことはできないのだろう。どうせなら、会場内で派手に騒いでくれたらよかったのだが、市が手配していた警備員に入り口でことごとく接収されていた。しかし、我々の副代表のダレンが、スピーチの冒頭でプラカードの存在を訴えてくれた。咄嗟の機転である。

採決の結果は、6対ゼロの完全否決だった。提案者の韓国系議員は、利害関係を理由に、冒頭で退席した。最後の法律戦で活躍してくれたメンバーの理香さんが、興奮した口調で言った。「全員一致の否決に持ち込めるとは思いませんでした。もっと接戦になるかと思いました！」だが私は、負ける時は、市長がキャスティングボートを使って4対3、勝つときは6対ゼロだと思っていた。勝つ確信が持てない状況で、行政サイドの判断に逆らって賛成票を投じることは政治的自殺行為だからだ。市長のそろばんは、そのことがわかっていたのだ。

冒頭から慰安婦像反対を表明していたインド系のＲａｊ議員は、昨年4月1日に続いて、またも茫然と静まり返る中韓系の人々に諭すような言葉を投げかけた。

「今日、この問題について議論できたことは、民主主義の証として祝福すべきことです。しかし、今夜は全員、オーストラリア人として帰路に着いてください（Go home as Australians!）」

翌日の地元の新聞は、慰安婦像の否決を「民主主義の勝利」として報じた。美しい言葉だ。だが、我々の戦いの軌跡を振り返れば、「多文化主義の理念」がことごとく政治的思惑と民族主義によって踏みにじられることの連続だったではないか。我々はそれにもめげず、最後は韓国人団体が全力で守った差別防止法を自ら破っていることを立証して、良識の勝利にこぎつけた。これは

ＡＪＣＮ四原則

・非敵対的合理主義 (Non-confrontational Rationalism)
・防衛二元論
・邦人保護優先論
・小異を捨てて大同につく

非敵対的合理主義

・敵対的・感情的な言論は控え、融和的共存を掲げながら、合理的、理論的な反論と主張に終始する
・能動的に議論のフレームワークを設定する
（優位戦の議論：中韓の歴史カードに対する多文化主義）
・相手の批判や糾弾に対しては、即時反論を原則とする
（無駄に沈黙しない）

防衛二元論

コミュニティレベルと国家レベルでは戦略に違いが生じる。コミュニティレベルでは歴史認識論だけに集中するのではなく、「地方自治体にこのような問題を持ち込むのは不適切、住民の平和で協調的な生活維持が最優先」という観点を前面に出して議論する。一方、国家レベルでは、長期的戦略を以て誤った歴史認識を訂正していく必要がある。

邦人保護優先論

「この問題を政治、外交問題化しない」という方針は意味不明瞭で、問題解決に繋がらない。いじめや差別の対象になる現地邦人の保護を最優先する目的で能動的対処が必要である。

小異を捨てて大同につく

究極的な目標が共有できるかぎり、多少の意見の違いを許容し、反目せずに協力し合うことが大切である。

Japan Community Network
jcnaus@googlegroups.com

JCN

Japan Community Network (JCN) 設立趣旨書

これまで豪州の日系組織・団体は、互いの親睦と豪州コミュニティとの融和を主な目的として設立され活動してきました。ところが、明確に反日を旗印に掲げた外国団体による慰安婦像設置計画が豪州においても具体化されようとした瞬間、これまで対岸の火事と見ていた問題が突然目の前に現実的な問題として現われたのです。この寝耳に水とも思える事態に、ひるまずに立ち上がったのは、子供たちの今と将来を憂えた数人の母親のグループでしたが、日系社会がまとまり、組織的に対応することはできませんでした。これは、既存の日系団体が、あくまでも「親睦」を趣旨として、政治的活動には関与してはならないと思い込んでいることにも一因があります。

そこで私たちは、「親睦」が目的ではなく、あくまでも、今ここに存在する具体的な問題に現実的な対応を試みることを目的とした団体を設立することにしました。もとより私たちは、今回の慰安婦像設立に対する反対活動を政治活動とは認識しておりません。なぜならこの活動は、特定の政治思想に依拠して始められたものではなく、移民社会の融和とローカルコミュニティの平和と安寧を願い、子供たちの今と将来を守るという、親としての普遍的な願いに基づいたものだからです。その目的にかなうならば、民主主義社会において当然認められている正当な行為として、政府や政治家に働きかけることも活動に含めます。

私たちのモットーは、非敵対的合理主義です。意見が対立しても、憎悪に基づく敵対的な行為は避け、あくまでも融和と平和的共存・共栄を目指しながら、移民社会に受け入れられるような冷静で合理的な主張を展開していきます。たとえば、先般(2014年4月1日)にStrathfield市庁舎で行われた慰安婦像設置をめぐる公聴会において、相手側が徹底して日本を非道と非難しても、相手の土俵に乗って感情的に反論することなく、あくまでも日系人への差別やいじめが助長されるリスクや、市が自ら定めたポリシーからの逸脱、さらに、豪州が理想として掲げている多文化主義との相反を一貫して理性的に訴えました。その結果非日系コミュニティからも多くの共感を得ることができたと信じています。今後、どのような案件に対しても、私たちは同様の姿勢で臨みます。私たちが目指すものは、単に日系社会の政治的勝利ではなく、様々な人種を含むコミュニティの良識の勝利です。私たちは、日系人だけを構成員とした団体ではありません。多文化共存主義の価値観を共有できる非日系社会と連携して活動します。会としては上記のモットーを共有する以外は、政治的にも宗教的にも完全にニュートラルで、会員個人の政治的・宗教的信条は全く自由です。特定の政党と協力することはあっても、その政党に対する支持を強要することはいたしません。あくまでも、日系社会全体のwelfareという共通の大義のもとに活動することを本旨とします。

世界中を探しても、豪州ほど平和な社会も珍しいかもしれません。しかし、それでも、生活の安寧や希望が持てる未来は所与のものではなく、他人の善意や良識に依存して獲得できるものではありません。その覚悟をもって、私たちは良き市民、自らの子孫に対し責任ある親として、具体的な問題に取り組んでまいります。

2014年4月6日

Japan Community Network
jcnaus@googlegroups.com

何を意味するのだろうか？民主主義とは、正義が保障されている社会などではない。民主主義とは、正義を獲得するために、戦う手段を与える仕組みのことに他ならない。他人の善意に依存していたら、国際社会においては自らの基本的人権すら守れないだろう。そのことに日本人が気づく日が来るだろうか。我々の南半球の戦いが、そのマイルストーンのひとつとなれば望外の幸せである。

5

ドイツにおける慰安婦報道の論調

川口《かわぐち》マーン恵美《えみ》

慰安婦問題が、外国に暮らす日本人にとって、どれほどの苦難をもたらしたかは、おそらく日本にいる人たちにはわからないと思う。産経新聞の古森義久氏も、「米国におけるこの論議の中で、私はまさに多勢に無勢だった」と、書いておられる（「朝日新聞の慰安婦虚報は日本にどれだけの実害を与えたのか」）。http://jbpress.ismedia.jp/articles/-/41520

ドイツにいる私も、まさしく同様だ。たとえ集中攻撃を受けても、援護射撃は望めない。日本でなら、あるテーマを巡って激しく意見が分かれていても、少なくとも各人は、事の背景、そして、相手の論拠は理解している。その上での議論だ。しかし、外国では違う。

慰安婦問題の背景をドイツ人に十分に理解させることはほとんど不可能だ。それには、慰安婦とは何かということをはじめ、日本と韓国の過去の関係、現在の関係、そして何より、この問題において朝日新聞の果たした役割と、誤報が独り歩きした理由を説明しなくてはならない。しかし、ドイツのメディアはそんなことは無視して、残虐な慰安婦物語だけを取り上げ、「性の奴隷の悲劇」を書き続ける。

　私が真実だと思っていることを、家族や友人でさえ理解しないだろう。私は学者でもないし、政治家でもない。テレビや新聞の報道とまるで正反対のことを一人で主張しても勝ち目はない。これは南京問題においてもそうだった。今、ドイツでは、福島の汚染状況に関しても嘘がまかり通っている。私が真実だと思っていることを口にすれば、問題ある思想を持つ人間となるのがオチだ。

川口マーン惠美氏の関連著書。

とはいえ、そんなことどうでもいいじゃないかと、この問題を考えるのをやめることもできない。だから、悔しさは小さなしこりとなって、私の心の奥に溜まっていく。

次の記事を読んでいただきたい。フランクフルター・アルゲマイネというドイツの一流紙に載った記事の全文。カーステン・ゲルミスという名の東京特派員の手によるものだ。

2014年11月18日

歴史の歪曲「日本がアメリカの教科書の訂正を求める」

日本の歴史の修正主義は、新しい段階に突入した。外務大臣はアメリカの教科書を訂正させるつもりだ。しかしそれは、歴史研究の現状への抵抗にすぎない。

日本が、戦時中の自国の残虐行為の歴史を無かったことにするために、外国の教科書にまで明らかな圧力をかけたのは、これが初めてだ。岸田文雄外務大臣が火曜日、東京で語ったところによると、日本政府は、歴史家 Jerry Bentley と Herbert Ziegler の書いたアメリカの歴史の教科書を批判した。そこには、日本軍が、東アジアの20万人の女性を、前線の売春所で強制売春させたことが記されている。

この本は、単に中立な歴史研究の結果を載せたにすぎないが、それゆえ、安倍晋三首相が政権に就いて以来、有利な地位を得た国家主義者と歴史修正主義者たちの批判を浴びることになった。外務大臣によれば、教科書は日本政府の公式見解に合わない。しかし、何が彼の気に入らないか、具体的な内容は述べられなかった。

日本が現在、外国の研究者にまで圧力をかけていることは、日本政府の修正主義が新たな段階に入ったことを示している。アメリカの出版社、マクグローヒル社は、著者と日本大使館員との対話を調停する用意があると表明した。

公式には、日本は、戦時中に女性が売春を強制されたことを認めている。内政的には、しかし、それは安倍の周りにおいて、常に猛烈な激しさで否定されている。

（挿絵として、日本の小学生女児が仲良く並んでランドセルを背負って歩いている後ろ姿が使われ、「彼女たちは、どんな本を読まされているのか？」というキャプションがついている）。

http://www.faz.net/aktuell/politik/ausland/asien/geschichtsklitterung-japan-verlangt-korrektur-amerikanischer-lehrbuecher-13272998.html

もう一本。やはりゲルミス氏の記事。

2015年1月29日

日本の性奴隷「〝慰安婦〟が悪評判に揺さぶりをかける」

日本では、何万人もの少女と女性が、第二次世界大戦中、性奴隷にされた。国家主義的な力が、今、歴史を書き換えるために、ある新聞のミスを利用する。

月曜日、東京地方裁判所に、8700人以上の日本人が、リベラルな日刊新聞である「朝日」に対する訴えを提起した。同紙が、いわゆる「慰安婦」についての日本の責任を報じ、それによって、世界に真実ではない事を広めたというのが、訴状の内容である。慰安婦とは、日本軍の売春所で売春を強制された女性のことで、そのほとんどは韓国人だった。

その背景には、朝日が80年代、90年代に報じた一連の記事についての、同紙の謝罪がある。なかでも吉田清治という人物の証言で書かれた記事がその対象となった。吉田は、のちに嘘をついていたことが明らかになったからである。ただ、吉田の偽証はあったにしても、日本軍の統治下で、何万人もの女性や少女が性奴隷にされていたことまでは同紙は否定しなかった。もちろん、否定しなかったことは正しい。しかし、訴状は、同紙が日本の名誉を国際社会で取り戻そうと努力しなかったことまで叱責している。

日本以外の場所での歴史研究においては、日本人が第二次世界大戦中、20万人の女性と少女を性奴隷とした事実は、議論の余地のないことである。日本政府も、少なくとも対外的には、90年にこの悪行に対する責任について出された声明を認めている。ところが国内では、安倍晋三首相は、去年の秋の「朝日」の謝罪を、自分の国家主義的方針と、日本の国家主義者たちのどんどん攻撃的になっていく歴史修正主義を強めるために利用した。同紙は、日本の姿を〝重篤に損なった〟のであり、〝日本の誇り〟を回復させなければならないと、安部は国会で語った。また、日本の外務省も、外国の特派員たちが、このテーマに対する安倍の見解や、攻撃的な国家主義的表現を批判したことに対し、明らかな反駁を加えている。そういう意味では、現在、東京で起こされた訴訟は状況に合致している。訴状によれば、日本の公的な機関が女性たちに暴力的に売春を強要したという証拠はないという。

「朝日」は、日本の世界における名誉を傷つけたのであり、原告は同紙に、一人につき1万円（約80ユーロ）の賠償を求めている。国際的な報道において批判されているのは誤報を認めた朝日ではなく、戦時中に行われた残虐行為の責任を逃れようという安倍の恥ずかし気もない試みであるということには、日本のメディアはほとんど言及しない。

強まる報道への圧力

東京大学のコミュニケーション学者 林香里は、日本の首相は〝効果的なアジェンダセッティング〟を行ったと言う。彼女は、朝日が組織した委員会のメンバーの一人として〝朝日のスキャンダル〟についての多くの外国メディアの報道を分析した。それによれば、朝日への非難は一切なされていない。反対に、外国メディアは例外なく、リベラルな新聞を悪者にして、自身の国家主義的なアジェンダを押し通そうという安倍の試みを批判している。安倍首相は、慰安婦の事実を完全に否定するため、新聞の誤報を利用した。偽証の犯人（吉田のこと・訳注）が、中立な学問的研究のすべてを疑問視したわけではないにもかかわらず、である。さらにいうなら、それから20年以上の年月が経っている。吉田は、90年代には詐欺師で有名だった。ゆえに、「朝日」の謝罪は、日本以外のところでは、強制売春の歴史的意味において何の意味もなさないのだ。

同紙が味わっているように、東京の政府は朝日に強大な圧力を行使し、謝罪に至らせた。今回の提訴は、日本のリベラルな声を窒息させるための、次の一歩である。安倍と、彼と結んだ国家主義的な一団は、朝日のトップへの圧力を強めており、同紙の多くの記者は、自分たちの報道の自由が犯されていると感じている。同紙は、安倍が政権取得後、一番大きな反対勢力の一つなのである。

アンゲラ・メルケルは安倍首相に警告を発するべきだ

共同通信社の報道によれば、1３0００人の人々が、原告団に加わると見られている。朝日の記事が世界に、性奴隷に対して日本に責任があるかのような見解を広めたからだ。国家主義的・保守系新聞「読売」は、同紙の報道において性奴隷という表現を使ったことを読者に謝罪した。日本の国家主義者たちにとっては、ティーンエイジャーとして売春を強要された韓国人たちは、普通の売春婦以外の何者でもないらしい。

林の分析によれば、日本のイメージを汚したのは朝日ではなく、歴史修正主義であるが、それには原告たちは異議を申し立てない。キリスト教の上智大学の退官教授、渡部昇一教授の指揮の下、何千人もがこの裁判に加わるという事実だけを取ってみても、いかに原告の国家主義的な力が攻撃的であるかがわかる。安倍首相は、戦後70年に際して、歴史の新たな評価を行うと宣言した。メルケル首相は3月に日本を訪れる。彼女は安倍に対して、歴史とどう対応するか、明確な言葉を述べるべきだ。

（挿絵の写真は、元〝慰安婦〟の抗議デモの様子）

http://www.faz.net/aktuell/feuilleton/klage-gegen-zeitung-asahi-wegen-rufbeschaedigung-japans-13391702.html

何も事情を知らないドイツ人が、この記事を読んでどう思うかということを想像するのは、さほど難しいことではない。外国メディアの慰安婦問題に対する態度は、朝日新聞が「強制売春があった」と声高に主張していた昔も、「誤報でした」と謝罪した今も、まるで変わっていない。それどころか安倍首相は、朝日に誤報であると言わせ、歴史の修正を図ろうとしている国家主義者とされている。そこで作り上げられているのは、朝日は、それでもなお真実を語る勇気を捨てず、安倍首相近辺のいかがわしい勢力に抵抗し、そのために、いまや弾圧にさらされているといった、まるで誤った構図だ。こうなると、慰安婦問題を利用しているのは誰かと言いたくなる。その朝日と共闘しているのは、韓国・中国だけではなく、一連の欧米メディアも同じなのである。

繰り返すようだが、このように明らかな意図（悪意といってもよいだろう）で編まれている記事を読んだ人に、真実を理解してもらうことは、はっきりいって無理だ。外務省が意を尽くして何を説明しようが、勝ち目はない。この手の記事のやり方は情緒に訴えることであり、「歴史的事実」とか「学者の意見」などという言葉が頻繁に出てくるわりには、事実を探して伝えようという意気込みは全く感じられない。実は、検証などはまるで重視されていないのだ。

読み終わった人の胸に、「可哀想な女性への同情」と、残虐行為をむりやり正当化しようとしている「日本についての不快な印象」が残ることが、記者たちの最大の目的ではないかとさえ思う。なぜ、ドイツのメディアはここまで反日的なのか？

2本目の記事の「安倍首相は、慰安婦の事実を完全に否定するため、新聞の誤報を利用した」という部分については、外務省が抗議をした。安倍首相は、慰安婦の存在を完全に否定しようなどとは一度も言っていないのだから、あまりにも事実に反する。

しかし、ゲルミス氏はそれを逆手に取って、日本外国特派員協会の機関紙に、日本政府批判の「告白」記事を書いた（これは内田樹氏のブログに全訳が掲載）。ゲルミス氏はこの記事の中で、鳩山、菅、岡田の三氏を褒め上げ、日本と安倍首相の歴史修正主義を批判した。

もっともゲルミス氏は、この日本にいる外国特派員向けの記事の中では、「私自身は日本において報道の自由が脅かされているとは思わない」とも書いているので、ドイツの一般読者向けの記事と内容を使い分けているのかもしれないが、私が一番驚いたのは、この後、ネット上で、ゲルミス氏の主張を認め、賛同する日本人の意見が多く載ったことだ。彼らは、日本で本当に国家主義的圧力が強まっていると思っているのだろうか？

私はここ十年ほど、集中的にドイツの報道をフォローしているが、思想的な表現という観点から見れば、日本の方がドイツよりも自由度ははるかに大きい。ドイツには、大手のメディアが書けないことが幾つかある。それに比して、日本のメディアが何かを書かないとすれば、弾圧されているから書けないのではなく、遠慮やら保身やらスポンサーの都合のために、自主的に控えている場合が多いのではないか。

ドイツでは、２０１２年２月29日、『「慰安婦」の苦しみの承認と補償』というタイトルの決議案が、ＳＰＤ（ドイツ社民党）議員団の連名で、ドイツの連邦議会に提出されたことがあった。２００７年にアメリカの下院で採択された「従軍慰安婦問題の対日謝罪要求決議」を見習ったのである。

決議案の内容は、慰安婦制度という第二次世界大戦中の日本の「皇軍」による犯罪を日本政府に認めさせ、謝罪、および補償を促すことで、動議の提案者には著名な政治家が連なっていた。決議案の全文は、ドイツ連邦議会のホームページに、政府刊行物 17/8789 として掲載されている（http://dip21.bundestag.de/dip21/btd/17/087/1708789.pdf）。

この動議を受けて同年11月29日、連邦議会で各党代表のスピーチが行われた。緑の党のコクツィー議員は、20万以上の婦人や少女が、軍の売春所で強制売春をさせられたと主張した。

「若い子は11歳、12歳でした。騙されたか、あるいは、誘拐して連れてこられたのです。そして、働かされた女性の70％は、性的な暴力により死亡しました。処刑や自殺もありました。そして、ようやく１９９１年、元慰安婦の金学順が名乗り出ましたが、そのあとの日本政府の対応は恥ずべきもので、生存している元慰安婦に対し、顔面をこぶしで殴りつけるに等しいものでした」。

ＣＤＵのグラノルト議員は、

「歴史家は犠牲者の数を20万から30万と推定しています。犠牲者のほとんどが中国と韓国の出身で、ここは、日本軍が特に激しい暴力を振るった場所でした」、「女性たちの苦しみは筆舌に尽くし難く、多くは、疾病、拷問、空腹、あるいは、疲労のために死亡しました」

と述べた。そして、

「歴史家が軍の記録に、日本軍が軍隊の売春所のために女性を強制徴用したという証拠を見つけました」、「この証拠のため、日本政府は１９９４年、戦争の歴史の中のこの一章を教科書に記載しなければならなくなりました。しかし、ここ数年、ある政治家のグループが、この犯罪についてのあらゆる示唆を教科書から削除するために並々ならぬ努力をし、それに成功したのです」

と言い、そのあと、さらに驚くべき発言をした。

「日本の天皇が彼の兵隊たちのために、〝慰安所〟という軍の売春宿を作らせました」、「強制売春は、国家の指令で、制度化されたものなのです」。

そして最後に、

「日本政府の公式見解を外部から変えようとしても無駄です。外国からの警告ではなく、自身の真摯な和解と反省の文化を発揮してこそ、過去の総括を深め、隣国との理解をより強固にできるということは、我々ドイツ人がちゃんと示したではありませんか」

と自画自賛することも忘れなかった。

結果を言えば、この議決案は採択されなかった。しかし、決議文の内容は広く報道された。だから、「残虐な日本人はアジアで暴虐の限りを尽くし、しかも、それを未だに反省せず、正当化しようとしている」というアピールだけは、ドイツ人の心にしっかりと焼きついた。その上にゲルミス氏の記事を読んだとしたら、たいした齟齬もない。私が普通のドイツ人なら、すべてそのまま信じただろう。

ただ、国会議員は市井のドイツ人ではない。おそらく彼らは、ドイツ軍にこそ本物の強制売春があったことを百も承知の上で、日本弾劾をやっているはずだ。いったい何のために？？？

ヒトラー政権下のドイツ国防軍は、ドイツ国内、紛争地、および占領地全域に、大規模な売春所を運営していた。売春施設は、兵士用、将校用、親衛隊員用、外国からの徴用労働者用などに分かれ、驚くべきことに、それは強制収容所、絶滅収容所にまであった。

本稿での私の目的は、ドイツの強制売春を論じることではないので深入りはしない。もし、詳しく知りたい方は、クリスタ・パウル著『ナチズムと強制売春─強制収容所特別連の女性たち』（明石書店）、あるいは、フランツ・ザイトラー著『売春・同性愛・自己毀損ドイツ衛生指導の諸問題１９３９─１９４５』（秦郁彦『慰安婦と戦場の性』１５０ページ以下に紹介あり）などを参考にされたい。なお、これらについては、たとえばニュルンベルクの帝国党大会会場にある文書センターに行けば、ちゃんとオリジナルの書類が残されているので、証拠探しに苦労する必要もない。

冒頭の古森氏は言う。「慰安婦問題に関しては私自身も被害者だと思う。（中略）日本の名誉だけでなく私自身の名誉が傷つけられてきた」と。

また、最後につけくわえておくならば、朝日の誤報に関する報道では、やはり大手の「南ドイツ新聞」にも、「首相対新聞」というタイトル、「日本の首相は批判的な朝日新聞を〝厄介払い〟するつもり」というサブタイトルで記事が載り、内容はゲルミス氏のそれとまさに同じ論調だった。他紙もすべて似たり寄ったりだ。ドイツの反日・嫌日には、とても根強いものがある。

朝日の訂正記事に関しては、出ないよりは出た方が百倍ぐらい良かったのは確かだけれど、しかしドイツでは、それは何の役にも立たなかった。壊れた多くの物は元には戻らない。ドイツのメディアには、「訂正など認めるものか」という意志さえ働いていると感じる。

ＢＢＣ（英国放送協会）の国際放送「ワールド・サービス」が２０１４年に行った「日本に対する好感度」の世論調査では、「日本が嫌いだ」と言う国は、１位、２位の、中国、韓国に次いで、ドイツが３位だった。現状はすでに、痛ましい状況だと言うほかはない。ドイツに住む一日本人としては、腹がたつというより、とても悲しい。

第三章

国民運動調査団、国連に乗り込む

第1次派遣・ジュネーブ国連調査団（2014・7）

いざ出陣。国連へ行くためにバスを待つ調査団。（2014.7）

1

座談会

行って分かった国連利用のカラクリ

出席者（発言順）

司会 藤岡信勝（拓殖大学客員教授・新しい歴史教科書をつくる会副会長）

細谷清（日本近現代史研究会事務局長）

山本優美子（なでしこアクション代表）

藤木俊一（テキサス親父日本事務局）

藤井実彦（論破プロジェクト実行委員長）

関野通夫（慰安婦の真実国民運動幹事）

〈1〉ジュネーブに集結した同憂の面々

■「慰安婦の真実国民運動」の創立

藤岡信勝（司会）二〇一四年七月十五・十六日にジュネーブの国連欧州本部で「自由権規約委員会」と呼ばれる会合が開かれました。この会合を目指して、「慰安婦の真実国民運動」は調査団を派遣しました。この調査団のメンバーとして、ジュネーブにお出かけになった皆さんに、きょうはお集まりいただきました。

そこでまず、今回のアクションの母体となった「慰安婦の真実国民運動」について、簡単に自己紹介しておきます。

一九九〇年代に日本たたきのテーマとしてつくられた慰安婦問題は、二〇一〇年代になると、想像もつかなかった展開を見せるようになりました。韓国ソウルの日本大使館の前、道路を挟んだ向かい側に、慰安婦の少女像が置かれたのです。二〇一一年十二月十四日のことです。

さらにアメリカでも、各地の公立図書館の敷地などに、同様の慰安婦像が設置されるようになりました。推進したのは、在米のコリアンたちで、背後で支援したのが「抗日戦争史実維護連合会」と称する在米のチャイニーズたちの反日組織でした。

その典型例は、ロサンゼルス郊外のグレンデール市に設置された慰安婦像です。二〇一三年七月九日、市議会では慰安婦像の設置の是非を巡って公聴会が開かれ、在米の日本人も多数発言したのですが、五名の議員からなる市議会は、同日、慰安婦像の設置を決めてしまいました。

日本人の感覚からすれば、そんなことをしたら、日本を貶め、糾弾するという効果はあるかも知れないが、自分たちや自分たちの国の恥にもなると思うのですが、コリアンたちはそういう恥の観念はないらしく、グレンデールだけでなく、アメリカの各地に慰安婦像や碑の設置がひろがる勢いです。

慰安婦問題に取り組んで来た日本の団体はいくつもありますが、こうした状況に危機感をいだき、ばらばらに行われていたそれぞれの団体の活動をお互いに助け合い、情報交換を緊密にする連絡協議機関のような組織をつくり、慰安婦問題により効果的に取り組もうとする機運が高まってきました。そうした中で、「慰安婦の真実国民運動」は、二〇一三年七月二十九日に創立されました。この組織には14の団体が加盟しました。代表には、外交評論家の加瀬英明氏が就任しました。

国民運動は上意下達の性格の組織ではありません。慰安婦問題で日本の名誉を守ろ

藤岡信勝さん

うとする立場の団体や個人が参加し、対等な立場で連携しています。単位団体の自主性がおかされるようなことはありません。事務局は「新しい歴史教科書をつくる会」の事務所に置かれています。同会は慰安婦が歴史教科書に載ったことがきっかけとなって結成された団体であり、この問題に長年取り組んできました。

■慰安婦問題の挽回のため国連行きを提起した細谷清さん

藤岡　それにしても、「慰安婦＝性奴隷」説を製造し、広めたのは国連です。それは今も続いていて、日本政府に対し繰り返し不当な「勧告」を出しています。これを朝日新聞などが大きく報道し、「国連幻想」にとらわれた日本人を洗脳していくことになります。

そこで、私はかねてから、保守系の「国連活動家」といった人が出てこないものかという問題意識をもっていました。国民運動が出来てから、まさにそういう人物にめぐりあったのです。

それが細谷清さんでした。

私は細谷さんがジュネーブの国連の委員会に行ったことがあるという話を聞いて、ぜひ、国民運動の幹事会で一度時間をとってまとまった話をしてほしい、とお願いしました。それが実現したのは、二〇一四年の四月二十五日です。

その話のなかで、六年に一度開かれる自由権規約委員会がその年の七月にあると聞いて、今回、ぜひ代表団を派遣すべきだと思いました。そのことを幹事会に提案すると、幹事の中には、慎重論や時期尚早論もありましたが、私は民間のわれわれが今こそ打って出るべき時だと考えたのです。

国連に行くのは、今までは左派のNGO団体ばかりでした。なぜ、左派ばかりなのか。そうした左派の国連活動に対抗する戦いが何としても必要です。ただ、熱意があっても能力というか、国際レベルでの知識や情報、さらには経験が必要です。そうした人材があらわれないと対抗できないと思っていたのですが、細谷さんに出会って、まさにチャンス到来という思いでした。

そこでまず、細谷さんから、どうして国連に行くことになったのか、というあたりから話してくれませんか。

細谷清　私は民間会社で海外でのプラント営業・事業開拓をしていました。同時に放送大学大学院で近現代史を勉強していました。論文を出張先で書くような二足のわらじでしたね。会社を二〇〇九年に早期退職し、岡本明子さんが主宰していた「World Congress of Families」（世界家族会議）という会に参加しました。これが保守活動の始まりです。この団体は国連経済社会理事会の協議資格を持つNGOで、協議資格を持つ保守のNGOは極めて少ないのです。女子差別、家族の問題を考えるNGO活動として、二〇一〇年から二回、国連へ行きました。「児童の権利条約委員会」の調査が中心でした。その経験から「慰安婦問題で挽回するなら国連に行くべきだ」と思っていました。

ところが、その貴重な保守系のNGOが、結局分裂してしまったのです。

藤岡　どうして分裂したのですか？

細谷　国連に勧告するのはおこがましい、という人たちがいて、意見が合わなかったのが理由ですね。これも一つの、いわゆる国連信仰といえます。

▼細谷清（ほそや・きよし）さんは、昭和24年、茨城県日立市生れ。早稲田大学商学部卒業、放送大学大学院（学術）修了。プラント製造会社で国際事業に携わり、国内外で営業、

事業開発・運営を担当。平成20年より専門学校等で国際ビジネスの講師を務める。民間団体の近現代史研究会事務局長も務めている。

細谷　そのNGOが企画した講演会で、「なぜ慰安婦問題がアメリカで問題になったのか」というテーマで、山本優美子さんに講演してもらったのです。

藤岡　なるほど。そこで山本さんとの連携ができたわけですね。保守派もジュネーブに行くべきだという細谷さんの提案があり、それに真っ先に乗ったのが山本さん？

山本優美子　そうです。私は細谷さんのジュネーブ行きの話を事前に聞いていたのよ。（笑）

細谷清さん

■日本女性として声をあげた「なでしこアクション」の山本優美子さん

藤岡　私が山本優美子さんに初めてお目にかかったのは、二〇一二年十一月六日、議員会館で開かれた集会に来て短い発言をしてほしいと依頼されたときです。その会合にはかなりの数の国会議員が参加し、会場にはたくさんの聴衆がおりました。

慰安婦問題は、このテーマの特殊性から、われわれ男性が発言するよりも女性が発言した方が十倍も説得力があると思ってきました。だから、山本さんが女性の立場で強力な発信を始められたとき、本当にありがたく、こういう方が出てくるということは日本民族の底力を示すものだと思いました。そして、山本さんは今後大きな働きをしてくださるに違いないとすぐに確信をもちました。

国連行きの動機などを話してください。

山本　私はジャーナリストでも、もちろん政治家でもありません。一般的な一女性の立場から、大事であると思ってきたことが二つありました。

一つは地方議会における慰安婦意見書の取り消し。もう一つが国連に対するアピールです。今回の調査団の提案はその両方をかなえてくれるものでした。これはぜひともジュネーブに行かなければいけない、ということで調査団の団長を引き受けました。

山本優美子さん

藤岡　山本団長、細谷事務局長という布陣が出来あがったわけですね。

▼山本優美子（やまもと・ゆみこ）さんは、上智大学卒。主婦。ボランティアとして保守系の活動の手伝いをしていくうちに、慰安婦問題は女性が取り組むべきテーマだと考え、二〇一一年に「正しい歴史を次世代に繋ぐネットワーク／なでしこアクション」を立ち上げ、代表となって活動を始めた。「なでしこアクション」のホームページ http://nadesiko-action.org では、英語圏の動向をいち早く伝えるとともに、対外発信、署名運動、公的機関への発信の組織化、等々、パソコンを駆使した精力的な活動を展開している。それらは、多くの人にとって貴重な情報源となり、大きな影響を与えている。オーストラリアの慰安婦問題の状況を現地に知らせたのも山本さんだった。「NPO法人歴史の真実を求める世界連合会（GAHT）」の役員も務めている。

■「テキサス親父」の生みの親 藤木俊一さん

藤岡　次は「テキサス親父」の日本事務局の藤木俊一さんです。「テキサス親父」という、ネットのキャラクターは藤木さんが創られたのですよね。

藤木俊一　トニーさんはシーシェパードの問題に興味をもって取り組んでいました。インターネットに動画を流していたのです。それに私は字幕をつけて、勝手に動画をアップしていましたね。（笑）

二〇〇九年くらいからトニーさんと連絡を取るようになりました。そのうち、トニーさんを日本に呼ぼうという話が出てきたのです。すると、「もう日本に呼ばれているよ」という話をトニーさんが教えてくれました。ところが二週間経っても、その団体から音沙汰なし。信用できないとトニーさんは怒っていました。そこで「僕たちがおカネ出すから来てください」とお願いしたのです。そのときが二〇一一年の三月。来日の直前に東日本大地震が起こったのです。

▼テキサス親父と藤木俊一（ふじき・しゅんいち）さんについて。
「テキサス親父」の本名はトニー・マラーノ。テキサス州に住む67歳のイタリア系の好々爺。youtubeやニコニコ動画での発言が注目を集め、テキサスに住んでいることから「テキサ

ス親父」という愛称で呼ばれている。トニーさんはサラリーマンを定年退職してから、趣味のカメラいじりをしたり、新聞を読んで記事に対して投稿したりしていたが、そのうちyoutubeを使って発信し始めた。「テキサス親父」のニュースの論評は日本人に勇気と笑いを与えている。時事ネタ等を英語の教材にした本『テキサス親父演説集』(飛鳥新書)など、数点の日本語の著書も発行されている。

藤木俊一さんは、一九六四年生まれ。24歳で電機メーカーを創業し27年間、音響機器、自動車関連機器、プラント輸出等の貿易に従事する傍ら、約18年前より日本人の素晴らしさを伝える保守活動に取り組み、二〇一〇年、テキサス親父日本事務局を創立。また、国際問題研究家

藤木俊一さん

として、テレビ、ラジオ、ネット等でも言論活動を展開している。

藤岡　藤木さんご自身について、少し自己紹介してください。

藤木　私は貿易関係の仕事で、二十二歳のころから海外へ出かけていました。東南アジアはみんな親日派です。韓国も、そのころは全然反日ではなかった。ヨーロッパ担当になってEUへ行くようになったが、税関で日本の赤いパスポートを見せると、写真もチェックしない。不思議だなと思って、税関の担当者に質問したのです。「しっかり見ないで大丈夫なの。俺はテロリストかもしれないよ」って、笑いながら言いました。

税関の担当者にこう言われました。「この国で罪を犯した日本人は一人もいない」。日本人の信用度はすばらしいと思ったわけです。学校教育で日本人はひどい戦争を起こした国民だと教えられていたのとはまったく違っていました。日本はいい国だということを知りました。

藤岡　うれしくなる話ですね。藤木さんが保守活動を始めたきっかけは何ですか?

藤木　保守活動をみていると、いろいろな方が言論活動をされておられますが、あまり広がっていない。今回の慰安婦問題の捏造も、知っているのはマニアか学者だけですよ（笑）。一般に知ってもらうためにはどうすればいいのかを考えたとき、「テキサス親父」の手法もありだなと思ったわけです。

藤岡　すばらしいアイディアでしたね。

■漫画を武器にした斬り込み隊長「論破プロジェクト」の藤井実彦さん

藤岡　次は「論破プロジェクト」の藤井さん、お願いします。

藤井実彦　私は二〇一三年八月一四日まで、まったく保守活動などをしていないビジネスマンでした。父親の影響で竹村健一さんや渡部昇一さんの本を読んで、いいなと感じていたくらいです（笑）。

慰安婦問題を知って、これは韓国が政府ぐるみで行っている、異常なシチュエーションだと思いました。藤木さんと同じように、もっとみんなが注目してくれるようにしたいと漫画を使っての活動を考えたわけです。

藤岡　漫画を描かれるのですか？

藤井　私は絵を描きません。原作の担当です。漫画広告というジャンルを仕事にし

藤井実彦さん

ています。医療系の説明などを漫画で解説する広告の製作をしています。

藤岡　あれはたしかにわかりやすい。

藤井　二〇一四年一月、フランスで開かれた「アングレーム国際漫画祭」で藤木さんとの交流が始まりました。「論破プロジェクト」の目的は、二％いるといわれている保守層の、その周りにいる人たちを取り囲もうということです。二％という数字は、私のような広告やマーケティングに携わってきた人間にとっては、シェアを増やすという意味で挑戦してみたくなる数字です。

▼藤井実彦（ふじい・みつひこ）さんは、経営コンサルタント。論破プロジェクト代表。昭和47年福岡県生まれ。青山学院大学卒業後、大手飲食店、IT企業、ソフトウェア業を経て2003年独立。2013年8月、慰安婦問題を漫画で海外に広める活動を始め、言論活動をスタート。FM局、インターネット番組など保守系番組の製作・司会、講演会の企画などにも携わる。

■ビジネスの中でディベートをマスターした関野通夫さん

藤岡　最後は、ジュネーブで、他のメンバーが左翼とグルになった国連職員に会場から追い出されたのに、マークされず、会議を平然と傍聴するという不思議な体験をされた（笑）、関野通夫さんです。

関野通夫　父親が海軍の軍人だったこともあって、小学生のころから東京裁判や日本国憲法に興味がありましたね。ただ、元々はエンジニアでしたから、政治に携わる活動はしていませんでした。排気ガス規制法、いわゆるマスキー法が問題になった一九七〇年ころから、国際法などを担当するようになりました。リーガルマインドの必要性を、海外駐在経験を通して肌で感じています。

フランスに駐在していたころにディベート術を覚えました。彼らはとりあえず口ゲンカしないと解決しない。「黙れ」「俺の話を聞け」といって相手の話をきかない。二〇〇一年にサラリーマンを辞めましたが、最後はアメリカに駐在でした。その後は実務翻訳をやっています。

私の保守活動のモチベーションはたったひとつです。今のままの日本では、孫にも祖先にも申し訳ないという気持ちです。

▼関野通夫（せきの・みちお）さんは、近現代史研究家。昭和14年鎌倉市生まれ。東京大学工学部航空学科卒。自動車製造会社で合計17年間の海外勤務を経験し、各国の文化の違い（比較文化）に興味を抱く。平成15年自由社よりブックレット『日本人を狂わせた洗脳工作』を上梓し、占領軍の出したウォー・ギルト・インフォメーション・プログラムに関する当時の証拠文書を公開した。新しい歴史教科書をつくる会の熱心な会員でもある。

藤岡　そこで、国民運動の代表団・調査団として結集する過程を確認しておきましょう。まず、国民運動として、団長・山本――事務局長・細谷、という中心が決

関野通夫さん

まりました。

藤井　それに私や「テキサス親父」ことトニー・マラーノさんも同行することになりました。アメリカからは、グレンデールの慰安婦像撤去訴訟を行っている目良浩一さんなども加わってくださいました。

山本　団長の私と、事務局長の細谷さん、団員は今回の座談会に出席してくださった、関野通夫さん、藤木俊一さん、藤井実彦さんに加え、ジュネーブ在住のエドワード博美さん、テキサス親父のトニー・マラーノさん、目良浩一さんご夫妻、仙波晃さん、大坪明子さんです。

藤岡　総勢十一名の方が、ジュネーブで集合したわけだ。

関野　私はこうした国連で活動をしてこなかったというのは、保守の怠慢だったと思いますよ。

藤岡　怠慢もそうでしょうが、こうした活動があることを単純に知らなかったのですね。正直言うと、細谷さんの二〇一四年四月の幹事会におけるお話は当初、難しくてわからなかったですね。(笑)

藤井　たしかに国連活動と聞いても、ハードルが高いというイメージでしたね。

藤岡　とこかく、それぞれの来歴と思いをひっさげて、ジュネーブに集合したわけですね。

2014年7月、ジュネーブ国連自由権規約委員会会議場

■後進国の代表者が日本たたきをするサロン

藤岡　ジュネーブに集合したのは二〇一四年七月一四日ですね。ジュネーブの印象はどうでしたか。

藤木　ホテルの回りに売春婦がたくさんいました。

関野　昼間からね。

藤木　彼女たちは二十四時間体制でしたね。（笑）

藤岡　ヨーロッパでは、売春は合法ですよね。そんな環境の中で、七十年前の日本兵を顧客にした合法的な売春を糾弾している。そのバカバカしさ。

山本　ティーサロンで日本をいじめるのが楽しいって感じですかね。

細谷　まさに偽善ですね。

藤木　実態はクラブ活動でしたね。人権委員会に参加してみて、国連は後進国のためにあるものだと思いましたね。法制度がしっかりしていない国、自国で文化財を保存できない国のためのものです。

藤岡　国家になっていないような国を、国連がフォローするというか、国を助けるわけですね。

藤井　トニーさんは「アメリカ人は国連を信用していない」とはっきり言っていましたね。あれはどういう意味ですか。

藤木　日本人は国連信仰がありますが、実際に国連を創設した国であるアメリカ人の目からみれば、自分たちの都合のいい団体だと思っているということです。何も決まらないし、拒否権を発動するし、人権を問題にしている国が、一番人権を蹂躙しているわけですから。国連そのものが壮大なギャグだということです。それにアカが暗躍している。

細谷　国連はルーズベルトとスターリンで決めたわけです。ヤルタで。ルーズベルトが死ぬ四カ月前ですから。

藤岡　教科書に載っている国連憲章などは、夢物語ですね。

藤木　実態としての国連は「世界連邦」のようなイメージとほど遠く、腐敗が指摘され無用論まであります。「戦勝国連合」ですよ。

左から細谷、山本、藤木の各氏。

細谷　実質的に機能しているのは安全保障理事会だけで、それも常任理事国が一か国でもノーと言えば何も決まらない仕組みです。総会の決議すら法的拘束力はありません。ユネスコなどは、世界遺産の認定が始まるまでは、何をしているのかわからない国連機関でしたからね。

関野　国連は不十分な国際組織です。と同時にこれ以上の国際組織がないのも事実。過大な国連信仰を改めるか、日常の働きかけを強めるか、どちらかを選択するのが実効的な方法のはずです。

藤井　「国連人権理事会」はあくまでも国連の補助組織です。

さらにその下には、自由権規約委員会のほかにも児童の権利条約や女子差別撤廃条約など、日本が署名している十の条約に対応する委員会が十あります。二〇一三年に慰安婦問題について勧告が出された「拷問禁止委員会」もその一つです。

私も話のうえでは「国連、国連」と言っていますが、朝日新聞など報道機関が書く「国連委員会が慰安婦問題で日本に勧告」という表現に、ついつい日本人は怖気づいてしまいます。国連信仰が利用されているのです。

山本　八月には人種差別撤廃条約、来年にはおそらく女子差別撤廃規約の委員会が開かれます。ここでもまた日本を攻撃するレポートが提出され、それに対する勧告が出れば大々的に報じられることになるでしょう。

藤井　保守の側も情報に敏感になって、しっかりした反論をするといった対応をとっ

藤井さん

ていかなければならないと思います。

山本　今後はわれわれ側のレポートをどっさり用意しなければなりません。左派側は多くの団体が、同じような内容でいくつもレポートを提出しています。質より量です。

藤井　私自身、国連についてあまりに知らなさすぎたと反省しました。

何も知らず、何でも信じる委員たち

藤井　帰国後、東京の青山にある国連広報センターに委員会等の仕組みについて聞きに行きましたが、それによると、われわれがジュネーブで参加したあの会議は「コンストラクティブ・ダイアログ」、つまり「建設的な対話をする場」だといいます。

本来の目的は、日本政府と自由権規約委員会がやり取りをして、規約委員会が「日本にはこんな問題があるそうだが、どうなっているのか」と質問をする。政府側がそれに答えるというやり取りをする場だということです。

しかし委員会はそれほど日本の情報を持っているわけではありません。そこで、委員は日本のＮＧＯが提出したレポートを活用して情報を吸い上げます。基本的にはＮＧＯが提供する情報ソースは、メディアのものです。具体的にいえば新聞記事です。

もちろん朝日新聞でも、赤旗でもいいわけです。（笑）

藤岡　政党機関紙でもいいとはデタラメですね。

藤木　委員はすぐにだまされますからね。「公営住宅は性差別している」という日本の新聞記事をそのまま鵜呑みにしていたのには驚きました。左翼NGOが、自分たちの言いたい放題のことを言える場だということです。

藤井　「こんなふうに報じられている問題があります」とソース付きで提出すると、委員はそれをもとに政府に対し質問を投げかけるわけです。

今回もどこのNGOから出されたのか、「日本で放射能による死者が一七〇〇人も出たという情報があるが、本当か」との質問が日本政府の担当者にぶつけられていました。日本にいればこんな情報を信じることはありえないのですが、委員は真剣に聞いています。日本側は「デマ情報です」と思いつつも、きちんと反論しなければいけません。

山本　この仕組みは「マッチポンプ」と言っていいと思います。日本のNGOは、朝日新聞などが「日本は韓国の慰安婦に謝罪していない」「誠意が足りない」と報じた記事を扱ってレポートを提出する。委員はそれにしたがって、日本政府に対し、「女性の人権侵害に対して不誠実ではないか」と質問します。日本政府側も抗弁しますが、結果的に委員から日本に対する「勧告」が出ると朝日新聞などが大々的に報じるというわけです。

藤井　日本を非難したい人たちの側で、情報がぐるぐる回る仕組みになっています。

藤岡　日本という高度の文明をもつ成熟した国家に対し、国ができかかっている程度のひよこのような国から出てきた委員が、もっともらしく勧告するとは、おこがましい限りです。

■人権理事会と、条約に基づく十の委員会

藤井　運営については国連に話を聞きにいってきました。基本的な運営は、表（本書388～389ページ参照）の通りです。

国連への議案を提出できるのは、国連にNGOとして登録した団体だけです。逆に日本ではNGO登録がなくても、国連のNGOには登録できます。

細谷　誰でもNGOを名乗り、国連にNGO登録をすれば、議案が出せるということです。

藤岡　皆さんが今回見学した国連人権理事会自由権規約委員会について、もっと具体的に説明してください。

藤木　四年任期の一八名の委員から構成され、通常、年に三回、三週間ずつ会期を開き、そのうち三月にはニューヨークの国連本部で、七月と一一月には国連ジュネーブ事務局で行います。
藤岡　国連の人権委員会というのは、そもそもなんですか?
細谷　歴史から説明させてください。経済社会理事会の補助機関として一九四六年に成立したのが国連人権委員会です。二〇〇六年に人権委員会は解消して、人権理事会に、発展的に改組されました。(399ページの比較表参照)
今回マスコミが「人権委員会」と呼んでいるのは「自由権規約委員会」を指していて、旧人権委員会とは別組織です。旧人権委員会が起草した一九六六年の国際人権規約(条約)に基づいて置かれた組織です。
藤岡　そのあたりが実にややこしい。
関野　英文でもわかりづらいですよね。
細谷　国際人権規約は、社会権(A規約)と自由権(B規約)に大別されます。社会権が社会権規約委員会に、自由権が自由権規約委員会によって、締約国が監視されているわけです。
日本が批准したのは一九七九年です。A規約は職業選択の自由や労働者の団結権、生存権など日本国憲法で保障されている内容と重なっているので、今まで大きな問題になっていません。日本は対象外の国といっていいです。

藤岡　問題になるのはB規約ですね。

細谷　B規約は個人の権利を認定し守るのを目的とします。差別の禁止や表現・信教の自由、参政権の保障など、憲法で保障されている項目が多いのですが、規約を具体的に保障する二つの選択議定書、「議定書1」と「議定書2」を日本は批准していません。

藤木　そのことを戸塚悦朗氏は強調していましたね。

細谷　「議定書1」は主に憲法が定める司法権の独立との兼ね合いから、例えば旅行などで訪れたある国で冤罪を着せられた外国人らが「議定書1」を批准している国ならば個人通報制度を用いて人権侵害を訴え出られます。

「議定書2」は死刑廃止で、刑法に「死刑」を明記する日本は法改正なしで批准できません。今回の勧告で話題となった元慰安婦問題については「本人の意思に反する行為」で、ゆえに人権侵害である、としているわけです。侵害した以上は政府など国家が公開謝罪し賠償を受けられるよう求めてきました。

藤岡　日本側は立場を表明してきましたよね。謝罪はすでに行っている。その上に償いの事業である「アジア女性基金」も実施した。賠償の請求権は国交回復した一九六五年の日韓基本条約と同時に結んだ請求権・経済協力協定で解決している。委員会に出席した日本政府代表も反論したものの、聞き入れられなかった形ですね。これは明らかな「内政干渉」です。

藤井　しかし、日本は条約を批准していて、今回の勧告も締約国が六年に一回審査を受ける、いわば定期審査の結果に過ぎません。約束だから審査は仕方ないのです。

山本　さらにいえば、法的拘束力もなく単に国連傘下の委員会から見解を示されたという「だけ」です。したがって勧告をどうとらえるかは日本側の自由です。

細谷　慰安婦問題は基本的に日韓の二国間問題のはずですから。

藤岡　勧告に対する日本の態度としては、必要と思えば改めるし、でなければ無視していいということでしょう。

■日本のメディアへの記者会見

山本　七月十五日に全体会議のあと、夕方の六時から日本のメディア向けの記者会見を現地のホテルで開催しました。約二時間半に及びました。

藤木　私が司会を務め、トニーさんも米国人からみた慰安婦問題に関する見解や今後の予定を説明しました。
藤岡　記者会見の発言者はどなたですか。
山本　こちら側からは他には目良さんですね。国連機関から一名、ＮＨＫ、読売新聞、産経新聞、時事通信社です。

【記者会見における山本団長の発言】

二〇一四年七月十四日（月）、ホテル・ブリストル・ジュネーブにて行われた記者会見における、山本優美子団長の発言全文は次のとおり。

今晩は。皆さんにお会いでき、とても嬉しく思います。
私は、なでしこアクションの代表、山本優美子と申します。
なでしこアクションは「慰安婦＝性奴隷」の嘘に終止符を！を目標にした日本女性有志の集まりです。
海外での日本を非難する慰安婦決議や慰安婦記念碑建設に反対する運動をしてきまし

た。

なでしこアクションは、慰安婦問題に取り組む団体の集まりである「慰安婦の真実国民運動」と連携しています。この度、「慰安婦の真実国民運動」で対国連調査団"the Japan's Collaboration Team for UN Committee"を結成しました。私が団長を務めます。調査団は七月十五日と十六日に自由権規約委員会一一一セッションに参加する予定です。

私は昨晩ジュネーブに着き、本日ウィルソン宮に行ってまいりました。

ウィルソン宮はかつて国際連盟があった場所で、建物には歴史を感じました。国連はその国際連盟から引き継がれたもので、両方ともスイスにとって誇りでしょう。われわれ日本人は国連を尊敬し、貢献し、協力関係にあります。

ところが、慰安婦は性奴隷であるという捏造の話を主張する団体によって国連が誤った方向に進んでいるようです。

自由権規約委員会のように、多くの人権関連の委員会が日本を非難するような一方的な勧告を表明してきました。

そこで、私たちは、慰安婦は性奴隷でなく、そのような話は捏造であることを説明するためにジュネーブにやって来ました。

調査団の目的三点をご紹介します。

第一、日本の保守系団体として初めて国連人権委員会に参加します。

第二、人権委員会の仕組みと活動について調査し、今後の対策を確立させます。

第三、帰国後、報告書を作成し、国連の現状を内外に発信、国連における慰安婦問題の虚構性を世界に知らしめる契機とします。

次に調査団の慰安婦問題に対する見解を述べます。

1. 慰安婦とは何か

慰安婦は、自由時間を享受し、契約の下に高額の報酬をも得ていた戦時中の売春婦で、決して性奴隷ではありません。

証拠の一つとして第三国の資料である一九四四年米軍オフィシャルレポートには、慰安婦は日本兵平均の百倍近い高額の報酬を得て贅沢な暮らしをして欲しいものは何でも買え、自由時間もあってスポーツ大会に参加したり、ピクニックに行ったり、娯楽があり会食にも列席した、と書いてあります。

この資料は、慰安婦が高給取りの売春婦以外の何物でもないことを示しています。

2. クマラスワミ報告

クマラスワミ報告は、嘘の資料を元に書かれており、性奴隷の論拠に値する資料ではありません。

性奴隷の根拠として一九九六年のクマラスワミ報告書（追加文書）があるが、不思議なことに前述の米軍レポートに一切言及していません。

その代わりに捏造物語二作品を証拠事実として参照注釈に記載しています。

この二作品は本人が捏造であると告白した吉田清治氏の物語『私の戦争犯罪』とそれに依拠したヒックス氏の『慰安婦』です。

この事実より、クマラスワミ報告はもう人権のための報告書に値しないものと結論付けるべきであります。

3．元慰安婦の話

残された「性奴隷」の論拠である元慰安婦の話は、未だ検証されていません。

話だけで検証をしないのは、「性奴隷」が捏造の証しではないでしょうか。

元慰安婦と称する人の話を検討してみるとその真実性に疑念が生じます。

クマラスワミ報告はそれらの検証がされていない彼女らの話を、証言・証拠としてそのまま使っています。

この問題が顕在化したのは一九九一年頃ですが、二十年以上も検証をしないのは証明できないからであり、性奴隷が捏造である証です。

以上が私たち調査団の慰安婦問題に対する見解です。

なでしこアクション宛てに米国の日本人のお母さまたちからたくさんのメッセージが届きます。

カルフォルニ州のグレンデールにお住まいの日本人のお母さまからのメッセージの一部をご紹介します。

《私は日本人として、グレンデールの中央公園に出来た慰安婦像に対し私は非常に不安に思っています。

私には、七歳のハーフの娘がいます。

娘が言いました。「私の半分を嫌いになれないの。どうして私は嫌われるの？」

像に教育的価値は全くありません。

むしろアメリカにおいて、混乱と日本人に対する人種差別を助長しています。

米国はさまざまな人が住む、多様な国です。

民族グループが分断することなく、多様な人々が共生することが米国の本来の素晴らしさではないでしょうか。》

グレンデールの慰安婦像には「私は日本軍の性奴隷でした」と刻まれています。

ニュージャージー州のパラセイズパークの記念碑にはこう書かれています。

「一九三〇年代から四五年まで日本帝国軍に拉致された二十万以上の女性と少女、慰安婦を記念して」


こうして慰安婦の捏造は世界に広まっています。

この嘘は日本人の尊厳を貶めるだけでなく、米国における日本人、日系人の安全も脅かしています。

慰安婦問題は決して次の世代の子供達に残してはいけません。

私たちはそのためにジュネーブで声を挙げるのです。

ご清聴有難うございました。

〈2〉国連委員会は左翼の巣窟

■前日の公式会議から排除される

藤岡　いよいよ調査団が参加した国連自由権規約委員会ですが、どういうようすでしたか。

山本　今回の委員会の会期中には日本以外にも数か国が審査対象になっていましたが、日本人のＮＧＯ関係者がダントツに多かったですね。七十人くらいいたのではないかと思います。

藤井　日本人のＮＧＯのメンバーがお揃いで新調したかのようなチューリップハットをかぶっていたのが印象的でした。（笑）

細谷　今回、私たちが行くまで国連の場は、ほぼ彼らの「独壇場」でした。今回も三十団体で三十六本のレポートが提出され、そのうち八本が委員会に先立つ七月十四日、十五日に行われたＮＧＯブリーフィングの対象になりました。ちなみにその八団体のうち、慰安婦問題について報告したのは一団体です。

山本　「アクティブ・ミュージアム 女たちの戦争と平和資料館（ｗａｍ）」のほかにも、

アムネスティ・インターナショナル日本、外国人人権法連絡会、在日本朝鮮人人権協会、国際人権活動日本委員会など二十三団体が参加して、NGOブリーフィングのフォーマル会議では、そのうちの八団体が発言の機会を与えられていました。

藤岡　フォーマル会議というのは？

細谷　通訳付きの会議です。

藤木　審査前日（七月十四日）のそのフォーマル会議という公式ブリーフィングに参加した山本団長らには、「発言者でないなら出てください」とのっけから問答無用の強制排除がありました。正体不明の男によって追い出されてしまいました。特定の団体を門前払いにするバウンサーが控えていました。

翌日の非公式ブリーフィングも、立ち入りを規制されました。「事前登録がない」の一点張りで、徹底排除でした。日本から訪れている他のNGOが徒党を組んでいたのです。非公式ブリーフィングを主催したのは、日弁連などがつくる「ジャパン・NGO・ネットワーク」なるナゾの組織です。日本国内での事前の「取りまとめ」に参加していない団体は、排除するシステムだといっていました。

藤井　私たちは、「スピーチする人以外は出て行ってください」と言われ、発言どころか会議に出席することすら拒絶されてしまいました。

NGO 主催のミーティング参加も拒否される派遣団。詰め寄るメンバー達。
写真一番右は日弁連 NGO 団長の海渡雄一氏。

藤岡　初日は、会議に出ることもできなかったわけですか。

細谷　そうです。

藤井　事前に細谷さんが、ＣＣＰＲセンターという各国の市民やＮＧＯを取りまとめている国連ＮＧＯに連絡を取り、「ＮＧＯブリーフィング会議に参加したい」と申請していたにもかかわらず、です。

藤岡　それが通訳付きという会議ですね。

細谷　ＮＧＯブリーフィングは、英語による委員とＮＧＯとの直接対話の場になります。ＣＣＰＲからは、「うちとしてはいいけれど、申請が通ったかどうかはわからない」と言われていました。現地で日本の市民団体の動きを取り仕切っているリーダー格の団体に話が通っていないということで、会議から締め出されてしまいました。

山本　最初はセクレタリーとのやりとりをしていたのですが、そのうち「今回の委員会をコーディネートする日本のＮＧＯの代表とやりとりしてください」と言われて連絡してみると、部落解放同盟なのですね。そこが日本側の参加団体を取りまとめています。

彼らは「反差別国際運動」という国連の正式なＮＧＯとして登録しています。ジュネーブにも駐在所を置いていて、日本の参加団体を取り仕切っているポジションについています。

細谷　この登録は「特殊諮問資格」というものですが、資格を得るのは活動実績の年数なども含めて、かなり条件が厳しいわけです。左派側では日弁連やピースボートのほか、「新日本婦人の会」という共産党系の団体も登録しています。

藤岡　関野さんは会議に入られたのですね。

関野　はい。私とエドワードさんはまったく無視されてしまいました。（笑）

■左派の独壇場となる構図

山本　NGOブリーフィングでは、彼らが提出したレポートに基づき、委員の前で、英語でスピーチを行います。委員に直に訴えられるいい機会で、彼らが何を訴え、委員がどんな点に興味を持つのかが分かります。そのため、私たちもそのブリーフィングを見学したかったのですが、「正式なレポートを提出していないのでだめだ」と言われてしまいました。

細谷　仮に提出したとしても、スピーチの対象になるレポートがどのように選ばれているのかはわかりません。このあたりのことをアレンジしているのも、やはり反差別国際運動という団体です。

山本　私たちもブリーフィングの場で、「日本には『性奴隷なんて嘘だ』と考えている団体もある」とアピールしたかったのですが、部屋にも入れてもらえませんでした。

藤井　反論のために用意した資料は、一部の委員が渋々受け取るという感じでした。委員の多くは、会場のロビーにいる各団体からパンフレットやビラ、資料などを大量に手渡されています。今回は朝鮮学校の女子生徒たちがチマチョゴリを着てきて、朝鮮高校の無償化除外反対を訴えるパンフレットを作って手渡していました。

山本　委員たちはそんな資料を山ほどもらっているから、私たちが「読んでください」と渡すと「慰安婦のことならもう知っている」。こちらが「これまでと違う立場の主張です」と言っても、「もうこんなに資料をもらっているから」と素っ気ない。まあ、山積みの資料を見れば、そう言いたくなる気持ちはわからないでもありません。（笑）

藤岡　提出されるレポートに対する「検証」は事前や事後に行われますか？

細谷　あくまでも会議では「対話」がメインであって、批判や検証をする時間はないようです。特に自由権規約委員会の開催は六年に一度のうえ、持ち回りですべての批准国について扱わなければなりません。提出したレポートにメディアの報道などのソースがあれば、それで情報の信頼性は担保できる、という感じです。

山本　委員には委員会開催前にレポートは渡っていますから、本人が調べるかもしれませんが、なかなかそこまではできないのではないでしょうか。しかもさまざまな団体が同じような内容のものを提出しますから、委員は信用しますよ。

意見の違う団体を排除

藤岡　そんな国連ではありますが、委員会に参加してみていかがでしたか。

藤井　私は今回、初めて自由権規約委員会に行ってみて、「ここは世界で最も軽やかに嘘のつける場所」だと思いました。「日本ではこんな問題が起きていますが、国内だけでは解決できません」と言って、朝日新聞の記事を引用すれば国連に訴えられるのですから。

藤木　何も知らない人をだましている感じですね。

山本　私はジュネーブの美しい景色のなかに立つ国連欧州本部のなかで、左翼の妖怪が蠢いているという印象を持ちました。

日本では高度な言論の自由が保障されているからこそ、どんな論調であっても認められてしまいます。「日本を貶めるばかりではなくて、言論の自由のある日本の環境をありがたく思え！」と言いたいくらいです。

藤岡　意見の違う団体を勝手に排除するとはどういうことですか？

細谷　ＮＧＯの連中が、国連のような顔をしているだけです。運営をさせています。国連が事務局の権利を渡しています。ＮＧＯが自分たちに都合のいい論理を説明する場です。

藤岡　ＮＧＯがＮＧＯを排除する。国連のパラドックスですね。

藤木　ただ、私たちのほうにも手続き上の瑕疵があったのかもしれません。そこは再度、検証しなければいけないと思います。

細谷　場所がない、といわれました。大きな部屋を用意したら、その問題は終わりだといったのですが。
藤井　一五日のときは入口のほうが顕著でした。戦うモードでした。
藤木　目良さんもトニーさんも、掛け合ってみたが、ダメでした。借りている場所だからという一点張りでした。

■委員というのは個人か

藤岡　委員は一八人が選ばれていますよね。今回は日本のことが議題なので、日本人の委員は排除された……。
細谷　そうです。自由権規約委員会の十八名の委員は、欧州七名、アフリカ五名、イスラエル一名、日本一名（被検討国出身の為欠席）、米国一名、中南米三名で、その内女性委員四名で構成されています。（226ページ参照）
アフリカの五名は、北アフリカのエジプト、チェニジア、アルジェリアと、南アフリカの南アフリカ共和国、モーリシャスです。中南米は、中米のコスタリカ、スリナムと南のアルゼンチンです。
藤岡　第三世界がほとんどですね。

細谷　私は個人的に南アフリカ、モーリシャス、スリナムの日本との付き合いが比較的薄く、産業発達度の低いこれらの国に注目していました。日本を知らない点が悪用されかねないからです。

委員会議長はイギリス人でサーの称号を持つロドレー氏。ウィットを織り交ぜて話す典型的な英国紳士でした。

藤木　国連のNGOの中には、いくつかの段階があります。総合諮問資格、特殊諮問、個別資格です。

山本　私たちは単なるプロフィール登録だけです。

藤岡　委員が対象国の政府に対してする質問を、NGOたちが事前に委員たちにレクチャーするわけですね。

関野　反日のNGOと、事前も事後も綿密に打ち合わせをしていましたね。

藤井　委員たちはNGOのいうことを完全に信じている。まさに性善説です。

藤木　無知な人というか、日本のことが全くわからない人に慰安婦問題を判断させているわけです。国際的な美人局ですね。

藤岡　この十八人というのは、どうやって選ばれるのですか?

細谷　批准国が推薦して、役員は最終的には選挙です。

自由権規約委員会

委員名（Member）

	Name of Member	Nationality	Term expires
1	Mr. Yadh BEN ACHOUR (Vice-Chairperson)	Tunisia	31.12.2014
2	Mr. Lazhari BOUZID	Algeria	31.12.2016
3	Ms. Christine CHANET	France	31.12.2014
4	Mr. Ahmad Amin FATHALLA	Egypt	31.12.2016
5	Mr.Cornelis FLINTERMAN (Rapporteur)	The Netherlands	31.12.2014
6	Mr. Yuji IWASAWA	Japan	31.12.2014
7	Mr. Walter KALIN	Switzerland	31.12.2014
8	**Ms. Zonke Zanele MAJODINA**	**South Africa**	**31.12.2014**
9	Mr. Kheshoe Parsad MATADEEN	Mauritius	31.12.2016
10	Mr. Andrei Paul ZLÃTESCU	Romania	31.12.2014
11	Mr.Gerald L. NEUMAN	U.S.A.	31.12.2014
12	**Sir Nigel RODLEY (Chairperson)**	**United Kingdom**	**31.12.2016**
13	Mr. Victor Manuel RODRÍGUEZ-RESCIA	Costa Rica	31.12.2016
14	Mr. Fabián Omar SALVIOLI	Argentina	31.12.2016
15	Ms. Anja SEIBERT-FOHR	Germany	31.12.2016
16	Mr. Yuval SHANY	Israel	31.12.2016
17	Mr. Konstantine VARDZELASHVILI	Georgia	31.12.2016
18	Ms. Margo WATERVAL (Vice-Chairperson)	Suriname	31.12.2014

地域	18ヶ国	国名
欧州	7	英、独、仏、蘭、スイス、ルーマニア、グルジア
アフリカ	6	エジプト、チェニジア、アルジェリア、イスラエル、南ア、モーリシャス
アジア	1	日本
北米	1	米
中・南米	3	コスタリカ、スリナム、アルゼンチン
オセアニア	0	なし

藤井　各委員会ごとに基準があるといっていましたよね。「委員会は、高潔な人格を有し、かつ人権の分野において能力を認められた一八名の委員で構成されること」とされている（規約二八条）。

藤岡　だれが推薦するのですか？　どういう権限で、だれが選ぶのか。

藤井　国を代表してはいないので、委員の意見は国家の見解ではなく、個人の発言であるということでした。

藤岡　そういうＮＧＯからの情報提供を受けての委員会は、どういう風に進むのですか？

山本　委員会に先立ち「List of issues」として、今回は二十八項目が日本政府に提示されています。いわば、質問項目です。それに対して、日本政府側は答を用意してきて、委員会の場で対話をする格好になっています。日本政府の代表は三十人で、今回、慰安婦問題は二十二番目にナンバリングされていました。

細谷　左翼はもう八〇年代から国連への働きかけを行っていますから、われわれとは経験の蓄積が違います。その代表的人物が、戸塚悦朗弁護士ですが、今回もジュネーブに来ていました。

藤木　彼は日弁連の一員として、今回の委員会に来ていたようです。福島みずほ議員の事実上の夫である海渡雄一弁護士も一緒でした。

藤岡　藤木さんたちはインタビューしたんですよね。それはとても重要な情報ですから、別項で藤木さんに詳しく書いてもらうことにしました。

〈3〉前進と後退と

■日本政府が「性奴隷」を否定

山本　七月十五日、日本政府が慰安婦問題に対する日本の立場を回答するのですが、そこで今回、政府側の山中修外務省人権人道課長は、「質問のなかに『性奴隷』との不適切な表現がある」と指摘しました。

細谷　日本政府が国連で初めて「性奴隷」を否定した瞬間です。二〇一三年の十一月十四日に委員会から出された事前質問に対して、日本政府の二〇一四年三月六日の回答では、「性奴隷的慣行（Sexual slavery practice）」を無視しましたが、ここジュネーブに来て、会議の冒頭に性奴隷を否定する画期的な発言をしたわけです。

藤岡　そのときの委員会の様子はどうだったんですか？

藤木　会場からは拍手が起こりました。

藤井　この拍手に対して議長が「被害者の女性に関する配慮がない」というコメントがありましたね。

細谷　長旅と時差で少し呆けていた頭に、山中副団長の性奴隷を否定する発言はそんな疲れを吹き飛ばすほどに新鮮でしたね。この発言に対して委員会はその日は沈黙し、翌日（十六日）になって急に猛反発しましたが、それは尻すぼみとなりました。委員会にとっても会冒頭での重大な発言なのに、その日は何等反論も質問も出ず沈黙していました。最後の締め括りでは事態の急変に対してどう理

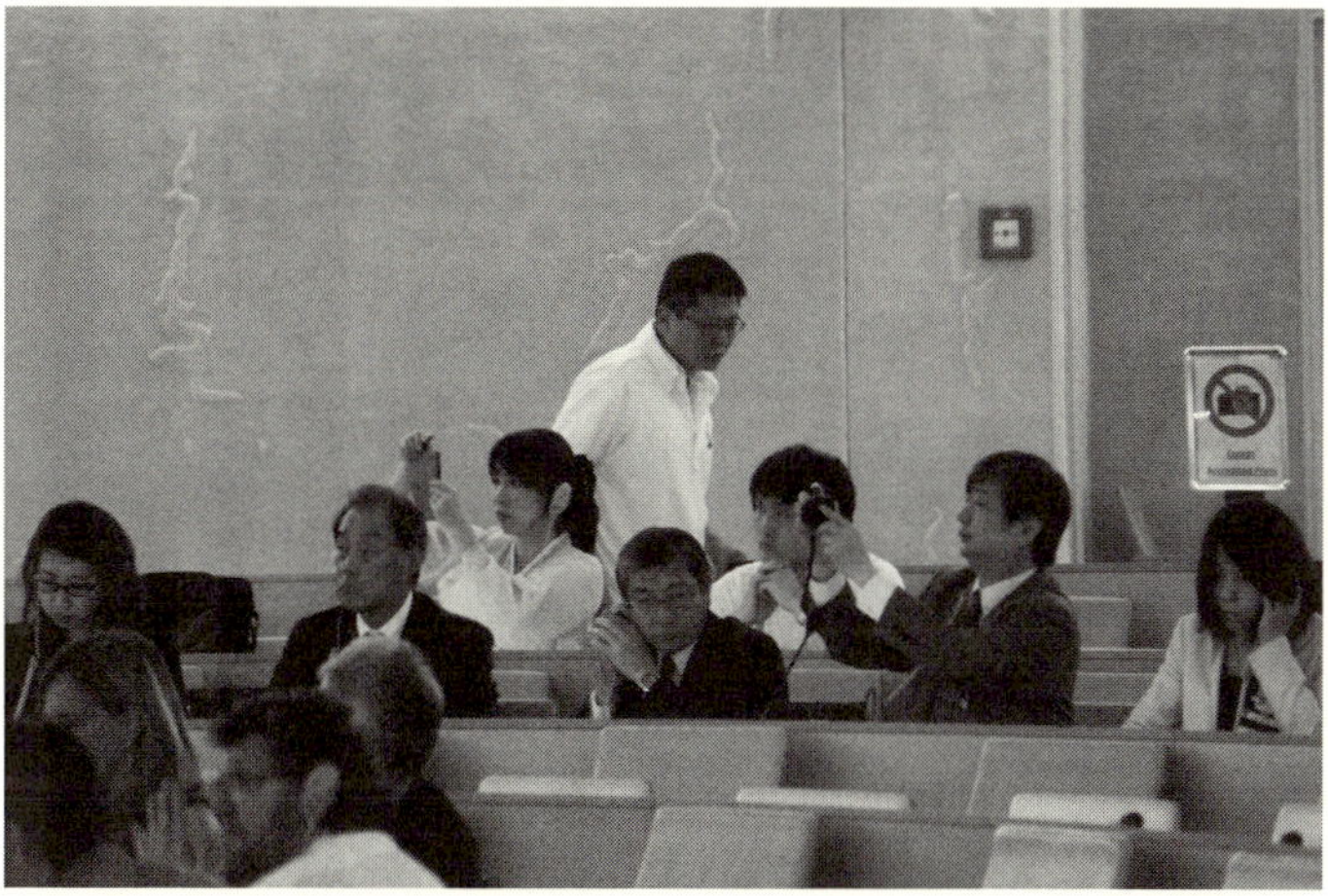

ジュネーブ、自由権規約委員会で写真を撮りまくる反対勢力の面々。
写真撮影禁止の場所である。

解しどう対処すべきなのか戸惑っているように見えました。

藤井　あきらかに動揺が見えました。第一日の午後に反論出来る機会があったにも拘らず、ヘイトスピーチと家庭内暴力に関して質問したのみで、慰安婦問題には全く触れませんでした。

山本　前提として、「規約締結前の問題に遡って適用されないため、慰安婦問題を自由権規約委員会で取り上げるのは適切ではない」とも言っています。

細谷　翌日の検討会二日目になって南アフリカのマジョディーナ女性委員だけが反論して来ました。私が危惧していた南アフリカの委員です。

藤井　彼女は、「日本が被害者を慰安婦という遠回しな言葉ではなく、強制的性奴隷と適切に呼ぶべきときはとっくに来ている」と述べました。

細谷　しかし、これに対しても、山中氏は再度、「性奴隷という表現は適切ではない」とはっきり述べています。日本政府として二度、「性奴隷」という表現を否定しました。今回はこれが肝です。

マジョディーナ委員は、「日本政府は一九九三年の河野談話で、日本政府当局が強制連行をした慰安婦制度を歴史的事実とし、歴史の教訓とすることを認めました。二十年経った今、日本政府は歴史の第一教訓として、遠回しな慰安婦（comfort women）の代わりに正しい言い方として性奴隷（sex slave）と呼ぶべきである」と、迫ったわけです。われわれはマジョディーナ委員に性奴隷否定の意見書を事前に配ったが、まさに馬耳東風。それにしても近々古希を迎える割には力が入った演説でしたね。

藤井　しかし、前日の山中副団長の性奴隷を否定した見解には全く反論しませんでした。すでに出来上がった原稿をもっともらしく読んでいるように見えました。

細谷　山中副団長は前日の見解を改めて説明し、さらに河野談話の検証でも軍が関与する強制的な連行は確認されなかったことを付け加えて、「性奴隷」と呼ぶことは適切ではないと前日の発言を改めて確認したわけです。

藤井　日本政府はかなり踏み込んだ回答をしたと思います。あとはこれを委員がきちんと受け止めてくれるかどうか…。

［産経新聞　7月16日］「『性奴隷』は不適切な表現だ」日本政府代表、国連で表明

15日に国連欧州本部（スイス・ジュネーブ）で始まった自由権規約委員会で、日本政府代表団は同日、慰安婦を「性奴隷」と表現することを「不適切」とする見解を表明した。日本政府が公の場で「性奴隷」の表現を否定したのは極めて珍しいという。日本政府代表団として委員会からの質問に回答した外務省の山中修・人権人道課長が、２００８年の前回審査で委員会から出た質問に言及し、「質問には『性奴隷慣行』との不適切な表現がある点を指摘する」と述べた。この発言は、事前に公表された回答には明記されていなかった。「性奴隷」の表現は、１９９６年２月の「国連クマラスワミ報告書」で認定されて以降、拷問禁止委員会の13年の最終見解でも使用されているほか、米国で設置された慰安婦碑や慰安婦像などでも登場している。今年３月の参院内閣委員会で三ツ矢憲生外務副大臣は、「国連人権理事会等の場において、慰安婦問題に関し事実誤認に基づく記載が見受けられるため、適宜申入れを行ってきている」として、06年に国連に日本政府の見解を出したことを明らかにした。自由権規約委員会は、表現の自由や、拷問や残虐な刑罰の禁止などの規定を締約した国々が、規定内容をどのように保障しているかを定期的に審査し、勧告を盛り込んだ最終見解をまとめる条約機関。国連総会の下部組織である人権理事会とは直接関係しない。

■マジョディーナ委員との論争

国連自由権規約委員会の最後に、マジョディーナ委員に
性奴隷の根拠を尋ねる派遣団メンバー。

山本　「性奴隷の定義は何ですか」と聞いても答えませんでした。「そういうものなんだ」という感じでした。

藤木　奴隷法を調べろと言っていましたね。

藤岡　マジョディーナ氏とはどういう女性ですか。

細谷　国連のＨＰでは、マジョディーナ委員は一九四四年九月十三日生れ、南アフリカ大学で心理学を専攻し、ロンドン大学で修士を、ケープタウン大学で博士号を取得、国連等で人権関係の活動をしていますが、法律家でもアジア・日本に関する研究家でもないようです。

藤木　私は休憩時間に彼女へ性奴隷説の根拠をきいてみましたが、「たくさんある」、「広く知られていることだ」と答えるのみで、具体的な論拠を挙げることはありませんでした。

藤井　目良さんもマジョディーナ氏に、「(奴隷と断定するならば) お金をもらっていなかったのか」と質問しました。「お金の授受は問題ではない、奴隷的な扱いを受けたことが問題」と答えて、続く質問を拒否しました。奴隷条約には「奴隷的な扱い」の規定はなく、委員が奴隷条約の内容を知っているとは思えません。委員会では窮して思い付きで質問したと思われます。

藤木　アジアのことも日本のことも、ましてや社会的・歴史的・国際的等の複雑な要素を持つ慰安婦問題に関して知悉しているとは思えません。なのに、なぜにかくも大胆に日本を断罪する意見を展開出来るのか、不思議でならない。

藤岡　先ほどの説明では、マジョディーナは南アフリカを代表していない。

細谷　はい。マジョディーナ委員は「南アフリカ」を代表しているわけではありません。委員たちは学者や教授といった権威のある方々ですが、その国家を代表して委員になっているわけではありません。だからマジョディーナ委員の発言も「南アフリカの見解」ではなく、委員個人の「信条」です。

■ヘイトスピーチが第二の慰安婦問題に

山本　たとえば今回、目立ったのはヘイトスピーチに関するレポートです。参加団体の一つである「ヒューマンライツ・ナウ」は以前から活動している団体ですが、メインとして慰安婦問題や原子力発電所、憲法改正、秘密保護法への反対などに加え、ヘイトスピーチをテーマにしています。

ヘイトスピーチを報告するレポートは、「在日朝鮮人は強制的に日本に住まわされた人たちの子孫です」という記述から始まるわけです。こんな嘘が平気でまかり通る。

藤井　在日特権を許さない会（在特会）に対する「しばき隊」側の情報といえばわかりやすいかもしれませんが、「最近、日本では外国人蔑視、ヘイトスピーチが目立っている」という情報だけが国連の委員会に持ち込まれるわけです。

山本　たしかに在特会も、時には汚い言葉を使うこともありますから、それに対する批判はあってもいい。しかし実際には、「外国人犯罪を撲滅せよ」とか「外国人の生活保護費問題を解決しろ」というちゃんとしたデモの目的があって、警察にもきちんと許可を取ってやっていることです。

しかし、国連に持ち込まれる報告では「在特会はヘイトスピーチを目的としたデモをしている」と書かれています。「創氏改名で朝鮮人が無理矢理、日本人名にさせられた」という迫害、差別の歴史が語られるわけです。しかも関東大震災での朝鮮人虐殺にも触れます。「在日朝鮮人に対する蔑視が、いずれも虐殺につながる」とまで書かれています。英文のタイトルにも「genocide（民族絶滅）」の文字があって、驚きました。

藤岡　先ほどの山本さんの発言にあったように、朝日新聞あたりを中心に、「ヘイトスピーチ」「嫌中憎韓」関連の書籍が売れているといった報道を流すことで、国連に持ち込む情報ソースをせっせと作っているわけですね。

藤井　構造は慰安婦問題とまったく同じやり方です。埼玉スタジアムでのJリーグの試合で「Japanese Only」のプラカードが問題になりました。この件も盛り込まれていました。左翼メディアとNGO団体は癒着しているといっていいと思います。

山本　実際にはそういった報道は「反ヘイト」を装いながら日本を貶める「ヘイト」なのですが、こういうニュースは国連で使えますからね。こんなレポートばかりが山のように提出されているのです。

一度も日本に来たことのない人権委員たちは、日本中で外国人排斥の運動が盛んに行なわれていると勘違いしますよ。

細谷　第三世界は要注意です。

山本　さらに気をつけなければならないのが、「慰安婦に対する批判もヘイトスピーチだ。法的に規制しろ」と彼らがアピールし始めていることです。これが認められれば、正当な批判もできなくなります。もはや、言葉狩りのような状態です。

■委員会の最終見解に拘束力はない

藤岡　委員会は最終見解で、日本政府の反対にもかかわらず、慰安婦を「性奴隷」とし、「日本は責任を公式に認めて謝罪し、元慰安婦らに『完全な賠償』をするように」と勧告しました。この勧告は、どういう意味を持ち、日本はどう対応するべきですか。

細谷　朝日新聞でもNHKでも、国連の勧告を報道していましたね。

藤岡　国連の勧告というのは、どう拘束力をもつのでしょうか?

関野　今回「性奴隷」とまで勧告で強調されたのは旧人権委員会や自由権規約委員会で従軍慰安婦問題を取り上げるよう九十年代から熱心に働きかけた内外のロビー活動の「成果」です。そちら側の情熱に対して右派側の対応が不十分だったのは確かです。先ほどもいいましたが、怠慢です。

藤木　元来、自由権規約委員会は、性質上あらゆる人権侵害だと認定するのが役割であり、それをもって国連や国際社会の総意になるわけでもありません。

藤井　日本には根強い国連信仰があります。

山本　だからこうした勧告が出るとビックリするのかもしれません。

クマラスワミ報告書を無視したつけ

藤岡　クマラスワミ報告書はまさに荒唐無稽です。法的拘束力はありません。「Take Note」ということで、格が低い扱いだと思っていました。

藤井　藤岡さんもそう思われていましたか。

左から関野さん、藤岡さん。

藤岡　ところが、その流れが、二〇〇七年にはアメリカの議会決議になってしまった。未だにクマラスワミ報告は国連のホームページに載っています。

藤井　法的拘束力はないのに、箔をつけているわけですね。

藤岡　国連の名前を冠すればいいわけです。まさに無人の荒野を行くがごとく、世界に広がってしまった。戸塚は言っています。国連の活動は一年や二年ではだめ。五年で形にした。「性奴隷」を定着させたと。

戸塚悦朗弁護士は、世界日報とのインタビューで、「私が性奴隷と命名した」と自慢しています。戸塚氏は国連のＮＧＯに所属する立場を利用して、二十回近い会合に出席し、慰安婦問題について国連人権委員会が勧告を出すよう執拗に働きかけてきました。吉田清治の話を英訳して配布し、慰安婦を「Sex Slave」と英訳して世界に紹介したのです。

一九九六年に出されたクマラスワミ報告書は、「性奴隷の根拠」を吉田清治の証言に求めています。「強制連行を行った一人である吉田清治は戦時中の体験をもとに書いた中で、国家総動員法の一部である国民勤労報告会の下で、他の朝鮮人とともに一〇〇〇人もの女性を『慰安婦』として連行した奴隷狩りに加わっていたことを告白している」というのです。

クマラスワミの報告書の中で何度も引用されています。というか、それ以外に裏付ける資料はありません。元慰安婦の話だけです。それをもとに、この報告書は「日本政府が性奴隷についての法的責任を受け入れ、個人補償を行うこと」を勧告しているわけです。

この報告書についての日本政府の対応も不可解です。当初、外務省はクマラスワミ報告に対して四十ページの反論書を提出しましたが、なぜか撤回し、その後、半ページぐらいの形式的な反論しかしていないのです。この経緯は不明です。当時は村山政権で、外相は河野洋平氏です。

いずれにせよ、「性奴隷」という言葉を日本人が発明して世界に売り込んだという事実。しかも外務省がそれに反論もしないで放置してきたわけで、この問題が国際的に既成事実になった大きな要因であると言わざるをえません。

用意されていた最終見解？

藤岡　最終見解書は、二十五日と言われていたのが、繰り上げて二十四日に発表になりました。しかも「non edited」。暫定ですね。
関野　未編集ということですね。
藤岡　いずれにしても中途半端なものですよね。
細谷　見解書も何も議事録さえ出ていませんからね。山中さんの発言を省かれた議事録しか出ていないわけです。なのに、最終見解はできている。議論をしていないわけですから、その事実が明るみに出れば、委員長は首が飛びますね。日本政府が否定した「性奴隷」をそのまま書いたというのは大問題です。

藤井　出来レースというか…。

藤岡　審議の前に、見解が決まっていた。

細谷　二十五日に出すべき予定が、前に出したわけです。

藤井　今までの予定調和の世界が崩壊したからでしょうか、日本のマスコミが使いやすいものを出したわけですね。見解書で世論を動かそうという悪意を感じますね。

〈4〉「空白の二十二年間」を埋める最初の一歩
―国連調査団派遣の意義と今後の課題

■防御から攻勢へ―人権を侵害されているのは日本

藤岡　最後に、今回の成果について、それぞれに総括をしていただければと思います。

山本　慰安婦問題が世界に広まってしまった原因の一つに、「アクティブ・ミュージアム 女たちの戦争と平和資料館（ｗａｍ）」など左派系の市民団体が国連で活動し、それが国連の報告書などに反映されてしまうことが挙げられます。

同じように、地方議会では国連の勧告や左派のレポートが出回って、慰安婦問題が既成事実のように認識されてしまっている。この現状を何とか変えたいという問題意識がありました。

藤井　左派側は慰安婦問題を国連に持ち込み、出された報告書や是正勧告を使って、慰安婦問題を国内だけでなく海外にも広げてきました。ついにはアメリカで慰安婦に関する下院決議が行われ、韓国人がアメリカに慰安婦像を建てる口実に使っています。ただ保守系は国連のことを知らなかった。これには驚きました。

悪魔のループというか、そういう悪循環のコアになる部分に国連を使っています。その手法は敵ながら実に見事です。しかもいまは、朝日新聞の論調と歩調を合わせるかのように「強制連行の有無ではなく、女性の人権問題として扱うべきだ」との風が慰安婦問題にも吹いています。

藤岡　朝日新聞の検証記事を見ても、「戦地の慰安所があって女性の尊厳が踏みにじられたことが慰安婦問題の本質だ」と、強制連行の話をすり替えています。

第１次国連派遣団のミーティング風景。
会合の参加を拒否され、次なる作戦を考える。

藤井　吉田清治証言などは、もう「用済み」になったということでしょう。ただ、吉田清治証言に基づく「強制連行」の嘘はクマラスワミ報告書などに盛り込まれていますから、まだまだ油断はできません。

関野　とにかくNGOは反日の独壇場だったということです。私は四つの「ない」だといっていますが、「検証しない」「他の例と比較しない」「反証をチェックしない」「条約や法律の正確な知識がない」で、「四ない」です。

藤木　国連の委員会というのは完全に欠席裁判でしたね。中国ばりの裁判です。結論が出ていて、セレモニーの裁判です。

関野　私は外交戦争だと思いましたね。

保守陣営もしっかりした準備と対抗をする必要があります。

藤木　われわれも国連に人権を侵害されているという意見書を出すべきです。

藤井　朝日新聞の虚偽報道によって、日本人の世界的な信用、人権が侵害されていると。

藤岡　朝日の捏造記事の切り抜きを集めればすむ？

山本　そうです。日本人はこうした人権侵害を受けていると。

藤岡　防御より攻撃のほうが強いですからね。それは面白いですね。

山本　韓国からヘイトスピーチを受けているというのもいいかもしれません。あるいは韓国人が日本で商売ができなくなっているから、売春婦の救済をしてほしい。売春婦の人権を守りましょうって。（笑）

藤木　グレンデール市の慰安婦像は、在日日本人の人権を侵害していると訴えるべきだとトニーさんは言っていました。気分が悪くなるって。

藤井　新しい意見書を出すことです。

細谷　私は一歩前進、二歩後退というイメージですかね。もちろん調査団が参加したことは大きな出来事でした。でもこれから左派がもっと活動を活発化してくるでしょう。ですから、保守陣営が活動を継続しなければ、後退してしまうという意味で後退にならない活動が求められています。

■参加し、レポートを書き、NGO登録する

藤井　左派の動機はどうであれ、彼らは長年、国連の場で「活動」してきました。一方で、保守側は「国連」や「国際世論」の問題を指摘する声はありながらも、今回の調査団のように海外で戦うという動きはありませんでした。

山本　ぜひ、保守系の議員さんにも自由権規約委員会などの傍聴に行ってもらいたいですね。八月の人権差別撤廃条約の委員会では早速、有田芳生議員は「ヘイトスピーチ防止」を掲げ、辛淑玉《シンスゴ》さんを伴って参加を表明していました。

先ほども述べたように、ヘイトスピーチに関するレポートの提出はこれから増える可能性が高くなるでしょう。慰安婦問題への影響も懸念されます。新たな「日本攻撃」の材料になりますから、提出するNGOからすれば国会議員が来てくれるのは大きいと思います。ぜひ、保守側の議員さんにも来ていただきたい。

藤井　行ってみるまでは、国連は敷居が高いのではないかと思っていましたが、行ってみたら、やれる余地はまだまだあるとわかりました。

山本　私がみなさまにぜひやってもらいたいことは次の三つです。

①自由権規約委員会や女子差別撤廃条約委員会など、国連の委員会に参加する
②英文でレポートを出す
③国連にＮＧＯ登録をする

この三つをやれば、すこしずつでも変わっていきます。

藤岡　本日はありがとうございました。

OHCHR
Human Rights Committee
111th Session, Geneva
P.W.
Ground Conference Room
7 - 25 July 2014

2

戸塚悦朗氏との遭遇と対話

藤木　俊一

■宗教系大学の講師と会話

２０１４年７月14日よりジュネーブの国連自由権規約委員会のメインセッションに、慰安婦の真実国民運動「国連調査団」（後の国連派遣団）のメンバーとして参加した。

会場には、日弁連ＮＧＯの団長であり、福島瑞穂参議院議員の事実上の夫（夫婦別姓を推進しているために入籍していない）である海渡雄一氏も来ていた。

また、慰安婦を「性奴隷」と国連で呼び変えたことで有名な戸塚悦朗弁護士も参加していた。

戸塚氏とともに、某宗教団体の名前が背中に大きくプリントされた法被《はっぴ》を着た40歳代と見られる男性が、常に行動を共にしていた。

私はこの宗教関係者がどのような目的で、この自由権規約委員会に参加しているのかに興味を持ったので、彼が戸塚氏と離れた隙に彼に話しかけてみた。名刺交換をして、彼がこの宗教団体の経営する大学の講師であることを知った。そこで、次のように問うてみた。

「あなたは宗教関係者であるということは、一方的な意見のみを鵜呑みにするようなことはしませんよね？　戸塚先生の行っていることが正しいと思って参加されているのですか？」

ここで、わざわざ「宗教関係者」という限定的なことを出すことにより、いい加減な返答をされないように一応、警戒しておいた。

とても物腰柔らかで、常に険しい顔をしている左翼とは違う雰囲気だった。好印象をもった。

彼の私への返答は、「私は20年前から戸塚先生について国連に通っています。戸塚先生に慰安婦問題でさまざま教えてもらって来たので、反対側の意見の存在自体を知らなかった」と、そつのないものだった。

私は、マスコミでも取り上げられているのに知らない訳はないと思ったものの、20年間も戸塚氏と行動をともにしていれば、さもありなんと思ったので、それ以上、彼を問い詰めることはしなかった。私たちは、慰安婦の強制連行などなかったと言う立場で国連に来ていることを説明し、その理由も簡単に説明した。

国連に3日間いる間に彼と顔を会わせる際には、声をかけるように心がけた。ほぼ3日間、毎日、顔を会わせたので、その都度、彼と短い会話を交わした。宗教関係者であれば、無視することは出来ないだろうと考えたからだ。

最終日の全ての会合が終わり、左派NGOがロビーで記者会見をしている最中に私と論破プロジェクトの藤井実彦氏が近くを歩いている時に彼とすれ違ったので、感想を聞こうと話しかけてみた。毎日会話をしてきたので、お互いにすんなり立ち止まって話を始めた。

ちょうど、日本政府が「慰安婦を性奴隷と呼ぶのは相応しくない」と本会議で回答した後だったために、その感想を聞いてみたかったのだ。彼は、率直に驚いていた様子だった。そこでまた、彼に対して私たちの意見を説明しながら意見交換を行った。

2日間、会話を続けてきていたので、お互いにまったく敵意はなく、普通の立ち話ができた。そこにたまたま戸塚悦朗氏のご子息が通りかかったので、彼がそのご子息を我々に紹介してくれた。こうして、戸塚弁護士父子との出会いとなった。

■「性奴隷」と言い換えて委員に注目され始める

戸塚氏のご子息というが、戸塚氏の年齢からすると非常に若い青年だった。米国の高校に通っているとのことだった。

私は、彼に彼の父親である戸塚悦朗氏の、慰安婦問題に関する主張について率直に質問してみた。彼の私への返答は「僕はまだ勉強中なので細かいことがわかりません。もう少し勉強したいと思っています」というものだった。

その返答も、きっちりとした教育を受けていることが容易に分かる丁寧な返答だった。また、その言葉の端々から、非常に素直で聡明であることもうかがえた。とてもあの邪悪なイメージを反対派からはもたれているかも知れない戸塚悦朗氏のご子息とは思えない好印象だった。

ジュネーブ、自由権規約委員会を傍聴する戸塚悦朗氏（上の段、左から3番目）。

私と藤井氏、宗教関係者と戸塚氏のご子息の4人で立ち話をしていたところに戸塚氏が通りかかった。はじめは一旦通り過ぎたものの、我々のところに戻ってきて「君たちは誰だ？」と強めの口調で話しかけてきた。

そこで、自己紹介をして、それまでに話していたこと、ご子息が非常に素晴らしい、将来有望な青年であると私なりに感じたことを述べた。息子のことを褒められた戸塚氏は、普通の父親の顔をみせ、そこからスムーズに会話をすることができた。

戸塚氏に対して、当初勝手に抱いていたイメージとは全く違い、物腰の柔らかい普通のおじさんという感じだった。そこで、戸塚氏の考えを聞き出そうと、慰安婦問題に関して質問をしてみた。その時の会話の中心のみを振り返ってみることにしよう。

藤木「戸塚先生、なぜ慰安婦を性奴隷と言い換えたのですか？」

戸塚氏「私の勘だよ！　勘！」

藤木「勘だけですか？」

戸塚氏「そうだよ。すごいだろ？　私は34年間国連に通い続け、20以上の日本が犯した人権侵害の問題を議案として提出しここで発言してきたが、どれひとつ取り上げられなかった。しかし、私が1992年に慰安婦を性奴隷と言い換えたことで、国連の委員たちが私の言うことに注目するようになったんだ。だからすごいんだよ。」

さらに話を聞こうと、あえて反論することはせずに続きを聞いた。しかし、慰安婦問題から何度も話をそらそうと試みる戸塚氏に、何度も、慰安婦問題に話を戻すように促さなければならないほど、戸塚氏は慰安婦問題から話を変えようとしていた。

藤木「先生、こんなことをしていて楽しいですか？」
戸塚氏「楽しくないよ」
藤木「何故ですか？」
戸塚氏「あなたたちみたいなのが出てきたからね」

これが、戸塚氏の本音なのかもしれない。従来は、自分たちが国連に言ってきたことは、何の疑いも妨害もなくそのまま通ってきた訳だからこの返答は当然と言えば当然だろう。

彼は、慰安婦問題からしきりに「第一選択議定書」に話を持って行こうと試みていた。

戸塚氏は、「私が一番初めに国連に来たのは１９８４年で、その時は精神病院問題だったんだ。自由権規約の第一選択議定書を批准しろと言いに来たんだ」と説明を始めた。

「第一選択議定書」とは、現状では日本国での最終司法決定機関は最高裁判所であるが、日本政府がこの第一選択議定書を批准すれば、人権に関して最高裁が判決を出しても、個人が国連に対してさらに救済を求めることができる「個人通報制度」のことだ。

これが意味することは、日本において最終審であるはずの最高裁判所の上に国連の決定がなされることとなり、日本の国家としての根幹を揺るがすことになる。現在まで、日本政府はこれに批准していない。当然であるが、今後、どうなるかはわからないので、国民がしっかりと監視することが必要だろう。

■思想の背骨は戦勝国史観

戸塚氏らと20分ほど立ち話をしていると、戸塚氏よりコーヒーでも飲もうと誘われ、国連内のカフェテリアで、戸塚氏に紙コップに入ったコーヒーをご馳走になった。また、一緒に写真撮影もしたが、戸塚氏より、一緒の写真は「外に出るとまずいので、ネットなどに絶対に出さないで欲しい」と言われたので、公開はしていない。

そこから約1時間、さまざまな事柄に関して意見交換をしたが、戸塚氏はさすがに左翼らしく一方的な議論と論点ずらしを仕掛けてきた。そして、私たちに言葉を挟む間を与えないように主張し始めた。

しかし、私たちも論点ずらしをする左翼とは、さまざまな場面でやり合ってきているので、論点をずらされたら戻すということを何度も繰り返した。戸塚氏も、かなりやりにくそうであった。

戸塚氏の物腰は柔らかく、高圧的な態度はまったくといってよいほどなかった。普通の会話をすれば、話し好きの良い人なんだろうなと感じた。

吉見義明中央大学教授に関しても聞いてみた。

藤木「吉見義明教授の言われていることは100％正しいのですか?」

戸塚氏「非常に正確だね。資料に基づいて

香港フェニックステレビの取材に応じる藤木俊一氏。

きちんと検証しておられるからね」

しかし、またすぐに論点ずらしが始まった。

戸塚氏「国連は日本叩きをする機関だと書いている人もいるけど、そうじゃなくて、ここのものすごく重要な構成要員は日本なんですよ。アメリカが一番払ってて、次は日本なんですよ」
藤木「しかし、日本は敵国条項に入っていますよね?」
戸塚氏「だって、当然じゃない。日本やドイツやイタリアを…」
藤木「抑え付けるための国連ですね」
戸塚氏「そうそう。人権擁護ができるようにするってのが、戦争目的だから。戦争目的は1942年の1月1日の連合国宣言の時に決めたのよ。日本やドイツやイタリアが人権に関してきっちりするまでは、戦争をする。そのための組織を作るってことだからね。日本やドイツやイタリアが暴れると世界平和がなくなるから」
藤木「そうであれば、戸塚先生は連合国軍の正義を認めていると言うことですね?」
戸塚氏「そうだね。当たり前じゃない。僕は人権の方が好きだもん」
藤木「好き嫌いの問題なんですか?」

戸塚氏「性に合うんだよ」
藤木「なるほど」
このように、彼の活動の根幹にあるのは、問題そのものの解決ではなく、個人的な好き嫌いのようだ。さらに完全に戦勝国史観が染みついていることが明確に理解できた。
戸塚氏「１９４０年に日本は何を言ったかというと、日本がアジアを支配するって言ったんだよ。それでイタリアとドイツがヨーロッパを支配すると言ったわけよ。一つの民族がその他の全ての国を支配するなんていうのは、だいたい考えること自体がおかしい。それに対抗してUnited Nationsができたんだから」
藤木「アジアの国々も白人の奴隷政策の餌食でしたよね？　白人の奴隷政策は良くて日本はダメだったんですか？」
戸塚氏「悪いですよ、そんなもん」
藤木「悪いですよね。奴隷政策を止めろと言ったのは日本だけですよ」
戸塚氏「そんな事ないよ。国家よりも奴隷制度を廃止する運動をしている人が大事なんだよ。私はルーズベルトが初めてヒューマンライツって言葉を国際社会に出したのが良いねと思ったんだよ。それが、１９４５年の1月1日なの。それまで「ヒューマンライツ」（人権）って言葉は国際文書にないんですよ」

このように、何が何でも日本は悪だが、白人様の言うことは有り難く聞くといった姿勢であることが理解できた。完全に日本の戦後教育の犠牲者である。それも優秀であったためにその分、重篤である。

■「日本の男女差別は病気」

藤木「ヒューマンライツとは違いますが、１９５０年代まで多くの西洋社会では、女性が旦那の許可無く銀行口座を単独で作ることすらできなかったんですよ。日本はその当時から売春婦ですら自由に口座を持つことが出来たんですよ。そのような男女差別が日本にはありますか？」

戸塚氏「ありますよ」

藤木「西洋にあったような差別がありましたか？」

戸塚氏「西洋と同じかどうかわからない。違うかもしれないけど。男女差別は明らかにありますよ。憲法に平等だって書いてあれば、平等になったたって私はそう思ったの。これで男女差別はなくなったってね。ところがね、どうしてなのか分からないいんだけど、女性は国会議員になれないいんだよね。日本がジェンダー指数を見てみると世界で百何位なんだよ」

藤木「私は、それで良いと思いますよ」

戸塚氏「その大きな原因は、やっぱり国会議員の数なんだよ。アメリカは憲法で女性の人権を認めてないいんだよ。男女平等って規定はないいんですよ。だから毎年毎年、アメリカの女性は平等にするようにと国連に訴えてるんですよ」

藤木「もちろんそうでしょう。実際に差別があるわけですからね。差別がなければそんな必要すらないでしょう」

戸塚氏「差別のあるなしではなく、憲法上の保証がないからなんだよ」

藤木「憲法って法律ですから、差別がなかったら法律も必要ないいんですよ」

戸塚氏「そりゃそうだけどさぁ…。日本には男女平等の法律があったって差別があるんだよ」

藤木「例えばどういう差別ですか?」

戸塚氏「だから、言ってるじゃない。国会議員は何で女性がなれないいかね」

藤木「ごめんなさい。国会議員はなれないいなれるではなく、あくまで選挙の結果だけですよね」

戸塚氏「そうだったらね、女性は女性にしか投票できないいってすればなると思うんだけどね。

ただ、それは制度の問題だからね。事実の問題を言ってるのよ」

「男女共同参画」を取り入れたのが日本の大きな汚点となっているようだ。これは、前述のように明らかな女性差別がある国が作ったものであり、文化も、歴史も、状況も全く違う日本に取り入れたことで、無かった問題を作り出し、政府批判の材料にされてしまっている。リベラルは、ある部分だけを切り取り、「フランスでは成功した。ドイツでも成功した。よって我が国でも取り入れるべきだ」といった日本の伝統や文化を完全に無視したこれらの西洋かぶれが、問題の発端であることは明らかだ。

要するに井の中の蛙なわけだ。日本の素晴らしさや文化、伝統を学んでいないために、西洋の制度との互換性などには目が全く向いていないということだ。

藤木「日本は、太古の昔から自然災害が多いから、男性も女性もそれなりの役割を果たしてこないと存続できないため、『差別』ではなく『区別』していたんですよ。差別があったとは、私は思っていないですよ」

戸塚氏「戦前九州大学に女性が入りたいって話があったんだ。九州大学がそれを検討したんだ。それで、誰に聞いたかっていうと、美濃部達吉って人知ってる？　天皇機関説事件ってので、軍に辞めさせられた人ですよ。東大教授だよ。その人は、自由主義者として知られていた人だよ。女性を法学部に入れるってのはどうでしょう、と相談されたんだよ。それで、私は、『ＩＬＯとジェンダー』という本を書いたんですよ」

■「性奴隷」への反発は初期の病人の「拒否反応」

戸塚氏「性奴隷ってのを男がここに来て言うのはおかしいでしょ。男女差別があるからだよ」
藤木「先生は、ＧＨＱの自虐史観に染まってないですか？」
戸塚氏「ロスって人が書いた『死ぬ瞬間』って本読んだことある？　貴方は癌ですと言われると最初に反応するのは、拒否反応なんです」
藤木「癌じゃないってことですか？」
戸塚氏「癌じゃないってね。次は怒り出すんだよ。そしてだんだん受け入れてくるんだけど、そのプロセスに法則性があるんですよ。だから、私が思うにはね、日本が病気だと言われたら『病気じゃない。けしからん。』というのが、最初の反応なんだよ。だからね、日本人が『慰安婦は性奴隷だ』と言われたらものすごく自然な反応だと思うの。だけどね、だんだんに受け入れていくプロセスがあるから、そのプロセスを踏んで欲しいんだよね。だから、日本は病気なんだよ。

日本は病気なんだから」
藤木「先生自身は病気じゃないんですか？　先生が病気じゃなくて日本が病気なんですね？」
戸塚氏「私だって病気ですよ」
藤木「病気の人が病気の人に病気って言ったって説得力ないじゃないですか？」
戸塚氏「お互いに病人かも知れませんよ。日本が病気を指摘されたら、どこが病気なのかを研究して…」
藤木「日本ってそんなに馬鹿な国ですかね？」
戸塚氏「馬鹿じゃないが感情的な国だね」
藤木「日本は冷静な国ですよ。諸外国に比べたら、感情的じゃないですよ。韓国なんかに比べたらはるかに冷静ですよ」

世界標準から見た日本の位置を全く理解していないことが、これらの発言を聞いて非常に良く理解できた。

■「性奴隷」の持ち込みを自慢する

戸塚氏「日本が国連にいくらお金を出してると思ってるの？　莫大な金を出しているんだよ。国連は日本の物なんだよ。ただ、日本の病気を治してくれるところなんですよ。病院みたいなもんだよ。病院に来て病気だと言われたら、そうか、病気かも知れないなと、じゃ、ちょっとそれを治しましょと言ってね」

藤木「そしたらそこにＬＧＢＴや公営住宅問題なんかが出てくるわけですか？　言っている方が病気ですよ」

ここでも、反論に困り、またも論点をずらす。

戸塚氏「第一選択議定書は裁判じゃないけど裁判みたいなものなんだよ。公正な手続きに則って国連で話し合って直せば良いじゃないか」

藤木「でも、強制力はないですよね？」

戸塚氏「病気なんだから、病気だって言われたら素直に手術を受けるとかね」

藤木「日本は病気だってことなんですね」

戸塚氏「病気のところがあるってことだよ。アメリカだってイギリスだって病気はある。病気であるってことをここで秘密で指摘して貰うんだよ。一つ一つの病気をピンポイントで治せるんだよ。私が最初に性奴隷って行ったところは人権委員会って大きなところだったんだよ。それで、世界中に広がったんだよ」
藤木「先生は結構余計なことをしましたね」
戸塚弁護士は、自分が国連で「性奴隷」という言葉を持ち込んだことを自慢している。
戸塚氏「だから、あなた方も第一選択議定書を早く批准しなさいって言わなきゃならないんだよ」
藤木「慰安婦問題と第一選択議定書に何の関係があるんですか?」
戸塚氏「何の関係もないよ」
藤木「じゃあ、今までの説明は全部無駄だったんですか?」
整合性のない話を延々と行い、さらに自分でも関係ないことを認めている。要するに話題をずらして、話をかわしていくというのが習い性になっているように思える。これは、左翼の人たちに共通する部分である。

戸塚氏「私は慰安婦の人たちからも委任状受けてるわけじゃないんだよ。誰にも頼まれてないんだよ」
藤木「先生は、敵国条項に入っている日本人として、ここ国連にいることについて居心地は良いですか？」
戸塚氏「今は、非常に居心地が良くないよ。何故だか分かる？　みなさんがいるからよ。（笑）私の言うことを理解してもらえないから最近は居心地が悪いよ」
藤木「そこはね、きっちり公開討論会かなんかをやるべきでしょう」

ここでもわかるように、話を半分だけずらしていっているわけだ。「敵国条項にいまだ入っている日本人として国連に来ていて居心地が良いか？」との問いに対して、「皆さんがいるから居心地が悪い」と言う。回答になっていない。居心地が良いかだけを問うたのであれば、「居心地が悪い」ですむが、敵国条項の話をこちらが意図的に入れても、それに対する返答はない。

■荒船清十郎の講演録から「20万人」を言い出す

藤木「最後に聞かせて下さい。20万人の性奴隷って本当ですか？」

戸塚氏「20万人説は、僕のデータじゃないの。でも、私は相当根拠があるんじゃないかと思うよ。最初に20万って数字を出したのは私なのよ」

藤木「先生が20万人って出したんですか？」

戸塚氏「そうそう。なぜだか分かる？　根拠としては、当時ね、私の入手した講演録があるの。誰の講演録かって言うとね、衆議院の副議長やってた荒船清十郎がね、日韓条約が出来たときに講演したんだよ。その時に14万2千人だったかな。何百人まであったかもしれない」

藤木「それは性奴隷ですか？」

戸塚氏「性奴隷じゃないよ。14万2千人だったかの韓国人の女性を日本軍がヤリ殺したんだと」

藤木「14万人をヤリ殺した？」

戸塚氏「それは殺しちゃった数だよ。それなのにこれくらいの金額で、安いじゃないかと言ったんだよ。その当時の軍の数から考えたら8万人は必要なの。合計すると最低20万人になるんですよ。だから、私は20万以上だろうと」

藤木「それが20万人の性奴隷説の始まりですね」

戸塚氏「うん」

ここで、20万人説は自分のデータではないと言い根拠もはっきりしないままに、自分が数字を出したことを説明している。要するに、日本たたきができれば数字はどうでも良いということのようだ。

か？」

藤木「だったら、その20万人が性奴隷にされるときにその女性たちの家族は何してたんです

戸塚氏「わからないよ。僕はわからないよ。ところがね、慰安婦の人たちの名簿があるのよ」

藤木「どこにあるんですか？」

戸塚氏「軍が持っていたんだよ。渡航のための資料もあるんだよ。これは、内務省にある。

内務省の地下にある。これをね、出させなきゃならないんだよ。ところがね、これを出さない

でしょ。20万がおかしいってんなら、たちどころにそこに行って調べてみればいいんですよ」

藤木「性奴隷が20万人ですかって話をしてるんですよ？」

戸塚氏「それじゃね、19万4千人の内の性奴隷が80万人ですとか」

藤木「増えちゃだめでしょ」

戸塚氏「例えば8万人とかね。それは、私がやる仕事じゃないのよ。私は推定しただけ」

藤木「それじゃ、僕も推定して良いですか？」

戸塚氏「いいよ」

藤木「例えば慰安婦は3万人だったとか」

戸塚氏「根拠が言えればいいんだよ。私は根拠を言えるからね。日本政府がちゃんと調査して3万人でしたとか言えばいいんですよ。言わないからこうなったのよ」

根拠を説明しないままに自分には根拠があると言う。全く意味不明な説明である。

戸塚氏「だから、私は日本政府に重大な人権侵害を毎年1個ここにもって来なければなりませんねって言ったんですよ。そしたら、政府がどうぞって言ったんですよ。だから、日本政府に僕がそう言われたら、引っ込むに引っ込めないじゃない。お金もかかるし時間もかかるしね。2〜3年やれば政府が降参するかと思ったのよ。それでね、色々やったの。「代用監獄」も持ってきたし、「死刑再審」も持ってきたし。一番大きかったのは「過労死」ってのがあるんですよ。勝手に出来ないから、過労死弁護団にきっちり挨拶をして、それで一緒にここに来て、やったのよ。2年くらいやったら、労働省が良くなったんだと。労働省の役人がその時だけは否定しなかったのよ。黙ってた。なんでって言ったら、私たちが過労死するって言ってたよ」

このように自分のやってきたことに話題を変え、自分のフィールドでしか話をしない姿勢をいっそう強めている。

■慰安婦に「強制」された米兵の話

藤木「慰安婦問題に戻しましょう」
戸塚氏「国会議員の人からね、こんな慰安婦問題があるって言われたんだけどね、国内法上難しいし、被害者がいないんだよね。何も出来ないですねってね」
藤木「被害者はいないですよね」
戸塚氏「そしたらさ、被害者が出てきたんだよ。日本政府はね、あれは業者がやって、日本軍の後を追っかけてきたって言ったんだよ。だから調査できないってね。そこが間違いなんですよ。調査すれば良いのにさ」
藤木「私はね、朝鮮戦争の時に従軍していた（アメリカの）軍人数人に聞いたのですが、『強制があった』って言うんですよ。ただ、その強制はね、軍人が基地から出るとそこに多くの慰安婦が集まってきて、強制的に客にさせられたってね。先生はこれをどう見ますか？」
戸塚氏「それはあったかも知れませんね。そういうのも、問題にしなきゃ。あなたがそういう人たちの人権を守るために行動したら良いんですよ。そうでしょ？」

軍人たちが客になれと女性たちに強制されていたことを言っているのに、どこまでも話はかみ合わない。

藤木「どういう人たちの人権をですか？」
戸塚氏「あなたの言う助けを求めている人だよ」
藤木「助けなんか誰も求めてないですよ。　軍人に売春婦の客になれって詰め寄って来てたって話ですよ。女性が売春させろって、集まってきてるって意味ですよ。このジュネーブの街の中にも売春婦が大勢いるじゃないですか」
戸塚氏「それはある。そういうのもある。だけど、日本軍の慰安婦制度ってのは違うね」
藤木「性病やレイプを防ぐためのものでしたね」

明確な違いを一切示さないままに「日本軍の慰安婦制度は違う」と断言される。日本軍をどうしても悪者にしたいという意思が明確に表れていた。

戸塚氏「私が言ったと言うよりもやっぱり、時代の要請でしょう」

藤木「時代の要請じゃなく朝鮮人が金になると思っただけでしょう」
戸塚氏「要するにね、これまで女性は言えなかったんだって。ものすごいいっぱい問題があるってことがわかってきたわけ。戦時の女性のね、人権のね。それで、その戦時の女性の人権侵害がここで問題になったのよ。だから、僕の本をまず読んで下さいよ。『日本人の知らない戦争責任』ってのがあるから。そこにその経過を書いているのよ。あなたたちは、早く日本政府を説得して第一選択議定書を批准するように言うのよ。僕は、日本政府が批准したらもう、ここに来ないよ」

自分が率先して行ったことを追及されると、「時代の要請」と責任を逃れる。しかし、慰安婦を性奴隷と言い換えたことは、成功だと思われているらしい。

■「性奴隷」かどうかは訴訟で決めよ

藤木「しかし、性奴隷は違うでしょ？」
戸塚氏「性奴隷は性奴隷なんだからあきらめなさいよ。訴訟やったらよいじゃないよ。国際司法裁判所に訴えればよいじゃない。できるんだからさ。手続きも教えてあげてるのにさ。国際的な機関に1人1人が訴え出て、『貴女は性奴隷』『貴女は性奴隷じゃない』って判断して貰うのよ。そういうことで、解決したらどうかと日本政府にちゃんと言ったのよ。被害者の方もそれに応じたから。ところが、日本政府は拒否したんだよ。わかる?」

藤木「その時は、誰が拒否したんですか?」

戸塚氏「日本政府がだよ。ここに来る外務省のあの人たちや外政審議室なんかがね。裁判でやるべきなんだよ。あなたが言っている兵隊よりずっと儲けていたって人は認められないですよ。騙されて慰安婦になった人を認めるわけ」

藤木「騙された、騙されてないってのもわかりませんよね? 親に騙された人もいるだろうし」

戸塚氏「それは、調べればある程度はわかるはずだよ。だけどさ、そういう手続きすら拒否したんだよ。日本政府が逃げ回るだけだからどうしようもないんだよ。合理的な制度、裁判、そういうことで解決しなさいって言うと嫌がっちゃうわけよ」

逃げ回っているのは、日本政府であり、性奴隷説を流布した自分ではないと言いたそうだった。この矛盾や、自己に都合のよい二重基準を広く知らしめるために公開討論会を申し込もうと考えた。

藤木「できれば、公開討論をやらして下さいよ。先生の知識もみんなにオープンにして貰って。本読めじゃ無理な場合が多いし、読まないですよ」
戸塚氏「だったら、もっと易しい本を書くよ」
藤木「この様な言葉のやりとりがあれば、先生の意見だって納得する人もいると思いますよ」
戸塚氏「あんまり希望を持ってないんだよ。ここに来てワイワイ言う気はないんだよ。でも、日本政府がやめないんだよ」
藤木「先生がやめないからじゃないんですか？　先生がやめれば日本政府もやめますよ」

そもそも、慰安婦問題を国連に持ち込んだのは、戸塚氏であり、それに日本政府は対応してきているだけであるが、戸塚氏から見れば、日本政府がやめないと考えているようだ。どうしたら、この様に自己都合だけの議論ができるのであろうか。

戸塚氏「日本政府は第一選択議定書を拒否する理由がないんだから。だから、私はやらされてるの。嫌なんだよここに来るのは。お金かかるし時間かかるし。慰安婦問題で性奴隷であるのか無いのかの意見の違いはあるでしょ。それを解決するのは、国際司法裁判所。日本を良くするためにやってるんだよ」

藤井「先生が人権に関して一生懸命なことはわかりました。韓国や在日と一緒になってやっているイメージがあったので」
戸塚氏「韓国なんかからはやめろって言われてるんだよ」
藤井「何でですか？」
戸塚氏「日本が良くなっちゃうからね。日本を永久に責め続けたいと言ってるからね。だから、慰安婦問題も解決してはならないってね。慰安婦問題で日本政府が謝るのは困ると」
藤木「そんな人がいるんですか？」
戸塚氏「中にはいるんだよ。それが困る。僕はそれは良くないんじゃないかと」
藤木「お金取れるからでしょう？」
戸塚氏「そうじゃない。やっぱり、日本が憎いんだよ。憎いのはね、歴史を調べたら分かるよ。だからあなた達がとにかく第一選択議定書を批准しろと。慰安婦問題が性奴隷かどうかってのはね、ここに来てわかったけど、そんな簡単にひっくり返らないから、裁判しろと」

慰安婦が性奴隷であると言った自分の意見は簡単には覆らないと自信たっぷりの様子だった。そして、あたかも韓国人の総意であるかのように「日本が憎いんだよ」とのこと。

私は、1987年より韓国へは、100回以上の渡航経験がある。当時の韓国は現在のような反日ではなかった。一部の老人に反日感情があるとは聞いていたものの、反日的な言動すら聞く事はなかった。この経験から言えば、反日感情は1988年のオリンピック以降くらいから意図的に作られたのではないかと思う。韓国は民主主義国家といえども、休戦状態の国である。そして、北朝鮮からの工作員も多く潜んでいる。韓国と北朝鮮の国境の地下には、常に北朝鮮側から掘られる多くのトンネルが見つかる。

藤井「誰が誰に対して裁判するんですか？」
戸塚氏「日本政府が訴えるの」
藤木「政府は訴える必要がないですよ」
戸塚氏「だって、大使館の前のあの像はどうするの？　そこに性奴隷って書いてあるんだよ。それが次々に波及していくんでしょ？」
藤井「それは、先生の直感的な性奴隷って話が世界中に広がっているからでしょ？」
戸塚氏「それは、私のせいじゃなくて受け取った人たちがね」

ここでは、責任を「受け取った人」に転嫁している。とにかくスルスルと賢く身をかわしているると思っているのか、根っからそう信じ込んでいるのかわからないが、全く悪びれる様子もなかった。
藤木「その受け取った人ってのが、白人の奴隷になった人たちってのは、僕らの感覚の性奴隷ってのと違うんですよ」
戸塚氏「だけどね、今日質問した人は白人じゃないよ」
藤木「南アフリカの人ですね。アパルトヘイトの被害を実際に受けた人ですからね」
戸塚氏「可哀想じゃないの」
藤木「自分たちが奴隷被害に遭った人たちですよ?」
戸塚氏「やっぱり可哀想とかじゃなくて、やっぱり国際法の問題だと思っているわけですよ」
藤木「まず、日本のことをしゃべる前に自分の国をどうにかしろよって僕なんかは思いますけどね」
戸塚氏「それは、やってるよ。やってるけども、そこが違うのよあなたは。あなたは日本が恥をかいているって思ってるんでしょう」
藤木「そうじゃないですよ。日本人は謝ることを悪としないですよ。悪いと思ったら謝りますよ」
戸塚氏「ほんと?」

藤木「本当ですよ。謝ったら、日本人はそれ以上追及しないでしょ？　1回謝ったら、もっと謝れ金よこせって言わないでしょ？」
戸塚氏「そうかな？」
藤木「そうですよ」

日本には、良くも悪くも「謝罪」の文化がある。レストランでウエイトレスを呼ぶときも、人に物を尋ねるときも「すみません」と言う言葉を使う。また、謝罪は時として勇気ある行動であるとされるのも、日本の文化である。一方、海外では謝罪は罪を認めたことにほかならない。

■「性奴隷」は戸塚氏の「主張」

戸塚氏「謝ってないんだよ、まだ。ちゃんとね。例えば、性奴隷を否定してるじゃん。それは、あなた達の言論の自由で、学問の自由だからいいんだけどさ。ここじゃなく、もっと高いレベルの国際司法裁判所の判断を仰ぐんだよ」
藤木「それも一つの方法でしょうね」
戸塚氏「なんで、これを安倍政権がやらないの？　野田政権が倒れちゃったからね」

藤木「慰安婦像を撤去しろといって国際司法裁判所に提訴して、撤去の命令が出たらそれでおしまいでしょ」
戸塚氏「その中で性奴隷かどうかってことが審議されるんだよ」
藤木「そんなことはないです。あそこにあれを置くこと自体がウィーン条約違反なんですから」
戸塚氏「そうじゃないのよ。あそこに書いてあることが問題なのよ」
藤木「先生はそう思われるかも知れないですが、ウィーン条約で大使館周辺に侮辱するようなものを建ててはならないと決まってるじゃないですか」
戸塚氏「だからね、なんで裁判を避けるのかって僕は聞きたいのよ。法的な判断は裁判所しかないのよ。世界に裁判所があって、それだけ性奴隷じゃないって確信があるんだったら、そこで勝負すればいいじゃない」
藤木「例えばそれで大使館前の慰安婦像がなくなっても、他で続きますよ」
戸塚氏「性奴隷かどうかってのを国際司法裁判所が判断するんだから」
藤木「そんな事は判断しないでしょう」
戸塚氏「絶対するよ。性奴隷であるかというのは、事実ではなく法律なんだって。法律判断の問題ってのは、最後は裁判所でやらなきゃしょうがないんだから」
藤木「先生は仮説として、その性奴隷ってのを使われたんですよね？」

戸塚氏「仮説じゃなく私の主張よ。弁護士ってのはみんな主張があるのよ。裁判所が判断するのが客観的な判断。国連の判断ってのもある程度客観的な判断ですよ」

藤井「国連が慰安婦＝性奴隷と認めた理由はなんだと思われますか？」

戸塚氏「奴隷だからね」

藤井「奴隷って言葉に敏感に反応しただけじゃない？」

戸塚氏「様々な条約に違反してるから、国連が奴隷をとったの。国際法での奴隷は一つですよ」

ここで次の予定がありタイムアップ。

最後になって、慰安婦が性奴隷であってもなくても、事実関係はどうでも良く、単なる

国連を舞台に反日活動を行っていた左翼勢力。わが者顔で座っている。

自分の主張だと言い始めた。そして、その主張を国際社会が選択したので、自分の主張は正しいと言う論法だ。

物腰は柔らかで、必ず同意を求める「ねっ！」「でしょう？」を多用する。そして、始終、私たちの発言を遮り、持論を展開するという戸塚氏の話しぶりは、結局「相手の意見を聞かずに自分の意見だけを述べる」というスタイルだった。そして、少しでもこちら側から質問をすると、論点をずらしながら回答を避けていく。そんなかみ合わない会話だったが、「性奴隷」という言葉の発案者のナマの話を聞けたことは、貴重な機会でもあった。

第四章

初めての委員会発言で国連に風穴を開ける

第2次派遣・ジュネーブ国連代表団（2015・7）

第２次派遣。ジュネーブ国連代表団（2015.7）のメンバー。

1

ドキュメント

巻き返しが始まった！国連で日本の

藤木《ふじき》 俊一《しゅんいち》

■会期前作業部会と作業部会

今回の、第二次「慰安婦の真実国民運動国連派遣団」の参加人員は20名。

今回、国連に行った目的は、第63回女子差別撤廃委員会（CEDAW）の会期前作業部会（プレセッション）に参加することでした。

まず、国連の仕組みを簡単にご説明いたします。

前年、私達が行ったのは「自由権規約人権委員会」の「本作業部会（メインセッション）」でした。そして、今年行ったのは、「女子差別撤廃委員会」の「会期前作業部会（プレセッション）」といい、両者は2つの異なる委員会です。

どの委員会にも「会期前作業部会(プレセッション)」と「本作業部会(セッション)」があります。「会期前作業部会」（簡単に「準備会合」といってもよい）では、国連に事前に登録している各国のＮＧＯ（非政府組織）より、審査対象国の政府への要望、質問や苦情等が委員会へ寄せられます。ここが、昨年までは、日弁連ＮＧＯを筆頭に反日左翼の巣窟となっていた場所です。

各委員会では、各国の国連に登録したＮＧＯにのみ、事前文書の送付及び委員会での発言権があります。ここで話し合われた内容が、List of Issue(リスト オブ イッシュー、問題点のリスト）として、日本政府に送られる訳です。

昨年は、この「会期前作業部会」ではなく、その後の「本作業部会」に行ったために、我々の意見が一切反映されませんでした。そこで、今回は、我々の意見が何らかの形で反映される様にこの「会期前作業部会」に行くことにいたしました。

会期前作業部会には、今回は3つの反日ＮＧＯと、我々側の2つのＮＧＯの合計5つのＮＧＯが参加しました。双方のＮＧＯの団体名は次のとおりです。

○左派ＮＧＯグループ

・日本弁護士連合会ＮＧＯ
・日本女子差別撤廃条約ＮＧＯネットワーク
・スペースアライズ
○保守側NGOグループ
・国際キャリア支援協会
・なでしこアクション

我々は、「国際キャリア支援協会」というＮＧＯのメンバーとして出席しました。しかし、１つのＮＧＯでは、発言時間が限られるために便宜上「なでしこアクション」との２つのＮＧＯとして参加しました。

■二人の女性の発言で日本政府への質問を書き換えさせる

慰安婦問題であるために、男性が発言するよりも女性が発言する方がはるかに受け入れられやすい。そこで、杉田水脈・元次世代の党衆議院議員と山本優美子なでしこアクション代表に発言してもらいました。

反日左翼側のＮＧＯからは、相変わらず、事実を隠し都合の良いように切り取った政府批判が繰り返されていました。

慰安婦問題に対して、我々の側は、国連で議題に上る「強制」や「性奴隷」というのは間違いで、それらの主張には、一切の証拠が存在しないこと、反日のための材料として利用されていること、日本国内では、朝日新聞が誤報を認めたことにより、慰安婦の強制は無かったことが広く知られるようになったことを強く述べ、更に委員会に精査するようにとの要請をしました。（発言内容の詳細は、杉田さんの報告に譲ります）

これに対し、委員長より「慰安婦問題で、もう一つの見方があるとは初めて知った」「精査する」との発言を引き出すことができまし

国連内で発言する、杉田水脈・元次世代の党衆議院議員（中央）と山本優美子なでしこアクション代表（右）。

た。

ここで、トニー・マラーノ氏は、１９４４年の米国陸軍の朝鮮人慰安婦への尋問調書ＮＯ・49にも、「高給取りの売春婦」「兵士と映画を見たり自由に買い物に行ったり、コンサートに行ったりしていた」等と記載されていることを紹介。「性奴隷などとは、ほど遠い厚遇をされていた」と発言しました。

また、左派ＮＧＯより委員会に対して「アイヌ、部落、韓国人・朝鮮人、沖縄の女性が差別されヘイトスピーチの対象になっている」との発言があったために、トニー氏よりすかさず反論が出されました。

トニー氏は、「ヘイトスピーチの対象になるのは、韓国・朝鮮人だけではない。韓国だけを取り上げることは、その他のヘイトスピーチによる被害者に対する差別である」と述べました。

従来は、反日左翼側の言うことは、委員会に全て鵜呑みにされていましたが、これらの我々保守側ＮＧＯの発言により、日本政府に対して出される List of Issue の内容の２つの部分が書き換えられました。欠席裁判をまぬがれたわけです。

一つ目は、「委員会は最近の公式声明文（我々が提出した文書―藤木注記）から以下の報告を受けた。〈『慰安婦』の強制連行を証明するものは無かった〉。これに関しての（日本政府の）見解を述べて下さい」というものでした。

二つ目は、「アイヌ、部落、韓国・朝鮮人、沖縄の女性」と反日左翼側が言っていた部分が、全て「マイノリティ」に書き換えられました。

この2点が追加・変更されたことは、非常に意義のあることです。

慰安婦問題に対して、我々の主張が、今回、正式に議題に上がることになったのに加え、従来までは、「韓国」という文字が入ると、必ず、これを韓国政府や市民団体、日本の左翼新聞等が利用し、「国連が、これこれと言っている」という形で利用していたのです。それができなくなりました。

会期前作業部会で作成されたList of Issueが、国連より日本政府に送られ、日本政府はそれに対する意見や反論を準備して、翌年の2月に行われる作業部会に「政府代表団」を送り答弁を行い、そこで、さらに話し合いが行われ、その後に国連の委員会より日本政府に対する改善要請や勧告が出されるという仕組みです。

今回の国連でのミッションは、「慰安婦＝日本軍に強制された性奴隷」という、すでに国際社会で定説となっているものを覆していく端緒を開くことでした。List of Issueにおいて、日本政府に「強制連行」についての見解を求める内容が盛り込まれたことは、大きな成果と言えます。

いよいよ国連の場で、日本の巻き返しが始まったのです！

しかし、今後の日本政府の対応如何では、また、元の木阿弥になる可能性もある為に、今後は、政府関係者、外務省等に対して、積極的な情報提供を行い、翌年2月の政府答弁にて、明確に「軍や官憲により強制された証拠は無い」という内容が盛り込まれるように働きかけていこうと考えています。

■イベント「ジャパノロジー」を開催

昨年は、経験不足、情報不足で排除されたNGOによる討論を行うために、国連内部の部屋を借りて、「ジャパノロジー」と称するイベントを国際キャリア支援協会主催という形で開催しました。

ここでは、「慰安婦は高給取りの売春婦である」という証拠を表示したパネル展を「慰安婦の真実国民運動」の主催という形で行い、さらに、日本の伝統文化を紹介するイベントや日本と海外のギャップに関することなど様々なテーマのパネルディスカッションを3日間にわたって開催しました。また、入り口で、慰安婦関連の様々な資料、慰安婦関連の英文の書籍などを配布しました。

パネルディスカッションで私は、日本と諸外国の常識の違いに関して発言し、いかに国際社会と交渉し、訴えるべきかを解説しました。

イベントでは、布浦万代先生の万葉集講座「古代日本女性の社会進出と知的財産」や有志による「大和心」のテーマなど、日本を紹介することに注力しました。


また、アルメニア人博士による講演も行われ、オスマントルコによるアルメニア人のジェノサイドが行われたときに、日本より非常に多くの支援が届いたことが、ジェノサイド博物館に展示されてないので、現在、展示をするように働きかけているとのことでした。

アルメニア人は、慰安婦像が建てられたカリフォルニア州グレンデール市の人口の25パーセント近くを占めており、韓国人が、このジェノサイドと慰安婦を同列視させるように仕向けた

国連内NGOイベント「ジャパノロジー」参加者。
前列中央が岡野俊昭団長。

結果として、慰安婦像が建ちましたので、その対策をこの博士と話し合うことができました。

また、この博士の書いた論文をグレンデール市のアルメニア人コミュニティーに配布するのはどうか？との提案をいただきました。現在、その論文を取り寄せるべく動いています。

開会期間中に、日本人の国連職員と数時間に渡って話をする機会がありました。この国連職員も、「慰安婦問題についての誤解の定着は、反日左翼のデタラメな主張が繰り返された結果であり、皆さん方が初めてこのように国連に来て、場所を借りて反論を展開していることに感謝したい。今まで、心を痛めていた」と言われました。「小さな一歩でも、これを行ったことで、反日左翼に対する大きな牽制になっていることは明確だ」とも言われました。

また、その他にも、様々な有益な情報を得ることができ、今後の活動がより一層、やり易くなったと考えています。行動する大切さを感じた国連活動でした。

■ユネスコ本部にて「南京」などの登録に反対する行動　7月30日

7月29日に国連関連が終わり、翌30日午前2時にジュネーブのホテルを出て、レンタカーで、フランス・パリのUNESCO本部へ向かいました。参加人員は7名でした。

ユネスコに足を伸ばした目的は、中国による「従軍慰安婦」「南京大虐殺」関連資料の記憶遺産登録を阻止することでした。そのために、様々な資料と署名をもって、ユネスコ本部に行きました。

これらがユネスコ記憶遺産に登録されれば、ほぼ、世界中がこれらの嘘を信じることになり、永久に日本がこれらの冤罪を着せられてしまいます。世界各国の教科書等へ記載される可能性も出てきます。

ユネスコ世界記憶遺産事務局の責任者へ、我々が日本より持参した藤岡信勝拓殖大学客員教授と高橋史朗明星大学教授作成の意見書と関連資料、英文で書かれた関連書籍、この登録に反対する署名約８０００筆を手渡しました。そして、選考委員長へ渡して頂ける確約をとりました。

ユネスコ事務局の担当者の話では、通常、登録に関する異議申し立てはないために、このように異議を受け付けた前例はないとのことでした。しかし、公平さを期すために受けとり、選考委員長に渡すとのことでした。そこで、委員長だけでなく委員各位にも是非渡して欲しいとお願いしましたが、「それは、委員長の判断になる」とのことでした。

ここで、私は、私の意見として、「朝鮮戦争以降１９９５年まで、国連から派遣された国連軍（米軍）が韓国人慰安婦を強制的に劣悪な環境で安価で働かせていた事実がある。もし、この日本軍について行っていた慰安婦に関することをユネスコ記憶遺産に登録するのであれば、当然、国連軍の慰安婦も登録しなければ公平さを欠く。また、その他の戦争で慰安婦として利用された女性達に関しても登録しなければならなくなり、国連自体に大きなブーメランとして返ってくることになる」との説明をし、それを委員長に伝えるように依頼し、伝えていただけるとの返答をもらいました。

ただ、残念ながら、10月のユネスコの記憶遺産に関する諮問会議で中国提出の「南京」が登録されてしまいました。

■ユネスコ日本政府代表部に申し入れ　7月31日

翌日、パリのユネスコ本部から2ブロックほどに位置するユネスコ日本政府代表部へ行きました。そこで、公使の奈良氏および書記官一名と面談し、ユネスコ本部へ申し入れに行ったこと、それに関して日本政府代表部によってフォローして欲しいとの申し入れを行いました。

ユネスコ本部で説明したとおり、これが登録されると、国際社会で取り返しが付かないほどのダメージを受けるので、政府代表部として絶対に阻止するように申し入れると同時に、交渉材料として、これが登録されれば、国連にとっても大きな問題になることを説明しました。

政府の役人だけあり、他人事のような感じも受けましたが、我々が様々な説明を行った結果、善処するとのことでした。

しかし、やはり、日本人の敵は無関心な日本人である事、国民の税金を使ってパリにユネスコ日本代表部を置いているにも拘わらず、対応に積極性が感じられなかったことは、非常に残念に感じました。これは、政治家を通して、再度、強く申し入れる必要があると思いました。

国連、ユネスコを通じて、日本政府の長年にわたる怠慢と、最高裁判決の上に国連機関の決定を位置づけようともくろみ、国連に暗躍する日弁連、反日左翼が国連を舞台に繰り広げていた日本バッシングを放置してきたツケは、もはや取り返しがつかないレベルにまで達してしまっていると痛切に感じました。これは短期間に改善されるような問題では無いことは明らかですが、我々の行動により、

ジュネーブ国連欧州総本部正面。

反日左翼が従来のように国連で嘘や捏造をやりたい放題に拡散することは、今後は難しくなると考えます。

■国連NGOのステータスを高める必要

以上のことから、我々の側も、従来の反日左翼のようにしつこく国連に通い、彼らの嘘や捏造を未然に防ぐことが必要だと思いました。人権関連では、全てNGOからの意見で動いていますので、今後、我々も、ステータスの高いNGOを作って対応しなければならないと考えています。

国連に登録されるNGOには、次の3段階のステータスがあります。

総合諮問〔協議〕資格（General Consultative Status）
特殊諮問〔協議〕資格（Special Consultative Status）
ロスター（Roster Consultative Status）

特殊諮問〔協議〕資格（Special Consultative Status）は、会議期間中に国連内の会議室を借りて、サイドイベント等を開催する資格や人権理事会での発言権があります。「なでしこアクション」は、各委員会での発言ができる一般のロスターステータスです。こうしたことから、日弁連やその他の反日左翼NGOが、1団体6分という発言の時間があるのに我々は、1団体2分のみと言う不平等が生じています。山本さんや杉田さんが、発言時間をわずか2分とされたのは、こういう事情があったのです。

今後の課題として、「慰安婦の真実国民運動」も独自に「特殊諮問資格」を取得することが必須だと考えます。これにより、複数のNGOでの参加が可能になり、従来、反日左翼が行っていた手法をそのままに利用して、国連の内部の正常化ができると思います。

■一般市民向け慰安婦関連講演会　7月31日

ジュネーブ市内のホテル・ブリストルの会議室を借り切り、一般市民向けに「慰安婦は性奴隷ではなく売春婦」と題した講演会を開催しました。

慰安婦の真実国民運動幹事長で、今回の国連派遣団の団長でもある岡野俊昭氏、米国より参加のトニー・マラーノ氏、なでしこアクション山本優美子氏、杉田水脈前衆議院議員、現地在住の有本さくらさんと私の、計6名でリレートークを行い、会場からの質問等にも答えました。

この講演会のために、慰安婦の真実国民運動より現地在住の有本さくらさんに前もってお願いし、告知に関する新聞広告を数回出して貰っておりました。

参加した一般市民は10名程度と少なかったのですが、元国連職員なども参加されており、相互にとって有意義な講演会となりました。また、今後、如何に人集めができるかなどの有益な情報をいただく事ができました。現地に日本人会や文化協会などがあり、そことの連携を取れば、多くの現地在住の日本人を集められることもわかりましたので、次回より、その様にしようと考えております。

Pregny
Chambésy
Lausanne
Versoix
OMS - CICR
OMM

2 フランス語で緊張のスピーチ

杉田《すぎた》 水脈《みお》

■フランス語のスピーチをひたすら練習

ジュネーブで開かれる国連の女子差別撤廃委員会の「準備会合（プレセッション）」に参加するため、２０１５年7月25日の深夜、単身、関西国際空港から飛び立ちました。エミレーツ航空、ドバイ経由、十数時間かけての長旅です。

プレセッションで与えていただいた時間はわずか2分！　今回は英語ではなくフランス語でスピーチをすることにしました。（二月から始めたフランス語がこんなところで役に立つとは。）

このほかにも現地の方が開いてくださる講演会やシンポジウムでも10分ずつ英語でスピーチをする機会をいただいており、「日本の真実を世界に発信してきたい」という思いで準備に取り組みました。

フランス語の先生とともに辞書を引きながら原稿を書き上げました。「慰安婦」「強制連行」など、普通の会話ではなかなか出てこない内容だったため、思いのほか苦労しました。出来上がった原稿を先生に読んでいただき、それを iphone に録音し、飛行機の中でずっと聞いていました。

ジュネーブに到着したのは26日のお昼前。自力で空港からホテルへ移動し、チェックインを済ませました。その日の15時、現地でお世話をしてくださる有村さくらさんという女性とお会いすることになっていました。有村さんはジュネーブ在住で、フランス語、英語共に堪能な才女です。私の用意してきた原稿を見て、「より、現地の外国人に伝わるような表現に変えましょう」と、おっしゃいました。もう一度、一から原稿を練り直すこととなったのです。

原稿を書き上げ、ホテルでプリントアウトしていただき、委員への配布用の原稿（20部）も印刷していただきました。（フロントの方がとても良い方で、すべて無料でしてくださいました。）できた原稿をもとに今度は発音の練習です。飛行機で聴き込んできた内容が変わってしまったので、引き続き有村さんにご指導いただきながら、頑張りました。

打ち合わせは15時から始まり、あっという間に21時になっていました。とても熱心にご指導くださった有村さんにお礼を言って、別れました。ジュネーブについてから何も食べていません。でも、食欲より、強い睡魔が襲ってきました。気が付けば、有村さんに吹きこんでもらったiphone片手に眠りに落ちていました。

目が覚めたのは午前3時。時差ぼけのせいでしょう。でも、それからひたすらフランス語のスピーチの練習を繰り返しました。

他のメンバーとの合流は午前7時。歩いて10分ほどの距離にあるホテルです。つくる会岡野副会長やなでしこアクションの山本さんのお顔を見てホッとしました。

その後、全員で国連に移動。国連へは乗り換えなしで、トラム（路面電車）で10分程度です。結局滞在中はこの「15番」のトラムで国連とホテルを往復するだけ。まったく観光もできませんでした。

■フランス語のスピーチ内容

プレセッションでのスピーチは、いきなり初日の11時30分からとなっています。国連に入る手続きにかなり時間がかかりました。（受付の欧米の担当者は並んでいる列が長くなろうが関係なく、マイペースで仕事をされます。）このため、準備の時間が短くなってしまいました。

我々はプレセッションとは別に、国連の建物内で会議室を借り、「ジャパノロジー」と称して、日本文化を海外に発表する場を設けていました。そちらの準備が終わらないうちにいよいよ、女子差別撤廃委員会のプレセッションが始まる時間が近づき、我々は指定の会議室に移動しました。

プレセッションでは、動画、写真などの撮影は一切禁止。報道機関の記者も入ることができません。

この時間帯は、「日本を対象としたセッション」なので、委員は7名。公正を期すため、日本人の委員は除外されています。参加しているNGOは日本のみ。日弁連、日本女性差別撤廃条約NGOといった団体です。私達以外の団体は常連のようで、配分時間は各団体5〜6分と長め。私となでしこアクションの山本さんは前述のとおりそれぞれ2分ずつ。事前に全部の団体を平等にしてほしいとお願いしたそうですが、認められなかったそうです。実績のない新入りなので仕方ないようでした。

短い時間だったので、「慰安婦の強制連行はなかった」ということに的を絞ってスピーチしました。フランス語、なんとかなりました。

以下が私のスピーチの内容です。

●杉田水脈発言（使用言語はフランス語）

《私の名前は杉田水脈です。日本の前衆議院議員です。

今日は、私が考える慰安婦問題のポイントを皆さんと共有したいと思います。

日本の慰安婦問題の論点は、日本の軍隊が女性たちを強制的に慰安所に連行したかどうかです。

私は、外国で言われているような「日本の軍隊が力づくで女性たちを動員し、性奴隷にした」という歴史的な証拠は日本でいくら探しても見つからないことをここで確認しておきます。

「女性たちを駆り出して連行した」という話は吉田清治という作家のでっち上げが基となっています。

日本の有力紙、世界的にも有名な朝日新聞はこの作り話を歴史的な証拠として32年間の長きに渡り、国際的に日本の名誉を貶める報道をし続けました。

しかしながら2014年8月5日、朝日新聞が紙上で慰安婦問題のこれまでの報道の検証を行い、吉田の証言が全くの虚偽であったことを認め、それを記事として周知しました。

しかし、現在、まだまだ世界中で、日本は女性を性奴隷にしたと思われており、それはナチスドイツのホロコーストに匹敵する重大な犯罪だと宣伝されています。

これは全く事実無根であることを私は大きな声で断言します。》

委員の方から我々に対し、「世界のメディアで知らされていたのとは反対の意見を初めて聞いた。本当なのか。その根拠を知りたい」という発言がありました。

委員の方は明らかに混乱されていたようです。これまで、何十年間も「日本は慰安婦にひどいことをした」という見解を日本のNGOから聞かされていたのに対し、180度違う見解を我々が話したからです。でも、この委員の質問が、日本政府への質問につながりました。

■山本優美子さんのスピーチ

山本優美子さんは英語で2分間スピーチしました。次が山本さんのスピーチ内容です。

●山本優美子発言（使用言語は英語）

現在論争となっている慰安婦について、多くの日本女性の考えていることを本日述べさせていただきます。日本の戦争関係の請求・賠償は国際条約で解決済みです。それにも関わらず、未だに人権関連委員会の多くは日本に謝罪と賠償を求めています。これが、日本の名誉を傷つける政治的キャンペーンに繋がり、日本人に対する人権侵害が起こっています。例を挙げると、米国では、慰安婦像や記念碑が立ち、そこには「慰安婦は、日本軍に拉致され性奴隷にされた20万の女性少女である」と刻まれています。こういった場所は反日活動の拠点となり、日本人の子供達のいじめにつながり、地域の調和と平和に影響が出ています。米国、カナダ、豪州では、現地の日本人が強く反対しているのにも関わらず、更なる慰安婦像が計画されています。今現在、慰安婦問題は、女性の人権問題としてではなく、海外の日本人を非難する政治的キャンペーンとして利用されています。少女人身売買、貧困による強制売春、テロリストによる性奴隷など、もっと深刻な人権侵害が沢山あります。私達日本女性は、皆さんに検証された事実に基づいて慰安婦問題を見ていただきたい。そうして、これからは、現在起こっている女性の人権侵害問題の解決に向けて努力すべきだと考えます。》

■アメリカと似ているヨーロッパの世論

その日の午後は「ジャパノロジー」というイベントで、トニー・マラーノさんと女子大生の水田安美さんが発言されました。水田さんの発言内容は後にネットなどで話題になりましたが、「日本に生まれたことを誇りに思おう」という、若者を代表した素晴らしい意見でした。

午後の国連日程を終え、また19時から、翌日の市内のホテル（フラトンホテル）での講演会の打ち合わせです。この講演会は有村さくらさんがジュネーブの新聞（10紙近く）に公告を掲載し、市民の方に参加を呼び掛けてくださったものです。空腹と睡魔に耐えながらの打ち合わせは22時過ぎまで続きました。

その後、スイスで有名なチーズフォンデュのレストランで先に食事をしていた方々と合流。おいしいトマトチーズフォンデュをいただきました。

翌28日は朝8時に集合し、国連へ。ジャパノロジーの会議室では、午前中、全員参加でパネルディスカッションを行いました。実はこの間も夜の講演会に向けて、原稿の手直し、お昼休みは英語の練習と、気を抜く暇がありません。

ジャパノロジー午後のセッションでは、10分間英語でスピーチを行いました。時間があるので、「①20万人の少女が、②日本の軍隊によって強制連行され、③性奴隷にされた」という、韓国が主張している3つの嘘と河野談話の成り立ちについて話をしました。中国のメディアが来ていましたが、観客は少な目。なので、夜のリハーサルのつもりでリラックスして話せました。

夜の講演会は、とても充実した内容でした。司会は有村さくらさん。発表者は、トニー・マラーノ氏、藤木俊一氏、山本優美子氏、藤井実彦氏、そして私です。参加者が少なかったのは残念ですが、それでも去年よりは多かったそうです。

私の英語スピーチは散々で、ひたすら自己嫌悪でした。が、会場からは、「アメリカにそんなにたくさんの慰安婦像が建てられているのに、どうして日本政府は黙っているのか？」という質問がありました。

「日本政府は『歴史問題を外交問題化しない』というのが、ポリシーだから」と、回答しました。私が国会の質疑を行った時に外務省から返ってきた答弁と同じ答えをしながら、やはり悔しかったです。

私は有村さんに、ヨーロッパに何故中韓の主張は受け入れられているのか質問してみました。「ヨーロッパの世論はアメリカと似ている。アメリカの有力紙に中韓の主張ばかり書かれていることが原因である。ヨーロッパ人もニューヨークタイムズとかワシントンポストの記事を目にすることが多いし、まさかそれが中韓の主張とは思っていない」とのことでした。完全に情報戦に負けています。

講演会には、国連での発表を取材してくださった産経新聞ロンドン支局の記者さんの他に読売新聞ジュネーブ支局長さんもいらっしゃっていました。が、結局記事になったのは産経新聞だけでした。

終了後はみんなで晩御飯。タワーのような容器に入ってビールが出てきましたが、スイスのビールは冷えてないのが残念でした。

ジュネーブで万葉集講座を受講

いよいよ国連での活動最終日となりました。午前中は前日と同様、慰安婦問題についてのパネルディスカッションに参加。

午後は万葉集講座「古代日本女性の社会進出と知的財産」を拝聴しました。

女子差別撤廃委員会。日本はまだまだ男尊女卑の国で女性の地位が低いという欧米の価値観の押し付け。

日本は古来より、女性が政治や文化そして一般生活においても高い地位にあり、活躍してきました。紫式部や清少納言は世界一古い女流作家です。万葉集にも女性の歌が多く記されています。こんな国は世界中探してもありません。

私の「水脈《みお》」という名前は万葉集から取っています。ジュネーブで万葉集講座を受講できるなんて、とてもご縁を感じました。

会場を片付けて、打ち上げへ。

ホテル近くのイタリアンレストランでの打ち上げとなりました。この後、岡野先生、山本さん、藤木さん、藤井さん、そしてトニーさんはパリのユネスコに向けて出発されました。

7月30日。すべての日程を終え、帰国の途に就きました。

■政府・外務省への説明に奔走

我々が帰国した7月30日。女子差別撤廃委員会は早くもプレセッションのまとめを行い、日本政府に対し、質問書（List of issue）を提出しました。今回その中に今までになかった新たな質問が加わりました。

《委員会は最近の公式声明から「慰安婦の強制連行を証明するものはなかった」との報告を受けた。これについて（日本政府の）見解を述べよ。》

プレセッションでの我々の発言が影響したのは明らかです。この質問に対し、日本政府は翌年（２０１６年）２月に行われる本セッションに向けて回答を用意しなければなりません。日本政府が「慰安婦の強制連行を証明するものはなかった」と回答すれば、世界中に誤った認識が広がっているこの問題にストップをかけることができます。

第１次安倍内閣においては、「慰安婦の強制連行を示す証拠はなかった」と閣議決定をしています。また、安倍首相は戦後70年談話の中で「私たちの子供や孫、そしてその先の世代の子供たちに、謝罪を続ける宿命を負わせてはなりません」と述べました。

しかし、これまでの日本政府の報告書を見てみると、
・政府は機会あるごとに慰安婦の方々へ心からのお詫びと反省の気持ちを表明してきた。
・アジア女性基金（ＡＷＦ）を設立し、一人当たり２００万円の償い金をお渡ししている。
・歴代首相は政府を代表して、直筆の付した謝罪と反省を表明した手紙をそれぞれの元慰安婦に直接送っている。
といった内容に終始しています。

また、報告書作成時に男女共同参画会議監視専門調査会による監視というのを受けるのですが、この調査会が行う有識者ヒアリングでは、国連の女子差別撤廃委員会に出席していたＮＧＯから何人か招かれています。

このようなことを勘案すると、毅然と強制連行を否定する見解を発表することは簡単ではないようです。

そこで我々は、政府の要人を訪ね、今回の国連女子差別撤廃委員会での意見発表、その後の委員会からの質問書について説明しました。限られた時間でしたが、この件についてご理解いただき、委員会に対する最終見解は外務省ではなく、政府が責任を持って作成するとのお約束をいただきました。

その後、官邸を通してご紹介いただいた外務省の担当者の方にも直接説明に伺いました。こ

ちらは「趣旨は理解したが、我々は多方面の方々の意見を聞かなければならない」という想定通りの回答しかいただけませんでした。

人権理事会での悪戦苦闘

9月8日、都内で国連報告会が行われました。その席で、国連人権理事会で発言する翁長雄志沖縄県知事のカウンターとして、沖縄の真実を訴えるためにジュネーブを目指す方々の決意表明がありました。

この訪問団とは別に、人権理事会で慰安婦問題を訴えるため、私も別日程で国連に行くことが決定しました。この時点では、私が9月末に一人でジュネーブに行き、発言する予定となっていました。

その後は人権理事会に参加するメンバーでメーリングリストを作成し、情報のやり取りを行いました。が、出発の時期を迎えても段取りをすることになっているNGOから詳細が示されず、かなり不安が募りました。

そんな中、韓国挺身隊問題対策協議会(以下、挺対協)が、90歳の元慰安婦と共に18泊19日でヨーロッパを廻り、慰安婦問題を訴える、月末はジュネーブの国連に来ることも予想されるというニュースが入りました。このことをメーリングリストに挙げたところ、テキサス親父事務局の藤木氏が「用心棒」をかねて、一緒に行ってくださることになりました。

9月28日。飛行機のトラブルもあり、予定より3時間遅れてジュネーブに到着。翌朝、さっそく国連に行き、私の発言がどのアイテム（時間割に設定されているテーマ）で発言することになっているのか確認しました。

私が割り当てられていたのはスリランカの人権問題を議論するアイテムでした。（ちなみに翁長知事や我々の沖縄訪問団が発言したのは「少数民族」がテーマのアイテムでした。）枠を取ってくれたNGOの責任者からは「スリランカは貧しい国なので、そんなにたくさん発表者が来られない。きっと時間が余るからその時間で発表すればいい」、「事務局に提出した内容と違うことを話しても大丈夫だから、うまくやれば慰安婦問題について発言できるはず」という内容の説明を受けていました。

「本当にこのアイテムで慰安婦問題について発言してもいいのか？」、「関係ない国のアイテムで発言するのはいかがなものか」と半信半疑で、日本から用意してきた原稿を事務局に提出。

案の定、「この内容はここでは発言できません。」という回答が返ってきました。

万事休す。今回は発言できない。何しにここまで来たのだろう。虚無感が襲います。

日本の支援者の皆さんにも連絡し、情況を説明しました。後の日程をどう過ごそうか？　そんなことを考え始めた時に、あることが閃きました。

「クマラスワミ報告書のクマラスワミさんって、スリランカ人ですよね？」

河野談話の検証や朝日新聞の訂正記事を踏まえて、日本政府は昨年、クマラスワミ氏に報告書の訂正を求めましたが、彼女はそれに応じていません。そのことを発言するのはどうだろうか？

そこからホテルに戻り、日本語で一から原稿を書きました。それを藤木さんと前回もお手伝いいただいた現地在住の有村さくらさんが英語に訳します。発言時間は前回と同じ2分。英語の原稿をこの2分以内にまとめるのに時間を要し、発表原稿が出来上がったのは夜中の2時を回った頃でした。

翌朝、書き上げた原稿を事務局に提出。「この内容ならＯＫ」と、すんなり受け取っていただけました。

ここからは英語との戦い。前述の二人から厳しい特訓を受けました。本来30日の午後3時からのアイテムでの発言が予定されていましたが、前のディスカッションが伸びたようで、翌日の午前10時からのセッションに持ち越されました。その日の夜は食事の時間もそこそこにスピーチのレッスンが続きました。

翌朝、会場に発表者が張り出されます。私の順番は53人目でした。順番が回ってくるまで原稿の最終チェック。緊張しながら出番を待ちました。

午前11時40分。自分の順番となりました。私が話し始めた途端、会場の空気が少し変わったのを感じました。何やらざわざわし始めたのです。そのざわざわの原因は何かわかりません。「なんて話をしているのだ？」「なぜここでそんな話をしているのだ？」そういう意味だったのかもしれません。

■発言全文

ここに、発言内容を紹介いたします。

《Thank you very much Madam Vice President,

副議長、有難う御座います。

UN Human Rights Commission Report on Comfort Women issue, commonly called «Coomaraswamy Report», declares Comfort Women as «sex slaves».

国連人権理事会における、いわゆるクマラスワミ報告書に「慰安婦は性奴隷だ」と宣言されています。

The conclusion of this report is based on two sources: first, the testimonies of former Comfort Women; second, the confession of Seiji Yoshida on his involvement in forced mobilization of Korean women.

この報告書は、主に2つの情報源により結論づけられました。

1つ目は、元慰安婦達の証言、2つ目は、慰安婦の強制動員に関わったとする吉田清治の証言です。

However, both of these sources have been discredited and disproved.

しかしながら、双方共に反証され論拠を失いました。

Several former comfort women confessed to Professor An Byong-jik of Seoul University and Professor Sarah Soh of San Francisco State University that they told a lie to the Sri Lankan UN Special Rapporteur, Ms. Coomaraswamy.

何人もの元慰安婦達が、ソウル大学のアン・ビョン・ジック教授やサンフランシスコ州立大学のサラ・ソウ教授に対して、国連のクマラスワミ特別調査官に虚偽の証言をしたと証言している。

Chong Dae Hyup, an organization under North Korean influence, confined these women in a house and trained them to confess that they were abducted by Japanese Army.

北朝鮮の影響を受けている挺身隊対策協議会は、これらの慰安婦達を（ナヌムの）家に軟禁し、日本軍に誘拐されたと告白する様に訓練しました。

Second source of Ms Coomaraswamy' s conclusion is Mr. Yoshida' s book, “ My War Crime” .
Mr Yoshida admitted that he fabricated the story in an effort to sell more books.

クワラスワミ女史の結論づけの2つ目の論拠は、吉田清治の本『私の戦争犯罪』で、後に吉田氏は、たくさん売るために捏造した事を認めています。

However, it had been diffused as a historical fact by Asahi Newspaper for 32 years.
However, Asahi admitted last
August that its articles were false, withdrew them and published an official apology.

しかしながら、それらは、朝日新聞などにより史実として、32年間拡散されました。
しかし、朝日新聞は昨年8月にそれらの記事は間違いであった事を認めて、撤回する記事を出し、謝罪しました。

The Japanese government has adopted a Cabinet decision affirming “ no evidence of forcible mobilization of Comfort Women was found.”

日本政府は、「慰安婦が強制動員された証拠がない」事を閣議決定しました。

Moreover, the US Army Report No.49 issued in 1944 clearly states that “ Comfort Women were well paid prostitutes” indicating they were not “ sex slaves” deprived of freedom.

更に米陸軍が 1944 年に作成した報告書には「慰安婦達は高給取りの売春婦」だと書かれており、自由を束縛された「性奴隷」では無い事が記されています。

Based on the UN report, Koreans and Chinese have been placing Comfort women statues and monument in several nations.

朝鮮人達や支那人達は、国連の報告書などを根拠に外国に慰安婦像や碑を建てています。

In those cities, many incidences of bullying of Japanese children have been reported. Such human rights violation should not be overlooked.

それらの街では、日本人の子供達へのイジメが報告されています。この様な人権侵害を見過ごす訳にはいきません。

We would like you to withdraw the “ Coomaraswamy report” then consider the human rights of those who have been victimized by this political propaganda campaign.

我々は、「クマラスワミ報告書を撤回し、政治運動により被害を受けている被害者達の人権を考慮していただきたい。

Madam Vice President, we urge the United Nations and Sri Lankan government to conduct a further investigation based on documented historical evidence without preconceived bias.

副議長、我々は、国連とスリランカ政府に対し、先入観を排除し、史実に基づいた更なる調査を促します。

We are prepared to cooperate with your investigations.

我々は、貴方がたの調査に協力する準備があります。

I thank you very much.

有難う御座いました。》

■確実な反響と新たな展開

発言が終わり、地下のカフェでコーヒーを飲んでいる我々に一人の記者が話しかけてきました。

「スピーチ、聞きました。もう少し詳しくこの問題について教えてほしい。」

彼はパキスタン人で、国連に詰めている記者さんでした。「中国は嫌い」と笑顔で語る彼といくつかやり取りをし、名刺を交換して別れました。

後日、彼から事務所に電話とメールで連絡がありました。

「記事にしたいので、原稿を送ってほしい。それからクマラスワミ報告書について知りたい。」

という内容でした。私は発言した原稿とクマラスワミ報告書についてのＵＲＬを彼に送りました。

彼は、「ボラン・タイムズ・インターナショナル」という海外メディアでこのことを取り上げてくださいました。

http://www.bolantimes.com/urge-for-further-investigate-for-coomaraswamy-report/

また、彼からテキサス親父事務局の藤木氏に連絡があり、新たな展開が生まれました。

「記事はとても好評でとてもたくさんのアクセスがある。特にアメリカと韓国からのアクセスが多い。反応を見ていて、あなた方が主張していることが真実であると確信した。来年３月。国連で各国の記者を集めてシンポジウムを開くので、この話をしに来ないか？」

我々は真実を訴えています。筋を通していけばこういった新たな道が拓けます。これからもブレずにこの問題に取り組んでいきたいと思います。

第五章

日本国外務省に20年遅れの「罪状否認」をさせる

第3次派遣・ジュネーブ国連代表団（2016・7）

ジュネーブ国連ビル前での代表団一行（2016年2月）。

1

ドキュメント

慰安婦「日韓合意」とその後

藤岡《ふじおか》　信勝《のぶかつ》

■日韓合意の成立

本書の第四章までに見てきたとおり、慰安婦の真実国民運動は、二〇一五年七月の女子差別撤廃委員会に二度目の代表を送り、あるNGO団体の協力を得て、二人の女性が2分間ずつ、性奴隷や強制連行を否定するスピーチをした。二人の女性とは、山本優美子さんと、杉田水脈さんである。これは、真に画期的な出来事だった。今まで、左翼のNGOの独壇場であった国連で、初めて委員たちが長年聞かされていたのとは正反対の話を聞かされたからである。

この小文では、おもにドキュメントの意味を持たせて、慰安婦問題を審議した女子差別撤廃委員会の、２０１５年7月のプレセッション（予備会議）から16年2月の本セッション（本会議）までの半年余の間に、国連とは別の場面、すなわち日本と韓国の外交交渉という文脈でなされた慰安婦問題の日韓合意について取り上げる。というのは、日韓合意によって、国連の慰安婦問題の審議が重要な影響を受けたからである。

２０１５年12月28日、日本と韓国の両外相が、ソウルで合意内容をそれぞれの立場から公表した。日本の岸田外務大臣の発言を、外務省のホームページから引用する。

岸田外務大臣による発表は、以下のとおり。

日韓間の慰安婦問題については、これまで、両国局長協議等において、集中的に協議を行ってきた。その結果に基づき、日本政府として、以下を申し述べる。

ア　慰安婦問題は、当時の軍の関与の下に、多数の女性の名誉と尊厳を深く傷つけた問題であり、かかる観点から、日本政府は責任を痛感している。

安倍内閣総理大臣は、日本国の内閣総理大臣として改めて、慰安婦として数多の苦痛を経験され、心身にわたり癒しがたい傷を負われた全ての方々に対し、心からおわびと反省の気持ちを表明する。

イ　日本政府は、これまでも本問題に真摯に取り組んできたところ、その経験に立って、今般、日本政府の予算により、全ての元慰安婦の方々の心の傷を癒やす措置を講じる。具体的には、韓国政府が、元慰安婦の方々の支援を目的とした財団を設立し、これに日本政府の予算で資金を一括で拠出し、日韓両政府が協力し、全ての元慰安婦の方々の名誉と尊厳の回復、心の傷の癒やしのための事業を行うこととする。

ウ　日本政府は上記を表明するとともに、上記（イ）の措置を着実に実施するとの前提で、今回の発表により、この問題が最終的かつ不可逆的に解決されることを確認する。あわせて、日本政府は，韓国政府と共に、今後、国連等国際社会において、本問題について互いに非難・批判することは控える。

■日韓合意への国内の反応

この日韓合意については、自民党はもちろんのこと、野党も高く評価した。共産党も評価した。滅多にないことだ。河野談話の責任者である河野氏も、「総理はよくぞ決断された」と驚きつつ、評価した。

ただ、野党のなかで、「日本のこころを大切にする党」のみが反対の評価を下した。同党の中山恭子代表は28日、日韓合意について談話を発表し、「未来志向の日韓関係を目指して努力した」としつつも、「安倍外交の最大の汚点となると考えられ、大いなる失望を表明する」と述べた。中山氏は、岸田文雄外相が日韓外相会談後の共同記者発表で「当時の軍の関与の下に」と発言したことについて「いかなる歴史的事実に基づいたものなのかを政府として明確にする必要がある」とし、在韓日本大使館前や米国などの慰安婦像の撤去についても「何ら確約がなされていない」と強調した。

日韓合意を評価する声は、保守言論界の一部からもあがった。評価する理由は、アメリカ政府やニューヨーク・タイムスなど世界の世論が評価している、韓国政府に対し外交的に勝利した、「最終的・不可逆的解決」をかちとった、というものである。この中には、安倍政権を支持するのかどうか、といった、慰安婦問題とは別のテーマを論じている論説も数多く見られた。

■GAHTの見解

日韓合意について、アメリカで慰安婦像撤去運動などに取り組む「歴史の真実を求める世界連合会（GAHT）」が、12月29日、見解を表明した。

年末の12月28日に、日韓の外務大臣がソウルで共同記者会見を行い、二国が慰安婦問題について、「歴史的な」「最終的な」合意に達したと伝えた。問題はこの合意で、何が解決し、何が残されたであろうか。我々の見解は、「何も解決されなかった」とする立場である。

岸田外務大臣の誇らしげな、最終的な解決声明とは裏腹に、韓国側は、実質的に何も約束していないのである。韓国の外務大臣は、日本側の進捗を見守りながら、我々はいくつかのことについて努力すると声明した。いっぽうで、岸田氏は、そのような条件を全く付けずに、最終的に解決したと宣言したのである。外交上の手腕は、格段に韓国の方が上である。日本は、ほぼ10億円を拠出すると言明した。韓国は、拠出に言及すらしていない。しかもこの合意は、記者会見での声明だけで、文書化されていない。次期の政権には伝達されない危険性がある。

そもそも慰安婦問題は、韓国側が日本に迫ってきた問題である。日本側は、この問題は、1965年の日韓基本条約によってすべて解決済みであるとしてきた。韓国側は、日韓の関係の悪化により、経済的な被害を受けてきた。日本からの旅行者の減少、投資の減少、輸入の減少などである。たとえ、米国政府からの要請があったとしても、日本の方から解決を要請する必要はない状況であった。外務大臣がわざわざソウルを訪れる必要はなく、そして、韓国からのもろもろの要請を承認する必要はなかったのである。

しかしながら、日本側は、数多い失策をしてしまった。まず日本政府は、法的ではないが、終戦までの時期の慰安婦への関与を認め、謝意を表明した。そして人道的な立場からとは言え、政府の資金を提供することを言明した。これらは、全く不必要なことである。既に、河野談話があり、ましてや資金の提供は、罪を犯したことの証明になるのである。これで慰安婦について、日本政府は潔白を主張できなくなるのである。民間団体で行っている「慰安婦は性奴隷ではなかった」とする主張は、ますます困難な道のりを歩まなくてはならない。

更に悪いことは、韓国側から、何の意味のある誓約もとっていないのである。政府としてこの問題を蒸し返さないとは言っているのであるが、今までに行われた慰安婦に関する問題は、すべて政府外の団体によって起こされたのである。ソウルの日本大使館前の慰安婦像は挺対協によってなされた物で、グレンデールの慰安婦像も民間団体と称するKAFCによって、建立された。韓国政府は、それらの団体に対して、撤去するように努力をすると言明しているので、恐らく一枚の手紙ぐらいは書くであろう。しかし受領者は、既に言明しているように、それを無視することは明らかである。「国連等において日本を非難しない」とは言明しているが、ユネスコ記憶遺産に登録することが、非難になるかどうかは、明確にされてない。

即ち、日本は、有利な立場にありながら、有利な点をすべて放棄して、韓国の外交手腕に弄されたのである。この合意は、岸田外相の宣言に反して、日本外交史における顕著な汚点として残るであろう。

■冒頭に「軍の関与」の悪意

慰安婦問題の流れから見て、この日韓合意には数々の問題が含まれている。ここでは、合意の文言に即して、七つの問題点を指摘しておきたい。

第一に問題にすべきは、【軍の関与の下に】という言葉である。わざわざこのいわく付きの表現を冒頭に持ってきたところに、この原稿を書いた人物の日本に対する底知れぬ悪意を感じる。なぜなら、「軍の関与」という表現こそ、朝日新聞が慰安婦問題を捏造するために操った言葉のトリックそのものだったからである。

「軍の関与」は、一九九三年の河野談話に引き継がれた。朝日新聞の謀略用語を政府が取り入れたのである。河野談話の結びはこうなっている。「いずれにしても、本件は、当時の軍の関与の下に、多数の女性の名誉と尊厳を深く傷つけた問題である」。そして、この文言は、そっくり日韓合意の発表の中に引き継がれた。

河野談話が出たころは、日本国民のほとんどが、まだ騙されていた時期である。それから二十三年が経ち、二年前には朝日新聞が虚報を認めて記事を取り消す、という大事件があった。この朝日の落城をものともせず、あたかもそんなことはなかったかのようなふりをして、岸田発言は朝日の捏造のやり方をそのまま踏襲したのである。

では、日本軍は実際には慰安所の運営にどのように「関与」していたのだろうか。もとは軍の需要に発し、軍が業者に営業を許可することで慰安所の設置・経営は可能になったのだから、軍が関与しているのは当たり前のことである。軍は慰安所の営業の規則の制定、料金システムの作成、慰安婦の衛生検査、などの形で関与した。しかし、その上で、慰安所を経営するのは業者であり、軍の側の将兵は慰安所のお客の立場だったのである。従って、軍の関与とは、業者が慰安婦の女性に対する過酷な労働条件を一方的に強要することから女性を守るという意味があった。

■玉虫色の外交言語

「軍の関与」の内実は以上の通りだとすれば、外相発言には何の問題もないではないか、という声が日韓合意を支持する人々の間から生まれている。これは、大きな間違いである。「○○の関与」という表現は、新聞の社会面に載るような犯罪や汚職事件を報道するときの定型化された表現であり、「関与」という言葉は、「悪事」への関与を指すものと決まっているのである。だから、日本政府自らが「軍の関与」を冒頭で認めたからには、すでに世界中で喧伝されている慰安婦虐待疑惑に対し、日本政府のがわからそれを肯定し自白するメッセージを送ったことになるのである。しかも、この文章では、「悪事」の中身が直後に明示的に表現されている。「多数の女性の名誉と尊厳を深く傷つけた問題」という言葉である。これで、「軍」が悪事をしたという表現が完結する。

では、どうしてこのように誤解される文章をわざわざ作ったかという疑問が湧くかも知れない。これは外交言語だから、わざと玉虫色にして、相手国が自分たちに有利に解釈できるようにつくってあるのである。この場合は、韓国政府が慰安婦の運動団体などに、「日本はこのように罪を認めている」という説得に使えるわけだ。

ところが、ことは日韓二国間の外交的な言語ゲームの問題であるが、同時に世界に日本の立場を表明したことにもなるから、当然ながら、かねてから日本の慰安婦問題を批判してきた世界中のメディアは、ついに日本が認めたとして大喜びで報道した。こうなることは初めから分かっていたことである。

例えば、米紙ニューヨーク・タイムズは12月30日付で、「ようやく日本から本当の謝罪」というタイトルの社説を掲載した。この中で慰安婦問題に関する日韓の合意を「画期的だ」と位置づけ、「安倍氏は予想以上に、日本の過去と向き合う責任を個人的に受け入れた」とした。悪名高い反日のこの新聞に誉められることは決して日本の「外交的成果」を意味するものではない。錯覚してはならない。

オーストラリアの慰安婦像建立を阻止する運動をおこない成果を上げている運動団体ＡＪＣＮは、世界中のメディアの報道を集めてレポートしている。いかに事実とかけ離れた、謝った言説が広がっているか、絶望的な状況である。

■日本を断罪する言葉の数々

第二に、【多数の女性の名誉と尊厳を深く傷つけた問題】という言葉である。お定まりのこのフレーズを読んだり聞いたりする度ごとに、「では、戦場で祖国のために散華した日本の将兵の名誉」のほうはどうしてくれるのだ、という怒りがふつふつと湧いてくる。日本の将兵はもともと心優しい日本人の男性であり、女性に乱暴をはたらくことなど滅多になかった。

ところが、国連のクマラスワミ報告では、日本兵は朝鮮人慰安婦を拷問にかけ、手足を切断し、肉を茹でて他の女性に食わせようとした、などということがまことしやかに書かれている。私たちの祖先は強姦魔・変質者・殺人鬼という冤罪を着せられたのである。

女性の名誉を傷つけたというのは、要するに売春だからということ以外にない。しかし、そうだとすれば、当時は遊郭が合法的に営業していたのであって、日本国内の遊郭の女性にも日本政府は謝罪しなければならなくなる。そうではなく、戦地で将兵の相手をさせられたことが「名誉と尊厳を深く傷つけた」というのであれば、それは反軍思想を表明しただけである。国家が自国の過去の軍隊について、反軍思想に立って断罪するなど、あってはならないことである。

第三に、【日本政府は責任を痛感している】という表現の問題である。「責任」ということばについては、交渉の過程で、韓国側は「法的責任」と書けと主張し、日本は「道義的責任」という表現にしようとした。話がまとまらないので、単に「責任」とだけ書くこととした、と新聞は内情を伝えている。これで玉虫色になった。双方が都合のよいように解釈できるということである。しかし、そのことは、十二月二十九日付けの産経新聞に西岡力氏がコメントしたとおり、法的責任の意味ではないということが確認されていない、ということでもある。

岸田外相の発言は次のように続く。

【安倍晋三首相は日本の首相として、あらためて慰安婦としてあまたの苦痛を経験し、心身にわたり癒やしがたい傷を負った全ての方々に対し、心からお詫びと反省の気持ちを表明する。】

安倍首相は、個人として慰安婦の境遇に同情することは人間として当然のことであり、それは国家の責任とは別のことであるとして、このフレーズをしばしば、機会あるごとに口にする。

しかし、首相の言葉は、英訳すれば、「慰安婦＝性奴隷」説の立派な傍証となる。外務省の英訳によれば、「あまたの苦痛」は、immeasurable and painful となっており、「計測すら出来ないほどの巨大な」というオーバーな表現になる。「心身にわたり癒やしがたい傷を負った」も、日本語ではあたかも被害者に対する思いやりのあるさらりとした表現のように感じるかも知れないが、英訳は incurable physical and psychological wounds で、これは、「治癒不可能な体や心の傷」となって、まさに奴隷に対する拷問の作り話を彷彿とさせる表現になっているのである。

事実、この決まり文句は、海外でそういう役割を果たしている。海外の新聞がそのために引用する。何しろ、日本国総理大臣が正式に認めているのである。その発言の意味は重い。

■日韓基本条約の一線を越える

第四に、今後慰安婦及び遺族に対するフォローとして、韓国政府が財団を設立し、それに日本政府が10億円もの金を注ぎ込むことになった問題である。

【日本政府はこれまでも本問題に真摯に取り組んで来たが、その経験に立って、日本政府の予算により、全ての元慰安婦の方々の心の傷を癒やす措置を講じる。】

【日本政府の予算により】とわざわざ書いている。かつてのアジア女性基金は日本国民の寄付を募り、慰安婦に渡すという事業だった。ところが、韓国の慰安婦団体・挺身隊問題対策協議会は、国家予算でなければ意味がないとして支給に反対し、元慰安婦の老婆が日本の寄付金を受け取るのを妨害までした。

そこで今回は、日本政府の予算から出すのですよ、ということを強調して、韓国側の言い分をきいたのである。

しかし、この決断は実に重大なことであった。日本と韓国の間の戦後処理としての請求権問題は、一九六五年の日韓基本条約締結時に同時に請求権協定を結び、「完全かつ最終的に」終了した。弱腰の日本政府も、この立場だけは守り抜いてきた。どのようなかたちであれ、1円でも国庫から金を支払えば、世界は日本が従来の立場をかなぐり捨て、自らの非を認めたと認識する。

今度の日韓合意で、日本は請求権協定の取り決めを自ら破った。それによって、日本は、国家による補償が済んでいるとする従来の立場を放棄し、「国家が補償せよ」と迫っていた韓国の運動団体に屈服したのである。安倍首相は村山首相以上のオウンゴールを入れてしまったといえる。

もともと韓国は約束を守ることのできない国であり、日本はその国を対等の相手国として扱ううちに、自分の国も自ら結んだ国際的条約をないがしろにする、法治国家としての三流国家に転落してしまったのではないか。

■「最終的・不可逆的解決」とは

第五に、今回の外相声明で、日韓間の慰安婦問題が、「最終的かつ不可逆的に解決されることを確認する」としたことの意味である。

【以上の措置を着実に実施するとの前提で、今回の発表により、この問題が最終的かつ不可逆

的に解決されることを確認する】

国家間で結ばれた条約を一方の側が反故にすると脅し、金を払って改めて取り決めをするという、やってはいけないことに日本は手を染めてしまった。「完全かつ最終的に解決された」1965年の日韓請求権協定を自らの行動によって覆しておきながら、「最終的かつ不可逆的に解決されることを確認する」というのは矛盾の塊である。これは決して「最終的かつ不可逆的解決」にならないことは断言してよい。

なぜなら、自らの行為が過去の取り決めを破っているのだから、これから何度でも、「最終的かつ不可逆的解決」を繰り返し、その都度日本が金を払うということが繰り返されても、それに対する歯止めは原理的に存在しないからである。

北朝鮮が核兵器を決して手放さないのと同様に、南朝鮮（韓国）は「慰安婦」を決して手放さない。日本から金を脅し取る被害者ビジネスの、これほどうまい話はないからである。日本人はこのことを政府も国民も肝に銘じなければならない。これ以上のお人好しは続けられない。

一体、「慰安婦問題の解決」を日本政府はどう定義するのか。この問題に取り組んで来た人々にとって、「慰安婦問題の解決」とは、慰安婦が性奴隷であった、などの世界中に広がった誤解を解くことである。それに対し、岸田外相が「歴史的で画期的な成果だ」と自画自賛する今回の取り決めの実質的な効果は、しばらく朴槿恵大統領に黙っていてもらうということだけなのだ。当然ながら民間の活動は野放し。彼等の反日活動にとって、日韓合意はほとんど何の影響もない。大統領が替われば元の木阿弥である。この状態を「解決」などと表現するのは、誠におこがましい愚かなことだ。

日本政府の反論の口を縛る取り決め

第六に、ソウルの日本大使館前の慰安婦像について、韓国政府は「関連団体との協議を通じて適切に解決するよう努力する」としたことだ。これまでの報道では、日本政府は韓国政府に対し、この慰安婦像の撤去を交渉の前提となる最低条件として求めるとされていた。しかし、共同記者会見を見る限り、その撤去については、韓国政府は「努力する」としただけで、何の確約もしていない。「努力したけどダメでした」と言われればおわりである。現に韓国の民間運動団体は早手回しに声明を出し、撤去する意思のないことを明言している。

世界に広がる慰安婦像については言及すらされていない。本来、この会談で日本政府が求めなければならなかったことは、世界に拡がる慰安婦像の設置を、韓国政府の主導のもと、すべて撤去させることではなかったのか。今後も世界中で慰安婦像の設置によるディスカウント・ジャパンの活動が継続されることは間違いない。

第七に、【国連など国際社会において、互いに批判・非難をしない】という点も重大だ。韓国側については、民間は政府に制約されないから、尻抜けであってあまり意味がない。逆に日本で、特に日本政府は、慰安婦の誤解に正しく反論することがやりにくくなる可能性が生じる。

現に1月14日、自民党の合同部会で桜田義孝議員が、日本で売春防止法が出来たのは昭和30年代であったことを踏まえ、「それまでは売春婦が職業としての娼婦で、ビジネスだった。それを犠牲者だったかのようにしている宣伝工作に惑わされすぎだ」と発言したことを朝日新聞以下が早速問題発言として報道し、桜田議員は発言撤回に追い込まれた。安倍首相は翌日の国会答弁で、政府・与党関係者は日韓合意を踏まえて発言すべきだとの考えを示した。真実を述べた発言が封殺され、嘘がまかり通る、イヤな時代が再びやって来た。朝日新聞が言葉狩りをし、政府が発言を抑圧する、何十年か前のパタンがまるごと復活しつつあるかのようだ。

それだけではない。2月に予定された国連の女子差別撤廃委員会への日本政府の回答文書は、「批判・非難しない」という文言を口実にして、一度用意した立派な内容を無内容なものに差し替えられてしまった。

■歴史戦・二〇一五年の敗北

安倍総理は、捏造された歴史によって貶められた日本人の誇りを取り戻してくれる指導者であることを自ら自認し、安倍政権は多くの国民の期待を背に受けて誕生した。特に、二〇一五年は、「戦後七〇年」の年であり、様々な形で歴史戦が戦われた年であった。

しかし、日本政府は、外交の場面で、歴史戦に負け続けた。

六月、「軍艦島」世界遺産登録では、「強制労働」を認める大失態をおかした。八月の「安倍談話」では、事実上、日本の侵略を認める文言を世界に発信した。私はそれでも、安倍談話を政権維持のためにやむを得ないこととして受けとめていた。十月には「南京大虐殺」がユネスコの記憶遺産に登録された。

そして極めつけが年末の日韓合意である。これによって安倍政権は、日本の誇りの根幹に関わる、絶対に認めてはいけない最後の一線を越えてしまった。仮に、アメリカから安全保障問題と引き替えにするかのようにして、慰安婦問題を「解決」せよ（つまり、日本が犯罪を認めよ）という圧力をかけられたとしても、国家の名誉を取引材料にしてはいけない。

慰安婦問題について、民間側は多大な努力を重ねてきた。安倍政権も、二〇一四年には河野談話の作成過程に関する調査委員会をつくり、六月二十日、報告書が公表されたが、報告書は、河野談話作成の時点で、強制連行の証拠は全く見つからず、強制連行があったというのは政府の認識ではなかったということを明らかにした。これは河野談話を無意味化する貴重な一歩だっただけでなく、調査が始まると、社長の国会喚問などを恐れた朝日新聞が自ら調査委員会をつくり、八月五日には吉田清治の記事の誤りを認めて取り消すという大転換があった。それにもかかわらず、日韓合意によって、朝日の「落城」以前の状態に逆戻りするかのような状況が生まれた。

■局面を変えたAJCNレポート

ところが、日韓合意を結んだ安倍政権は、その後3週間ほどで、事実上の方針転換をおこなった。その経過を書いておきたい。

オーストラリアの慰安婦像建立を阻止する運動をおこない成果を上げている運動団体AJCN（本書第二章4参照）は、世界中のメディアの報道を集めてレポートした。その内容は次のとおりであった。

AJCNレポート：海外メディアは慰安婦問題日韓合意をどう報じたか？ ―日本人が知らない歴史戦完敗―

2016年1月7日

AJCN代表 山岡鉄秀

性犯罪と幼女誘拐の国、日本

1月2日付でリリースした「AJCNの見解」で報告しました通り、2015年12月28日の慰安婦問題に関する日韓合意を受けて、海外メディアはこぞって「日本がついに戦時中の性奴隷制度を認めて謝罪した」と報じました。その後、数多くの方々から具体的な例を教えて欲しいとの要望を頂きましたので、メンバーで手分けして調査した結果をご報告します。

想像以上の日本非難の洪水に、精神衛生上、非常にきつい作業となりました。もちろん、これは本来、在外公館の仕事です。しかし、外務省は調査をしても一般国民に知らせることはしませんし、結果にフィルタリングをかける可能性もあります。国内のメディアは「報道しない自由」を行使して、ほとんど実態を伝えていません。結果として、「日本国内でしか通用しない議論に終始する」結果に陥ることになります。AJCNは、日本国民に幅広く実態を理解して頂き、先の見解書の中で日本政府にAJCNが求めている適切な対応をしていただくためにもこの声明文第二弾を出すことにしました。

我々が調査した限りでは「日本政府は潔く謝罪した。韓国は受け入れるべきだ」と主張する海外メディアは皆無でした。すべてのメディアに共通しているのは「日本政府がついに性奴隷制度を認めた、その多くは韓国人女性だった」との断定で、これまで日本の民間団体による反論で消えかかっていた20万人強制連行という言葉も亡霊のように蘇っている、ということです。中には、10代のうら若き処女を拉致、強制的に売春させ、果ては殺したというような酷い話まで載っているケースも複数あり、その傾向は時を追って過激度を増しつつあります。最近顕著になっている中国からの「40万人強制連行説」が散見されるのを見ても、日本を悪魔化し、孤立させたい勢力から強力なプロパガンダが行われていることが推測されます。また、案の定、韓国以外の国にも賠償すべきだという論調が目立ちます。以下、海外報道の一部をご紹介します。

2015-12-28 The Guardian (Australia)

日本政府は、女性の性奴隷化に軍が関与していたことを認めた。日本統治下の朝鮮半島で強制的に売春をさせられた女性の数には論争があるが、活動家らは20万人と主張している。1995年には民間によるアジア女性基金が設立され、個人からの寄付を集めたが、多くの女性は「日本政府からの直接の支払いではない」として受け取りを拒否した。わずかに約260名の元性奴隷が各200万円相当の現金を受け取った。

2015-12-28 BBC Web 版（Asia）

第二次大戦中、約20万人の女性が強制的に日本軍兵士相手の性奴隷にされたと推定されている。多くは韓国人だった。岸田外相は記者団に対し、「日本は１９９３年の河野談話を始め、これまで何度も戦時中の性奴隷に関する責任を認めて謝罪して来た」と語った。

2015-12-28 Wall Street Journal (World-Asia)

日韓両政府は、日本兵によって性奴隷として使用された韓国人女性を巡る数十年に渡る論争を終わらせることを目的とした合意に達した。女性の数を確定する資料は存在しないが、主流派の学者は2万人から20万人と推定している。元慰安婦達は、10代の女性が強制されたり、騙されて日本兵向けの慰安所に入れられたと一貫して述べている。

2015-12-30 The Sun (UK)

一日に40人の男とセックスさせられた。ついに日本がおぞましい慰安婦制度について謝罪した。生存者のチョンオクサンは、朝鮮半島北部のハンヨン県の自宅から警官によって誘拐された時、まだ13歳だった。多くの被害者は14歳から18歳だったが、その理由は軍が処女を欲していたからだ。誘拐に抵抗した家族は殺されたケースがあった。

2015-12-30 The Sydney Morning Herald (Australia)

日本軍は大戦中に豪州の領土だったパプアニューギニアでも女性の組織的な性奴隷化を行ったが、戦後の裁判で告訴しそびれている。何十万という実例の証拠があるので、今から豪州や先進国が日本を追及、糾弾して行くべきだ。

2015-12-31 CNN (U.S.A.)

上海師範大学の Su Zhiliang 教授によれば、実際の被害者数は40万人に上り、そのうち20万人は無給で売春を強要された中国人であった。

2015-12-31 Counterpunch (Website)

いわゆる慰安婦制度は、計画的に組織された何十万という若いアジア女性の性奴隷化である。最初は通常の売春だったものが、女性の性搾取を目的とした巨大な産業に成長した。ホロコーストに匹敵する強姦、人身売買、監禁、拷問のシステムであった。

2015-01-01 New York Times, To the editors (U.S.A)

生存者の証言によれば、この残酷なシステムの標的は生理もまだ始まっていない13，14歳の少女だった。彼女たちは積み荷としてアジア各地の戦地へ送られ、日常的に強姦された。これは戦争犯罪のみならず、幼女誘拐の犯罪でもある。

2016-01-03 Ottawa Citizen (Canada)

多くの被害者は14歳から18歳の少女で、軍の狙いは処女だった。抵抗する家族は殺されるケースもあった。41万人の少女や女性が誘拐され、生存者は46人のみ。安倍の謝罪は誠意がなく、安部の妻は戦争犯罪者を奉る神社に参拝した写真を公開している。10億円は生存者を黙らせるための安い賄賂だ。

謝罪は罰を受け入れること

国際社会でうっかり謝罪すれば、許されるどころか、ここぞとばかりに集中砲火を浴びることになります。謝罪すればするほど事態が悪化したという過去の教訓に全く学んでいないと言わざるをえません。

ここ豪州でも豪ビショップ外相は合意を歓迎する正式発表メモの書き出しで次のように述べています。

Australia welcomes the announcement on 28 December by the Governments of Japan and

Korea regarding comfort women. The widespread use of sexual slavery brought great suffering and personal trauma to many women during the wartime period.

「オーストラリアは日本政府と韓国政府が慰安婦問題について合意したとの12月28日の発表を歓迎する。**戦時中広範に行われた性奴隷の使用は、数多くの女性に多大な苦難と個人的なトラウマをもたらした**」

ビショップ外相はSex slaveryの表現を使い、明らかに、日本政府が慰安婦は性奴隷であったと認めたとの認識を示しています。ここで日本の草賀大使が即座に「日本政府は元慰安婦の方々に深い同情と感謝の念を持っていますが、慰安婦は性奴隷ではありません」と訂正しなければ、日本政府はビショップ外相の認識が正しいと認めたことになります。日本大使館の迅速な対応を要望します。

1月6日には、これまで平和だったクイーンズランド州ブリスベン市で、日本領事館の前で日本政府を非難するデモが行われました。

円満な解決も事実検証も興味が無い人々

ＡＪＣＮの活動の中で痛感したことは、韓国側は問題の円満な解決など望んでいないばかりか、事実の検証にも興味が無い、ということです。慰安婦問題を利用して、歴史的に蓄積した民族的鬱憤を晴らすのが目的であり、慰安婦問題が解決したら困るという勢力が存在します。今まで韓国政府は、反日教育を強化しつつそのような勢力を利用、支援しながら、政治に対する不満を日本に向けさせ、慰安婦問題を政治的カードに使って来ました。そういう人たち、政府を相手に、謝罪して和解しようとするのはナイーブも過ぎるというものです。相手は必ず、日本政府の理不尽な要求のせいで円満な解決が不可能になったと言い出すでしょう。韓国や中国に反日を止めさせるには、「この手はこれ以上通用しない」と思わせる以外には不可能です。それを可能にさせるのは「事実」をベースにしたタイミングを逃さない反論です。オバマ大統領は来日時のコメントからも、明らかに韓国側の主張を鵜呑みにしており、今回もその認識に基づいて日本政府に圧力を掛けたと推測されますが、外務省はオバマ大統領に一度でも説明を試みたのでしょうか？

日本政府は今すぐ、「何を認め、何を認めていないのか」を説明、立ち位置を明確にし、韓国の反日は日米豪を離反させたい中国に政治利用されているので、安易な日本批判は中国の覇権主義を利すると、アジア太平洋のステークホルダーである米国と豪州政府に説明すべきです。そして、官民一体となって、迅速に海外メディア対策を実施しなくてはなりません。メディアを放置すると、国民の突き上げを受けた政府が日本に懲罰的な行為を取らざるを得なくなる可能性があります。

国民の覚醒だけが最後の砦

日本はすでに激しい情報戦という名の戦争の渦中にあります。目的のない戦争はありません。日本を犯罪国家として貶め、孤立させ、やがて支配下に置こうと目論む勢力と、まるでその意向に沿うかのように、日本の名誉回復の努力を灰燼に帰そうとする勢力に挟撃されているかのように見えます。平身低頭して、事なかれ主義で経済活動だけに勤しんでいれば良かった時代はとうに過ぎ去りました。この無防備国家日本が、米国の影響力が低減するに伴い苛烈さを増す国際社会で生き残っていけるかどうかは、ひとえに国民の意識の覚醒にかかっていると言っても過言ではありません。政治的妥協の為に、日本を幼女誘拐性犯罪国家と自ら認めることは、「現実優先の政治決断」とは程遠いものです。海外で活動するＡＪＣＮは、そのことを強く日本国民の皆さまにお伝えしたいと思います。（以下略）

中山恭子議員の国会質問

ＡＪＣＮは右のレポートを、各政党や官邸、要路に送った。大きな反響があった。海外の事情に初めて、報道文そのものによって知った人々の中から、日韓合意への評価を見直す声もあがった。なでしこアクションの山本優美子氏は、チャンネル桜の番組収録の機会に、「日本のこころを大切にする党」の中山恭子代表に、資料を渡した。これが、1月18日の、参議院予算委員会における質問につながった。

○**中山恭子君**　日本のこころを大切にする党の中山恭子でございます。
昨年十二月二十一日に党名を日本のこころを大切にする党、略称、日本のこころと改めました。（中略）さて、党名変更の一週間後、十二月二十八日、日韓外相共同記者発表がありました。発表文を読んでびっくりし、日本のこころを大切にする党代表としての談話を出しました。皆様の机上に配付してございます。（中略）
共同記者発表では、慰安婦問題は、当時の軍の関与の下に、多数の女性の名誉と尊厳を深く傷つけた問題であり、日本政府は責任を痛感している、全ての元慰安婦の方々の名誉と尊厳の回復、心の傷の癒やしのための事業を行うとしています。

この共同記者発表では、元慰安婦の方々の名誉と尊厳の回復の代替として、日本のために戦った日本の軍人たちの名誉と尊厳が救いようのないほどに傷つけられています。さらに、日本人全体がけだもののように捉えられ、日本の名誉が取り返しの付かないほど傷つけられています。（中略）

○**中山恭子君**　今回の日韓外相共同記者発表の直後から海外メディアがどのように報道しているか、今朝、宇都委員の質疑でも取り上げられましたが、紹介いたします。
お手元に配付してある資料、なでしこアクション代表の山本優美子さんが取りまとめた日韓合意直後の主な海外メディアの報道の一覧表です。オーストラリア のザ・ガーディアンは、日本政府は、女性の性奴隷化に軍が関与していたことを認めた。また、ニューヨーク・タイムズでは、戦争犯罪の罪のみならず、幼女誘 拐の犯罪でもあるなどと書かれています。BBC、そのほか米国、カナダでも極めて歪曲した報道が行われています。この中から、ザ・サンの報道のコピーをお 手元に配付いたしました。両外務大臣の写真が載っているものでございます。このものは、いつでも、誰でもパソコンから引き出せます。

日本が軍の関与があったと認めたことで、この記者発表が行われた直後から、海外メディアでは日本が恐ろしい国であるとの報道が流れています。日本人はに こにこしているが、その本性はけだもののように残虐であるとの曲解された日本人観が定着しつつあります。今回の共同発表後の世界の人々の見方が取り返しの 付かない事態になっていることを目をそらさずに受け止める必要があります。（中略）

○中山恭子君　今の外務大臣のお答えだけでは、今ここで、世界で流布されている日本に対する非常に厳しい評価というのが払拭できるとは考えられません。明快に今回の軍の関与の意味を申し述べていただきたいと思っております。

安倍総理は、私たちの子や孫、その先の世代の子供たちにいつまでも謝罪し続ける宿命を負わせるわけにはいかないと発言されています。私も同じ思いでござ います。しかし、御覧いただきましたように、この日韓外相共同記者発表の直後から、事実とは異なる曲解された日本人観が拡散しています。日本政府が自ら日 本の軍が元慰安婦の名誉と尊厳を深く傷つけたと認めたことで、日本が女性の性奴隷化を行った国であるなどとの見方が世界の中に定着することとなりました。

今後、私たちの子や孫、次世代の子供たちは、謝罪はしないかもしれませんが、女性にひどいことをした先祖の子孫であるとの日本に対する冷たい世界の評価 の中で生きていくこととなります。これから生きる子供たちに残酷な宿命を負わせてしまいました。安倍総理には、これらの誤解、事実に反する誹謗中傷などに 対して全世界に向けて正しい歴史の事実を発信し、日本及び日本人の名誉を守るために力を尽くしていただきたいと考えます。

総理は、この流れを払拭するにはどうしたらよいとお考えでしょうか。御意見をお聞かせいただけたらと思います。

○**内閣総理大臣（安倍晋三君）** 先ほど外務大臣からも答弁をさせていただきましたように、海外のプレスを含め、正しくない事実による誹謗中傷があるのは事実でございます。

性奴隷あるいは二十万人といった事実はない。この批判を浴びせているのは事実でありまして、それに対しましては、政府としてはそれは事実ではないということはしっかりと示していきたいと思いますが、政府としては、これまでに政府が発見した資料の中には軍や官憲によるいわゆる強制連行を直接示すような記述は見当たらなかったという立場を辻元清美議員の質問主意書に対する答弁書として、平成十九年、これは安倍内閣、第一次安倍内閣のときでありましたが閣議決定をしておりまして、その立場には全く変わりがないということでございまして、改めて申し上げておきたいと思います。

また、当時の軍の関与の下にというのは、慰安所は当時の軍当局の要請により設営されたものであること、慰安所の設置、管理及び慰安婦の移送について旧日本軍が直接あるいは間接にこれに関与したこと、慰安婦の募集については軍の要請を受けた業者が主にこれに当たったことであると従来から述べてきているとおりであります。

いずれにいたしましても、重要なことは、今回の合意が今までの慰安婦問題についての取組と決定的に異なっておりまして、史上初めて日韓両政府が一緒になって慰安婦問題が最終的かつ不可逆的に解決されることを確認した点にあるわけでありまして、私は、私たちの子や孫、そしてその先の世代の子供たちに謝罪し続ける宿命を背負わせるわけにはいかないと考えておりまして、今回の合意はその決意を実行に移すために決断したものであります。

○中山恭子君　総理の今の御答弁では、この日韓共同記者発表での当時の軍の関与の下にというものは、軍が関与したことについては、慰安所の設置、健康管理、衛生管理、移送について軍が関与したものであると考え、解釈いたしますが、それでよろしゅうございますか。

○内閣総理大臣（安倍晋三君）　今申し上げたとおりでございまして、衛生管理も含めて設置、管理に関与したということでございます。

○中山恭子君　総理から明確なお答えをいただいて、少しほっとしたところでございます。この後、全世界に向けてこの旨をしっかりと伝えて、日本に対する曲解を解いていくために私たちも努力していきたいと思っておりますし、政府の方々も是非お力を入れて、国を挙げて日本の名誉を守っていただきたいと思っております。

短期的なその場しのぎの日本外交が、真の意味で日本の平和をもたらすとは考えられません。歴史の事実に反して日本人についての曲解された見方が世界中に伝わり、日本に対する信頼が損なわれたことの方が長い目で見ていかに大きな損失になるか、申し上げるまでもないことです。

日本の名誉を守ることは日本人自らしかできません。米国など他の国にとって、日本の名誉などどうでもよいことです。しかし、日本が軍事力で平和を維持するのではなく、日本の心や日本の文化で平和を維持しようとするとき、日本に対する海外の見る目、海外の評価はとても大切です。子供や孫、次の世代の子供たちが、あなたの先祖はむごいことを平気でやった人たちだと事実でもないのに罵られるような事態を私たちが今つくってしまったことを大変情けなく、無念なことと思っています。

曲解を招くような外交、日本をおとしめるような外交は厳に慎むべきと考えます。これを挽回するための対応を私たちは直ちに取らねばなりません。政府にもその旨を要求して、質疑を終わります。

■安倍政権の方針転換の意味

安倍総理は、北による拉致問題でともに汗を流した中山氏に対し、民主党の議員の質問に対するような流儀で答えることは、さすがにできなかったのであろう。ここは腹をくくって、誠意をもって答えようと構えた。その結果、総理はきわめて重要なことを述べた。右の議事録にあるとおり、慰安婦問題における日本非難の3点セット、すなわち、「強制連行」、「20万人」、「性奴隷」について、世界のマスメディアのなかに、事実に基づかない「誹謗・中傷」があり、「政府としてはそれは事実ではないということはしっかりと示していきたい」と答えている。

これは事実上の日韓合意路線の転換である。日韓合意で、日本政府は慰安婦問題の中身に立ち入った反論はしないようになることが想定されていたはずである。それをやぶったのである。外務省当局は、韓国側が合意を日本側が破ったとして問題化するのではないかと気が気でない思いで答弁を聞いていたかもしれない。

しかし、この18日の質疑こそ、国政の場で、民間団体のまとめた情報が、確実に政府の方針を変える力となったことを示している。

ただし、最初から日韓合意を手放しで評価する立場からは、1月18日の国会質疑の画期的な意味は理解出来ないであろう。

萩生田官房副長官は1月下旬、事実関係の反論は、韓国政府への批判にはあたらない、として政府の立場を補強した。

こうした流れを受けて、2月16日のジュネーブでの女子差別撤廃委員会での杉山外務審議官の報告にいたるのである。この間の政府答弁書をめぐる攻防は、次の杉田水脈さんの報告を読んでいただきたい。

2

国連・女子差別撤廃委への日本政府回答書をめぐる攻防

杉田《すぎた》 水脈《みお》

■絶好の機会到来

ジュネーブの国連女子差別撤廃委員会（CEDAW）で2月15・16日、日本軍の慰安婦問題について、画期的な進展がありました。

本書第4章に書いた通り、CEDAWは昨年夏、日本政府に対し、《「慰安婦の強制連行を証明するものはなかった」との報告を受けた。見解を述べよ》との質問書を出しました。

CEDAWをはじめ国連の各委員会はこれまで繰り返し、「慰安婦は性奴隷」といった虚構に基づいて日本政府を批判し、さまざまな要求を突きつけてきました。しかし、わが国外務省は、「強制連行は確認されていない」という事実に基づく反論はしてきませんでした。代わりに、「(元)慰安婦の女性たちに)哀悼の意を表明してきた」「アジア女性基金(ＡＷＦ)を設立し、償い金をお渡しした」といった殊勝な言葉を繰り返し、その場しのぎの謝罪で切り抜けてきたのです。

不当な批判を認めるかのようなこの外務省の姿勢が、韓国や国内反日勢力の慰安婦をめぐる嘘が国際社会に拡散するのを後押しし、各地で慰安婦像が設置されるのを許してきたと言っても過言ではありません。

そもそも「性奴隷」なる悪質なレッテルが世界中に広まったのも、１９９６年に国連人権委員会に提出されたクマラスワミ報告がきっかけでした。外務省はこのとき、同報告書の内容を「極めて不当」「歴史の歪曲に等しい」「受け入れる余地は全くない」ときっぱりと否定する反論書を一旦は提出しながら撤回しています。

昨年以降、こうした状況を「もう看過できない。外務省がダメなら、われわれ民間人が立ち上がろう」と考えたなでしこアクション会長の山本優美子さんや私たち有志が、ジュネーブに足を運び、「強制連行」や「性奴隷」といった慰安婦をめぐるデマに反論してきました。その結果出されたのが、昨年のＣＥＤＡＷの質問書です。政府の回答によっては、慰安婦問題についての国連の認識を大きく正すことができる絶好の機会が訪れたわけです。

1分間のスピーチ

CEDAW第63回セッション（本セッション）で、日本についての検討会が開催されたのは、2月16日ですが、その前日の15日、ワーキングミーティングと称する会合が開かれました。これは、日本の民間団体（NGO）が、提出されている日本政府の回答について、CEDAWの委員に対し、日本政府への質問事項を要望する場です。委員は、NGOの意見をもとに、翌日、日本政府代表団に質問と聞き取りを行うのです。

私となでしこアクションの山本さんは、このワーキングミーティングでそれぞれ1分間の発言時間を与えられました。二人は英語で発言することにしました。日本からはNGOの8団体が参加していて、規模の大きい団体の発言者には4～5分間の発言時間が与えられました。会場には多くの日本人が詰めかけ、入りきれない人もいました。

私の発言は以下の通りです。

●杉田水脈発言

「日本政府は『日本政府が発見した資料の中には、軍や官憲によるいわゆる《強制連行》は確認できなかった』と（CEDAWの質問書に）回答しました。一方、クマラスワミ報告には『20万の韓国女性が強制的に性奴隷にされた』と書いてあります。よって、委員会は日本政府に、この明らかな矛盾について明確にするように質問してください」

山本優美子さんは次のように発言しました。

●山本優美子発言

「2014年の自由権規約委員会111セッションで、日本政府は『（慰安婦は）性奴隷との表現は不適切』と表明しました。よって、委員会は、戦時中に日本軍・政府が韓国の若い女性を性奴隷化したかどうか明確にするよう、日本政府に質問してください。第二に昨年、日韓合意で、日本は『心からのお詫び』を表明しました。よって委員会は『お詫び』の意味、つまり『当時の軍の関与』とは正確に何であったのかを日本政府に確認してください」

日本政府が我々の質問に答え、この問題の真実をしっかりと訴えるかどうか。期待が高まりました。

■オーストリアの委員が質問

2月16日、本セッションが始まりました。日本政府からは6省庁（外務省、内閣府、法務省、厚生労働省、文部科学省、警察庁）の職員が出席しました。

冒頭、約20分にわたり日本政府代表団団長である杉山晋輔外務審議官より概要説明が行われました。この中で慰安婦問題については、次のように短く触れただけでした。

「日本は女子差別撤廃条約に、1985年に締結した。従って、85年以前に起こっている慰安婦問題を取り上げることは適切ではない」

この発言を聞き、正直不安になりました。慰安婦問題はこの一言で終わってしまうのではないか？　そして我々は永久に国際社会における発言の場を失うことになるのではないか。

しかし、その思いはいい意味で裏切られました。

オーストリアのホッフマイスター委員（女性）が慰安婦問題について質問をしました。

「慰安婦問題は人権違反である。被害者は未だ納得していない。二国間の合意が昨年の12月になされたが、どのように実行するつもりなのか。また、日本政府は中国やフィリピンなどの他の国の被害者にはどうするつもりなのか。被害者への保証や加害者の訴追や日本の軍当局の責任追及はどうするのか。日本の歴史教科書の改訂はするつもりがあるのか。被害者への賠償や精神的なリハビリを行う用意があるのか」

杉山審議官、日本の真実を語る

この質問に対し、杉山晋輔外務審議官が次のように、はっきりと日本の真実を答弁されたのです。

●杉山審議官の発言（2016年2月16日）

「政府は歴史問題が政治外交問題化された1990年以降、強制連行の有無についての調査を行ったが、これを確認できるものはなかった。

これが広く流布された原因は、吉田清治氏（故人）が本の中で、済州島において自らが日本軍の命令で、大勢の女性狩りをしたという虚偽を述べたことによる。朝日新聞はこれを大きく報道し、国際社会に多大な影響を与えた。しかし、これは彼の完全な想像の産物である。朝日新聞はこの事実関係の誤りを認めた。

20万人という数字に裏付けは無い。20万人という数字の元は、朝日新聞が女子挺身隊と慰安婦を混同したことによる。女子挺身隊とは、労働提供であり性の相手ではない。

また、性奴隷という表現は事実に反する。

日韓合意で日本政府は今後、10億円を提供する。これで元慰安婦の心の傷をいやすための事業を行うことにしている。

他の国についても、サンフランシスコ講和条約や各々の二国間条約で個人の請求も含めて法的に解決済みである」


この内容は、外務省が昨年の十一月段階で、国連に提出しようとしていた原案とほぼ同じです。

ただし、クマラスワミ報告書の否定が杉山審議官の発言では省かれています。

国連の場で、日本政府が「強制連行、20万人、性奴隷」を否定したというのは大きな前進です。

■中国ゾウ委員の質問に毅然と回答

この回答を聞いて、委員の皆さんは驚いたようです。

中国の女性委員ゾウ氏は次の質問をしました。


「日本政府の回答は矛盾している。歴史の事実に反する。慰安婦問題を否定しているのに、一方では日韓合意を認めている。もし、慰安婦問題がないのであれば、なぜ日韓合意をする必要があるのか」


委員が疑問に思うのはもっともです。今まで一度も国際社会で反論も否定もせず謝罪を繰り返してきた日本政府が、いきなり、これまでの彼らの思い込みを否定したのですから。

ゾウ委員の質問に対して、杉山審議官は毅然とした態度で答えました。

「歴史の否定というご発言は事実に反する。強制は裏付けなし。軍の関与というのは、設置、移送、医療提供である。20万人は誤り。性奴隷も事実に反する。ゾウ委員のご意見は、いずれの点においても受け入れられない。事実に反することを発言していると言わざるをえない」

「軍の関与」については1月18日の参議院予算委員会で安倍総理が答弁しましたが、その内容を用い、逆に委員を叱責したのです。

遅きに失した感はありますが、この日の答弁だけを見ると満点に近いと私は思いました。

外務省が国連回答書を作成

女子差別撤廃委員会への日本政府の回答については、２０１５年７月にＣＥＤＡＷより質問を受けてから、二転三転、紆余曲折の経過がありました。

２０１５年８月、帰国後に委員会から日本政府への質問書の存在を知った私は、官邸や外務省などへの取材を始めました。11月には、日本政府の回答書に「朝鮮半島において慰安婦の強制連行を裏付ける証拠はなかった」とする政府の立場を盛り込む方針で調整されていると聞き、慰安婦の強制連行を明確に否定する回答書になることを期待しました。

ところが、実はこの時、回答書を巡って、外務省内でかなり混乱があったようなのです。

本来のＣＥＤＡＷへの提出締め切りは11月6日でした。私が11月の初旬に確認すると、「11月13日（第2週の週末）までには提出する」との答えがありました。ところが、第3週になって再び尋ねると、「官邸との調整が済んでいない。実は外務省から官邸にまだ提出できる状態ではない」と言われ、作業が遅れている印象を持ちました。

不安になりましたが、その後、回答書作成の作業関係者から回答は概ね「期待通り」の内容となったと聞き、11月末にはＣＥＤＡＷに提出されたとの情報を得て、安堵していました。

日韓合意への疑問

２０１５年の年の瀬も押し迫った12月28日、慰安婦問題をめぐる日韓合意のニュースが飛び込んできました。

私はソウルで合意について発表する岸田文雄外務大臣の記者会見を聞き、直ちに次の2点の疑問を持ちました。

①なぜ、「軍の関与の下」という言葉を入れたのか？
②「国連等国際社会において（日韓が）互いに非難・批判することは控える」とはどういう意味か？

1点目の「軍の関与」。この内容を明らかにせず使用したため、全世界に以前よりもひどい内容の報道があふれました。また2点目についてですが、「国連」は、そもそも政府が自発的に発言する場ではありません。慰安婦問題などを扱う国連人権理事会傘下の各委員会は、各国の民間団体（NGO）から意見を聴取し、その国の政府に回答を求める仕組みです。まだまだ人権が確立されていない国も多く、政府にモノが言えない住民に代わって国連が意見を言うという趣旨です。

我々には理解しがたいことですが、国連の委員は「民間人は善、政府は悪」という考えで委員会を運営します。政府は聞かれたことに答えるだけの立場なのです。

日韓両政府間の合意において、政府が自発的に発言できない場である「国連」という言葉をなぜ入れたのか？

実際に国連の委員会に参加して気付いたのですが、そこで発言しているのは日弁連や、日本女性差別撤廃条約NGOネットワークといった左派系の団体でした。我々が国連で発言するまでは彼ら左派系団体の独壇場だったのです。

独壇場を崩された左翼団体と外務省の焦り？

２０１５年から始まった私たちの国連委員会での発言で、独壇場を奪われた格好の左派系団体はとても焦っています。そして、今まで波風を立てず、その場しのぎを続けていた外務省も同じように焦っているのではないでしょうか。その焦りが日韓合意の中に「国連」と明記するに至った原因ではないかというのが、私の考えです。

国際社会で定着した慰安婦問題の虚構を突き崩そうと動き出した保守系民間団体を牽制することで、国連での激しい議論になるのを阻止し、自分たちが慰安婦問題にこれ以上関わらずにすむよう防御線を張ったのではないか。そのために、わざわざ「国連での非難、批判を控える」としたのではないかと思えてなりません。

政府や外務省が、国連で日本を貶めてきた左派系団体と協調し、保守側を牽制しているのではないかという不信の念を抱くのには理由があります。ＣＥＤＡＷへの政府回答書は、各省庁からの報告が取りまとめられた後、内閣府の監視専門調査会で監査が行われます。

ところが、監査にあたる有識者の多くが、実はこの国連の委員会に出席していた民間団体のメンバーなのです。もちろん調査会には外務省の担当者も参加しています。左派系民間団体と政府、外務省との蜜月関係を疑いたくなるような状況なのです。

■政府と左翼NGO癒着は終わる

また、内閣府が2月4日、東京で開催した「第4次男女共同参画基本計画及び第7・8回報告審査に関する女子差別撤廃委員会からの質問事項に対する回答等について聞く会」に出席した方の話を聞き、不信はさらに強まりました。

2016年3月の国連・女性の地位向上委員会（CSW：ニューヨーク）会合のサイドイベントとして、日本政府と日本女性差別撤廃条約NGOネットワークが公式イベントを共同開催するというのです。テーマは主に女性が直面する経済格差ですが、慰安婦問題についても言及するというのです。日本政府と左翼系NGOの蜜月状態がここまで来ているのかと正直驚きました。

ちなみに、この「聞く会」はこれまでも何度か開かれていますが、左派以外の人々が参加することはほとんどありませんでした。誰でも参加できるのですが、広報がほとんどなされていないため、特定の団体に占拠された状態になっていたのです。今回も内閣府は積極的な広報はしていませんでしたが、情報を知ったなでしこアクションなど慰安婦問題で日本の名誉を守るための活動をしている団体が広く参加をインターネットなどで呼びかけたのです。

その呼びかけに応じた人たちは、人数では左派系団体に負けていましたが、しっかりと発言をし、賛同の拍手も多かったそうです。その発言の一部を紹介します。

○日本では奥さんのことを「かみさん」と呼ぶ。これは「神様」の意味。これは男尊女卑か？

○グローバル化の良い面は取り入れればいいが、それぞれの国に伝統文化がある。それを壊す必要があるのか？

○女性が進出すると危険な職場も存在する。すべての職場で男女平等は無理ではないか。

○これまで、災害の時には女性や子供を先に助けた。男女平等によってどう変わるのか。

もう、政府と左翼ＮＧＯのなれあい運営は通用しなくなりつつあります。

■日韓合意を根拠に回答書を差し替え？

慰安婦問題での日本政府回答書が議論されるＣＥＤＡＷのセッション開催が迫っていた1月末、衝撃的な情報が飛び込んできました。

《11月末に提出されていたと思っていた回答書が実は提出されていなかった》というのです。

このことについては2月1日付の産経新聞でジャーナリストの櫻井よしこ氏がコラム「美しき勁き国へ」で詳しく報告されていますが、私の把握した経緯もほぼ同じです。

当初の回答書は、朝日新聞が誤報を認めたことを説明し、吉田清治氏の「慰安婦狩り」証言は嘘であり強制連行を示す証拠は存在しないこと、慰安婦と挺身隊と混同したために20万人という数字が出てきたことをはっきりと記述。クマラスワミ報告書についても「一方的で裏打ちのない内容が記載され」ていると反論している内容でした。韓国が世界にばらまいてきた「20万人を強制連行し、性奴隷にした」という嘘を明確に否定していたのです。

ところが、昨年末の日韓合意の後、それが「国連等国際社会では非難、批判し合わない」といった合意内容をそのまま記した文章に差し替えられようとしていた——とのこと。

それに対し官邸筋が異を唱え、「強制連行を示す書類は見つかっていない」という短い文章をなんとか付け加えた回答書が提出されたのです。

回答書が差し替えられた経緯の詳細は現在もわかっていません。国連のＨＰに英文で公表されている政府の回答書の最後には、

[Note] The replies in this document（except Question ９）are as of December 8, 2015.

とあります。12月８日付でもともとの回答書を提出して、日韓合意の後に９（慰安婦問題の部分）を書き直して再提出したのか、元々の回答書は送ってなかったのか。そして現在公表さ

れている回答書はいったいいつ提出されたのか。経緯を調べるため、現職国会議員の方に協力を求めています。

第六章

露わになった「国連の正体」と今後の展望

国連人権理事会の議長で、韓国の崔京林（チェ・ギュンリム）大使（右）。

1

国連人権理事会に乗り込んでわかったこと

藤木《ふじき》　俊一《しゅんいち》

裏方に徹して

慰安婦の真実国民運動（以下、国民運動）の国連「調査団」「派遣団」を含めてフル参戦しているのは、メンバーの中では私のみである。常に国連でスピーチをするメンバーのサポートに回り、スピーチ原稿の作成や翻訳、現地での国連職員や委員とのやりとり、交渉、通訳、海外メディアのインタビュー対応、情報記録、発音の練習、時にはボディガード役などの裏方仕事に徹してきた。

国連の委員会などで、２分間のスピーチをするよりもある意味神経を使うのが、この準備や裏方仕事なのだ。チケットの手配や空港、ホテルでの問題など、海外の諸事情を詳しく知っていなければならない。幸い私は若い頃から貿易やコンサルティング業務で30年近く世界各国を行き来していたので、そのあたりの事情には明るいために自ずとこの裏方仕事を行ってきた。

日本と常識の違う海外では、日本においては普通のことでも海外ではあり得ないことと言うことが多くある。また、様々な問題に巻き込まれる可能性がある。これらをメンバーに伝えたり、予防したり問題が起きれば解決したりするのも役割のひとつだ。

国民運動が主に扱うのは慰安婦問題。性の問題であるために、男性が扱うよりも女性が扱う方が良いとの判断で、当初より、なでしこアクションの山本優美子代表や杉田水脈（みお）前衆議院議員が実際のスピーチを行なってきた。

国連人権理事会で発言する藤木俊一氏（左上）。

従来は左翼の言いたい放題が通用していた国連であったが、我々国連派遣団が国連に通い始めて、左翼や日弁連などが国連で繰り広げてきた反日プロパガンダが拡散しにくくなっているのは事実のようだ。

慰安婦問題は、人権関連の5つの委員会と人権理事会で取り上げられ、それぞれに日本政府に対する勧告などが出ている。これが意味するのは、「反論がなければ嘘でも既成事実化してしまう」という恐ろしい理屈であり、それを上手く利用してきたのがいわゆる「人権屋」と言われる弁護士や組織だ。

「反論がない＝事実」であるとされるため、我々は、その全てに対して反論を行っていかなければならないということになる。この5つの委員会、理事会で最低でも毎回、反論していかなければならないわけだ。左翼は慰安婦問題でも、すでに22年前から国連で活動をしている。

これを覆すのは並大抵のことではない。我々国民運動は、2014年から国連に派遣団（当初は調査団）を送り始めたわけなので、左翼側や国連からは容易に「歴史修正主義者」というレッテルを貼られてしまう。まず、歴史を修正したのは我々ではなく、左翼であることを訴えるしかないわけだ。そのために資料を作り委員会に提出して、真実の慰安婦問題を伝えていかなければならない。慰安婦問題では、日本は息絶え絶えの重篤な状態である。まずは、真実という気道を確保し蘇生するしか方法がない。

左翼側は、毎回のように各委員会で慰安婦問題を取り上げ、日本政府の対応を批判し、謝罪しろ、賠償しろ、教科書に記載しろという。これを切り崩さなければならないのは至難の業である。しかし、何もしなければ全てを認めたことになるのが国際社会の常。

■国連人権理事会に単身乗り込む

そこで、2016年2月11日に行われた国連人権理事会には私が単身で乗り込み、戸塚悦朗氏の仲間である東京造形大学の前田朗教授の発言へのカウンターのために理事会で発言をした。

別々に異なる意見がある場合は「論争中」となり、理事会もすぐには結果が出せない。要するに裁判と同じである。従来は、このような場合は、カウンター側（我々）がいなかったために、欠席裁判同様に左翼側の発言が全て正しいとされて、日本政府に対して改善勧告などが次々と出されてきたわけだ。

前述のように、私はスピーチをする女性たちの裏方仕事をしてきたが、全ての委員会や理事会を彼女たちだけに任せるには負担が重すぎるために、今回は単独で行くことにしたのだ。

このときの私の発言内容の全文を以下に掲載する。

〈タイトル〉

Issue of Military comfort woman

慰安婦問題

Thank you very much Mr.Chairman.

議長、有り難う御座います。

The Japanese delegation addressed the 63rd UN Committee on the Elimination of Discrimination against Women held on the 16th of February this year.

日本政府代表団は、2月16日に行われた第63会期　国連女子差別撤廃委員会で発言しました。

The Japanese government addressed mainly indicated three points to the committee.

日本政府は主として3点に関して発言しました。

・They could not find any evidence that the Japanese authorities forced Korean women into sexual slavery after a full scale investigation.

大規模な調査をしても、日本の官憲による韓国人女性を強制的に性奴隷にした証拠は見つからなかった。

・The figure of 200,000 women, which has been widely reported, has no concrete evidence.

広域に拡散された20万人という数字には、全く証拠がない。

・The term "sex slave" is contrary to the facts, because they were well paid prostitutes according to the US Prisoners of War interrogation report No. 49 issued in 1944 and many others.

性奴隷とは事実とは真逆で、米国の捕虜尋問調書 No.49 やその他多くの資料においても、彼女たちは高給取りの売春婦と記述されている。

On the 28th of December last year, Japan and South Korea came to a conclusion to close this contentious issue between the two nations. Both nations agreed not to bring up the comfort women issue any more.

昨年12月28日に日本と韓国は2国間の懸案であった慰安婦問題を解決することで合意した。両国とも慰安婦問題を今後持ち出さないことに合意した。

However, there is a major instigator in Korea that keeps bringing this issue up.

This organization is called "Jeong Dae Hyeob," meaning "Alliance for the countermeasure of women volunteer workers corps issue" in Korean language, which has nothing to do with the comfort women issue even from its name.

しかしながら、慰安婦問題における主な扇動者が何度もこの問題を持ち出してきます。

この組織は、「挺対協」と言い、韓国語では、韓国挺身隊対策協議会という意味で、これは、慰安婦問題とは名前からして関係ありません。

Furthermore, this organization intentionally misleads the public outside Korea by incorrectly translating its name as "The Korean Council for the Women Drafted for Military Sexual Slavery by Japan" in English.

さらにこの組織は、韓国以外の世界に向けては、その名前を英語で「日本により強制的に徴用され性奴隷にされた女性の協議会」としています。

The reason is to fabricate the purpose of the organization and to make those women look as pitiful as possible to raise money.

このように（海外に対して）捏造する目的で、その女性たちをお金のためにできるだけ哀れにみせる為です。

They have been dragging self-proclaimed former comfort women to several places including Europe, the USA, and Japan to testify what the organization has trained them to say.

彼らは、自称元慰安婦の女性たちを欧州、米国、日本などに連れ回し、組織が教え込んだことをしゃべらせています。

Their testimonies have changed several times and the story line is getting more pathetic each time.

証言は何度も変化し、話の筋がどんどん馬鹿げた話になっています。

Some of them said, "I was dragged into a jeep by Japanese soldiers, we were especially busy during Christmas time, and I could not communicate with the driver because I could not speak English, etc."
「私は兵隊にジープに引きずり込まれ、クリスマス時期には忙しく、運転手とは英語が話せなかったために会話ができなかった」と言っている元慰安婦もいます。

Even in these short statements, there are three errors.
この短い話のなかで、3つのエラーがあります。

・Japan did not have jeeps at that time,
日本にはジープはありませんでした。

2. Japan was/is not a Christian nation so there is no holiday for soldiers during Christmas time, and
日本は過去も現在もキリスト教国家ではないので、クリスマス期間中に兵士たちは休みではありませんでした。

3. Japanese soldiers did not speak English.

兵士たちは、英語はしゃべりませんでした。

Recently two former comfort women testified in Japan. One of them said, "Japan made Korea a sea of flames." Although they were considered Japanese citizens at that time and there was no need for Japan to raze their own soil, they testified to what they have not experienced because of the organization.

最近、日本に2名の元慰安婦が来ました。その内の1人が、「日本が韓国を火の海にした」と言いましたが、彼女らは当時日本人であり、日本は自国の領土を破壊する必要などありませんでした。彼女らは、経験していないことを組織のために証言しているのです。

In 1996, UN Special Rapporteur Ms. Radhika Coomaraswamy made a report on this issue, which was based on these fabricated stories and testimonies.

Ms. Coomaraswamy was deceived by those who wanted to turn this issue into money for themselves and to criticize Japan.

１９９６年に国連の特別報告者が、この問題についてこれらの捏造された話と証言を元に報告書を作りました。
クマラスワミさんは、この問題をお金と日本叩きに利用しようとしていた人たちに騙されたのです。

Since the grounds for the argument in the Coomaraswamy report has been disproved, we request the UN Human Rights Council to conduct a further investigation with the Japanese government and to repeal the Coomaraswamy report or submit a new report based on the facts, not fabrication.

クワラスワミ報告書に書かれているこの論争の論拠がなくなったので、国連人権理事会は日本政府とさらなる調査をし、クマラスワミ報告書を破棄するか、新たな報告書を作成して下さい。

Thank you Mr. Chairman.

議長、有り難う御座いました。

ここで、注意しなければならないのは、決して無能な国連を悪者にしないということである。クマラスワミ報告書を書いたラディカ・クマラスワミ特別報告者を責めるのではなく、調査段階で関与した自称元慰安婦や日弁連、その他による不正確な報告や証言がなされたことをこちら側の証拠とともに追及し、反日左翼と国連のマッチポンプの関係に楔（くさび）を打ち込む必要がある。

露わになった独裁国家と自由主義国家の落差

この人権理事会で非常に面白いことが起きたので、紹介したい。

私の発言のいくつか前にUnited Nations Watch（国連監視団）というＮＧＯが発言を行った。

このＮＧＯの説明によれば、人権理事会の前に20団体程度の各国のＮＧＯを集めて現在の各国政府による人権弾圧の状況の聞き取り調査をしたそうだ。

人権理事会でのＮＧＯの発言時間は2分である。

はじめの1分半くらいまでは、このＮＧＯが行った聞き取りを被害者の実名を挙げて報告した。その後にいきなり「この人権侵害が行われている国々は、人権理事会の理事たち、あなたたちの国における人権侵害の状況だ」と明かし、理事の人事がおかしいことを暗に示した形となった。

そこで、自国の人権侵害を明かされたキューバの代表で理事が、机を叩きはじめ"Point of Order"と発言を遮った。

この"Point of Order"とは、会議の規則に従っていないと思われる場合に理事が発言を遮ることである。そして、このキューバ代表の理事は、「ＮＧＯには国連人権委員会の人事に関して意見を述べる資格はない」と語気を荒げた。

韓国人の議長は、これを受けて、各国から参加している人権理事会の理事達の意見を、一人ひとり聞いていった。

中国代表、ベネズエラ代表、ロシア代表などが、このキューバの"Point of Order"を支持する意見を述べたが、米国、カナダなどの自由主義国は、「このＮＧＯは正規の手続きを経てここで発言しているので、意見に同意できない部分もあるかも知れないが、発言は継続させるべきだ」とした。


これに対して、キューバ代表の理事は、韓国人議長に対して、「このＮＧＯは、この会場にいる人たちや、議長、あなたを馬鹿にしているんだ。発言をさせるな」と何度も噛みついた。

しかし、この韓国人の議長は、キューバ代表に対して「それは、あなたの個人的な意見だ」

と一蹴。ＮＧＯは、発言を続けることができた。残り5秒くらいのところで、このＮＧＯは、"You can sensor your home but you can't sensor United Nations."（君は自分の家（国）の中を検閲することはできても、国連を検閲することは出来ない）と吐き捨てた。この発言で、会場は拍手の渦に包まれた。そして、このキューバ代表の理事は、会議途中でその場を去って行った。

このＮＧＯの勇気ある発言には、各国のＮＧＯも「そうだ！」と声を上げげた。これは、国連が如何に無能であるかを示しているのと同時に、多くのＮＧＯが国連に対して強いフラストレーションを感じていると言うことだ。さらに、ここで明確に言論弾圧国家がどこであるかが示された格好になった。国連改革論が取りざたされて久しいが、未だに各国の利権のために動いていることは否めない。

さらにここで考えられるのは、このＮＧＯに対し、言論弾圧が常である中国やその他の国からの圧力だ。場合によっては、ＮＧＯの協議特別資格を剥奪される可能性もある。それだけ、ＮＧＯ側も必死だというわけだ。

日本はマゾヒスト国家か？

すでに何度も国連へ通っている私は、国連内のメディア数社とも顔見知りになって、会うたびに話をする関係ができている。その中の1人が、「日本は大規模な代表団をここ国連に送ってきて、真摯に対応しているが、そんな国は他にはない。この強制力も無い委員会になぜそこまで日本政府が肩入れしているのかが理解できない。中国のように無視しても何の問題も無いのに、あまりにも真面目過ぎて、それを利用されているように見える」と言われた。

まったくこれは的を射た感想だと思う。日本では、小学校の教科書にも国連は世界平和のための機関だと書いてあり、国連崇拝を続けているが、実態は、利権がぶつかるプロパガンダ会場だ。そして、日本が未だに敵国とされている戦勝国連合だ。

米国が分担金（22％）の支払いをしていない現在、日本（10・833％　約310億円）が国連に対しての最大の拠出国だ。それなのに日本のことなど理解していないと思われる、名前すら知られていないような発展途上国の委員や、現在でも自国内で人権弾圧をしている国から送られてきた理事や委員が日本政府に対して勧告を出すなど、外から見ていれば滑稽だと感じるのは当然だ。まるで虐められることに快感を覚えているマゾヒストに見えることであろう。

今回の人権理事会には、慰安婦を性奴隷と国連で言い換えた戸塚悦朗弁護士の子分とも言われている、東京造形大学教授の前田朗氏が、私とは全く逆の、従来の「慰安婦＝日本に強制された性奴隷」という立場で、日本政府に対してさらなる謝罪、賠償、教科書への記載などを促す発言をしていた。

ここに反対側の誰かが行って、意見を述べなければ欠席裁判同様に「日本＝極悪国」のレッテルが貼られ、取り返しの付かないことになることは明らかだ。今後も必要に応じて、その役割を果たしていきたい。

2

国連の仕組みと今後のスケジュール

細谷《ほそや》 清《きよし》

国連の人権関係の委員会は、どのようにして勧告を出しているのか。委員会が出す「元慰安婦への国家の謝罪と賠償」を求める勧告は何時終わるのか。これらの問題を考えるための予備知識として、国連の人権関係の委員会の仕組みと今後の予定を述べる。

参加国	開催時期	開催場所
各条約の締約国	年3回	ジュネーブ
	通常3回	
	通常3回	
	年2〜3回	
	2回と規定	
国連加盟国	毎年（3月）	ニューヨーク
	通常年3回 他に特別2回	ジュネーブ

人権関係の委員会

慰安婦問題を取り上げる国連の委員会と理事会を下の表に示す。

表で上から五つの委員会は、会期委員会と呼ばれ、下の二つ、人権理事会と婦人の地位委員会は常設機関である。

日本に対する最終見解書の原案で、皇室典範の改正を求めたとされる女子差別撤廃委員会は、女子差別撤廃条約に拠って立つ会期委員会で、各地域から選ばれた二十三名の委員で構成され、年間二～三回、各二週間の期間に八～十ヵ国の政府報告書を検討し、最終見解書を作成し、年次報告書に纏めて国連総会に提出する事を職務とする。

慰安婦問題を取り上げる国連での人権関係機関

委員会名	条約の略称	締約国数	日本の批准日	分類	上部機関
女子差別撤廃	CEDAW	189 (米国未)	1985年6月25日	会期委員会	総会
自由権規約	CCPR	168 (中国未)	1979年6月21日		
社会権規約	CESCR	164 (米国未)			
拷問等禁止	CAT	159	1999年6月29日		
人種差別撤廃	CERD	177	1995年12月15日		
婦人の地位 (CSW)	-	-	N/A	機能委員会	経済社会理事会
人権理事会 (HRC)	-	-		総会補助機関	総会

それぞれに目的は違うが、他の会期委員会の運営も似たようなものである。
これからの説明も女子差別撤廃条約委員会を対象に行う。

■委員会の仕組み

委員会は国連総会の委託を受け各国政府が条約に基づいてほぼ四年ごとに提出する報告書を検討し、年次報告書に纏めて総会へ提出する。

その報告書の作成・送付から総会への報告までの流れを書いたのが左の図で、その流れは右下の表で説明するように、

①日本政府が政府報告書を作成する。
②その報告書は国連総会を経由して委員会へ送付される。
③政府と委員会の間で議題（リスト・オブ・イッシュー、ＬＯＩ）が検討・決定される。
④検討会で報告書を検討し又日本政府と意見交換を行う。
⑤その検討結果は最終見解書と称される報告書案として日本政府へ示される。
⑥日本政府は意見があればそれを付けて委員会へ戻す。
⑦委員会は年次報告書に纏めて国連総会へ送付する。

皇室典範改正を求めた勧告は、この⑤の所で唐突に出て来たもので、日本政府は削除を求めたとされる。皇室に関する事は政府の報告書にもなく、リスト・オブ・イッシューにもなく、検討会でも取り上げられていないのだから、日本政府の対応は当然である。

仮に記載されたままで政府が勧告に意見を付けたら、言い換えれば勧告の存在を許したら、慰安婦問題と同じように「問題」として取り上げられ続けて、国連だけでなく国内でも国論を分けて長々と議論される事になったであろう。末恐ろしい事であった。仕掛けた委員や委員会もそれが狙いなのではなかったのか。

ここで注意する点は、報告書を検討する上での委員会の参考情報源である。

政府報告書の中の資料や日本政府との意見交換以外に、委員会はＮＧＯの情報提供を積極的に呼びかけている。政府報告書を多面的・批判的に視る点では民間からの情報も大事な情報源であろう。しかし委員がその情報を意図的に偏向して取捨選択した場合や、ＮＧＯからの情報提供が公平に為されない場合は、問題となる。

今年二月の検討会では、二年前と違って慰安婦＝性奴隷派を上回る意見書がその否定派から出され、ＮＧＯからのバランスの取れた情報提供がされた点で、画期的であった。今後は慰安婦問題以外の他の項目でも、一方的な情報提供がされない様に務める事が保守系ＮＧＯの課題であろう。

慰安婦問題　国連での今後の予定　報告：政府報告書提出期限　検討：推定検討会開催時期

委員会名	直近の検討会	H28年(2016)	H29年(2017)	H30年(2018)	H31年(2019)	H32年(2020)	H33年(2021)	H34年(2022)
女子差別撤廃	H28/2	2月検討				3月報告	11月検討？	
自由権規約	H26/7			7月報告		3/6/10月検討？		
社会権規約	H25/5			5月報告		3/6/9月検討？		
拷問等禁止	H25/5		5月報告	11月検討？	(4/7月検討?)			
人種差別撤廃	H26/8		1月報告	8/11月検討？				
婦人の地位	(H28/3)	3月	3月	3月	3月	3月	3月	3月
人権理事会	(H28/3)	年3回	年3回	年3回	年3回	年3回	年3回	年3回

慰安婦問題を取り上げる委員会の今後の日程

今年二月の女子差別撤廃委員会でさえも、委員会の報告書から謝罪や賠償の文字を消す事は出来なかった。

では次回は何時だろうか。

次の図は、条約に基づく日本の報告書提出期限と、予想される検討会の時期を示す。

女子差別撤廃委員会で言えば、次回提出は平成三十二年三月で、検討会は翌年十一月であろうか。場合によっては三十四年にずれ込むかもしれない。いずれにしても東京オリンピック後である。

その間に拷問等禁止、人種差別撤廃、社会権規約、自由権規約の各検討会が再来年の平成三十年からある。国連が世界に広めた「慰安婦＝性奴隷」の嘘のその根元を断てるのは、早くても平成三十三年、五年後である。

随分先の話ととる人もいるだろうが、性奴隷肯定派が20年以上掛けて構築した「虚城」が、希望的観測とは言えこんなに早く崩せる見通しがついた事は嬉しい。

委員会の問題点

平成二十六年十一月号の『正論』に、自由権規約委員会の委員について次の様に書いた〈（　）内は筆者が加筆〉。

「（委員に）入れ知恵する（反日勢力）側にしてみれば、日本に詳しくない、専門知識がない人物であるほうが、操りやすいのだ」、「日本について、何も知らないからこそ、（とんでもない事を）恥ずかしくもなく言えるのであろう。委員たちは、自称人権ＮＧＯという、国連で反日的な主張を広めようとする団体に悪用され、嘘デタラメな情報を基に日本と日本人の人権を侵害する、それが国連の現実である」

このような二年前の委員会と委員の体質は今も変わっていなかった。今回皇室への介入で問題となった報告書原案は、委員会の仕組みを知らずしては、その悪質さを理解出来ない。

委員会の職務は、①各国政府報告書を読んで実施進捗状況を検討し（第十七条）、②結果を毎年総会に報告する（第二十一条）ことである。

一般には、委員会が日本政府の人権状況を「審査」し、「日本政府に是正を勧告する」と誤解されている向きもある。

委員会は審査機関でもなく、また最近ではその勧告には強制力も拘束力も無い事が認識されたが、数年前までは「国連の勧告を守れ」との主張が通っていた。そう誤解させて自分等が仕組んで出させた勧告を政府に実施させて、日本では実現出来ないことを、国連を利用してやらせて来た反民主主義勢力である。

その勢力は一方で「護憲」を唱える。正義や法の支配を標榜する日弁連もその一派で、偽善の象徴である。今回は新たに皇室に似非人権も持ち込もうと企んだ訳だが、それは二年前に比べてより悪質な理由は以下である。

委員の情報源は、政府報告書、検討会での政府委員との討論であり、NGOからの情報である。勿論本人の個人的な情報収集もあるだろうが、委員は報告書を検討するのが責務であり、自分の意見を総会の報告書に入れる事ではない。

日本の人権状況に疎い委員が、知識人、人権専門家の体面を保つ為に頼るのが、日本のNGOの情報である。手続きを踏んだNGO情報は検討会の開催前に委員会のHPに掲載されるから、そんな委員にとっては格好の情報源となる。それでも二年前の検討会では、NGOの情報を「聞いた情報によると」と前置きして、政府代表に質問をした。

しかし、今回の皇室の件では、政府報告書にもどのNGOのレポートにも皇室についての人権問題は提起されてなかったし、検討会でも一切討議されなかった。それなのに最終見解書案に入れたのだから、悪質なのだ。

最終見解書案に入れるには委員会での決定が必要になる。委員会の手続き規則には、

「委員会は、コンセンサスによりその決定に達する努力をしなければならない。2．コンセンサスに達するあらゆる努力が尽きた場合、委員会の決定は、出席しかつ投票する委員の単純過半数により行われるものとする。」（女子差別撤廃委員会　手続規則三十一　決定の採択）と定める。

以下は推測だが、案に入れた時と日本政府の削除要求を受けて一度決定した勧告を削除した時と、委員会は二度の表決をしたであろうがその結果は如何であったか。

また委員会には日本の委員として又委員長として林陽子氏がいる。委員は出身国報告書の検討に関与できない決まりだが、委員長としての関与は無かったのであろうか。同氏はどの様な采配を振るったのであろうか。

委員は「徳望が高く、かつ、この条約が対象とする分野において十分な能力を有する専門家」（第

H28年3月　細谷

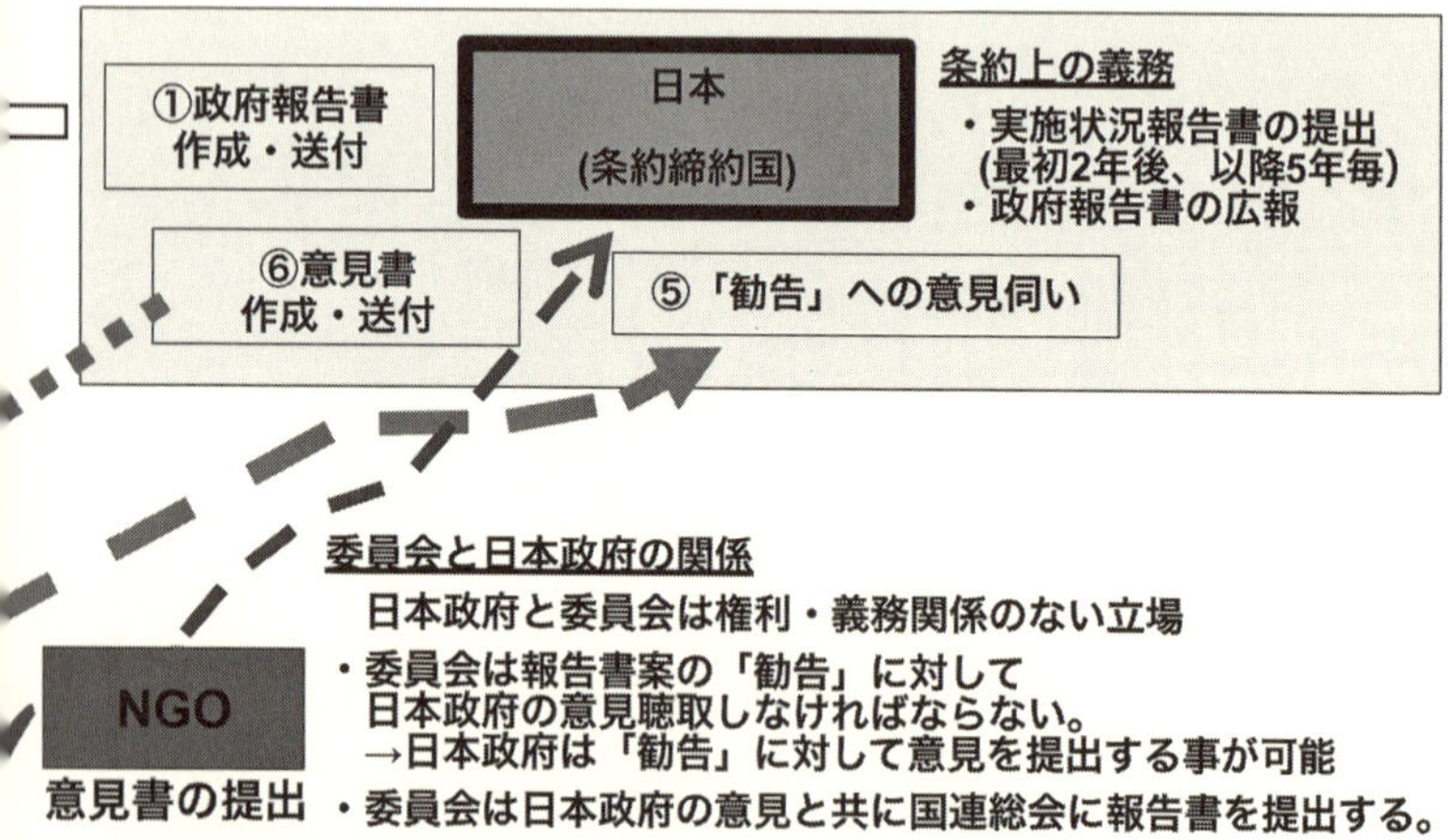
①政府報告書
作成・送付
日本
(条約締約国)
条約上の義務
・実施状況報告書の提出
(最初2年後、以降5年毎)
・政府報告書の広報
⑥意見書
作成・送付
⑤「勧告」への意見伺い
委員会と日本政府の関係
日本政府と委員会は権利・義務関係のない立場
・委員会は報告書案の「勧告」に対して
日本政府の意見聴取しなければならない。
→日本政府は「勧告」に対して意見を提出する事が可能
・委員会は日本政府の意見と共に国連総会に報告書を提出する。
NGO
意見書の提出

<報告書が出来るまでの流れ>

番号	作業	実行者
①	日本政府の政府報告書作成	日本政府
②	国連（女子差別撤廃委員会）へ送付	日本政府
③	議題（LOI)の検討・決定(プレセッション)	女子差別撤廃委員会
④	報告書の検討・意見交換(本セッション)	女子差別撤廃委員会
⑤	「勧告」について日本政府へ意見伺い	女子差別撤廃委員会
⑥	日本政府の意見書作成・送付	日本政府
⑦	年次報告書に纏めて国連総会へ送付	女子差別撤廃委員会

女子差別撤廃委員会の報告書(最終見解書)が出来るまで

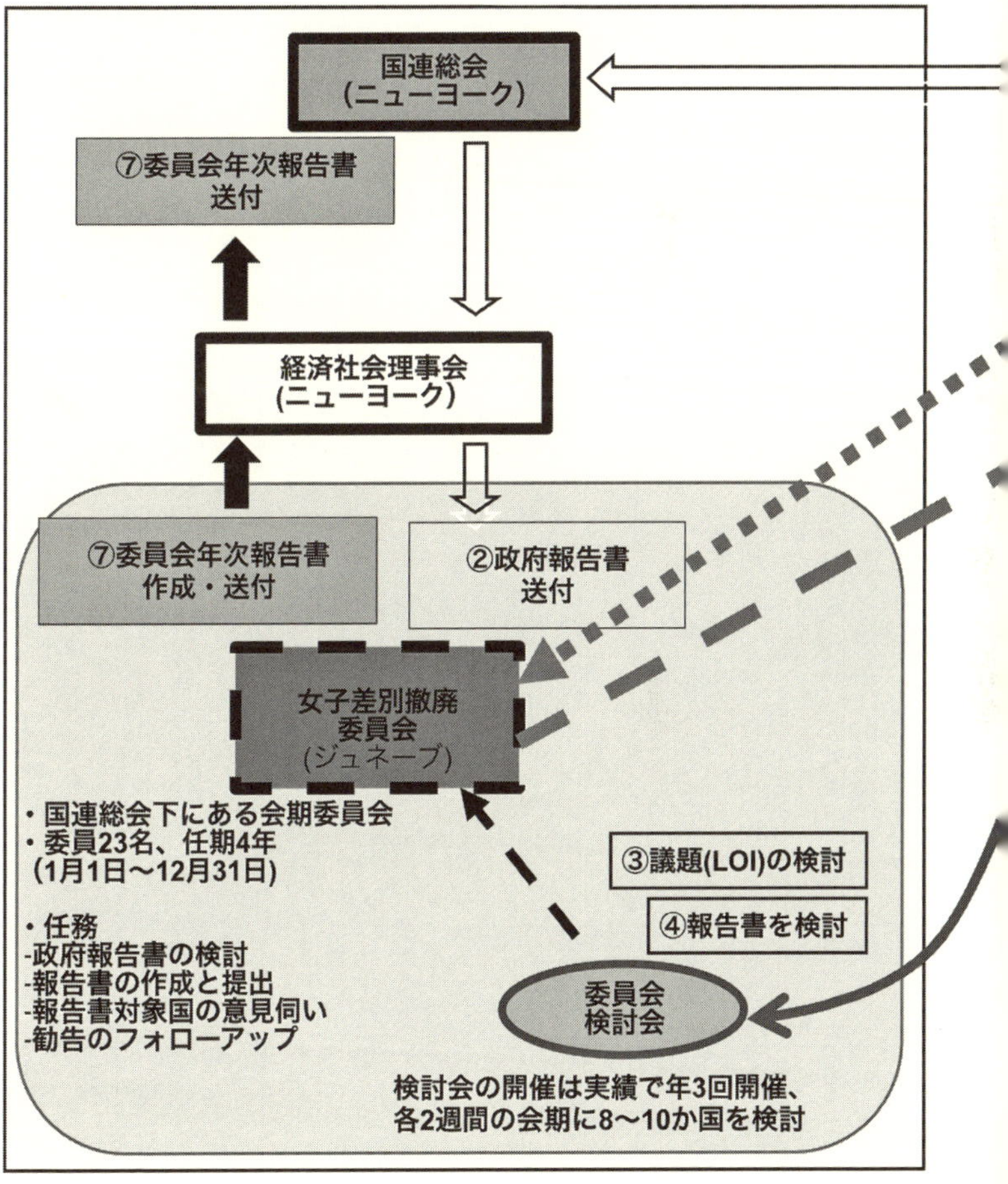

十七条）のはずだが、条約条文を無視して、己の本務を忘れ、「高い徳と人望と能力」を詐称して、日本の国家の基盤を破壊しようと目論むテロ行為をしたに等しい。

その原因は偏に委員をチェックする機能も、規定違反への罰則規定も持たずに、委員の高い徳望だけに頼って委員の放縦を許す会期委員会の制度にあり、またＮＧＯと一体となったそんな放縦を看過して来た我々の責任でもある。

もう六年前になるが、児童の権利条約の検討会で初めてジュネーブに行った時に、ある欧州先進国の委員と個人的に話す機会があった。その委員が、「この仕事はしんどいし、虚しい」と呟くのを聞いて驚いた。真面目に他国の人権状況を調べて勧告を出しても相手国政府に真面目に扱われないというのだ。

モチベーションが低いしチェック機能がないから、委員はアゴ足付きの招待旅行や反日国家の意向を受けて、日本を弱体化し解体させるような勧告を出す事にもなる。国連の人権委員会は、もっと世界にある現在進行形の人権侵害に対処すべきである。慰安婦問題をネタに二十年以上も日本苛めをして遊んでいる場合ではない。これは日本人に対する人権侵害であり、名誉毀損でもある。「国連は踊る　されど進まず」どころか、こうして有害にまでなってしまった。国連改革の喫緊の一項目である。

なお、二〇〇六年に人権委員会から人権理事会に改組されたが、両者の比較を次頁に示す。

人権委員会と人権理事会の相違点

	人権委員会	人権理事会
会期	6週間（3～4月）	少なくとも年3回、合計10週間以上 （一年を通じて定期的に会合）
場所	国連欧州本部（ジュネーブ）	国連欧州本部（ジュネーブ）
ステータス	経済社会理事会の機能委員会 （1946年経済社会理事会決議により設立）	総会の下部機関 （2006年総会決議により設立）
理事国数	53カ国	47カ国
地域配分	アジア12、アフリカ15、ラテンアメリカ11、東欧5、西欧10	アジア13、アフリカ13、ラテンアメリカ8、東欧6、西欧7
選挙方法	経済社会理事会で出席しかつ投票する国の過半数により選出	総会で全加盟国の絶対過半数により直接かつ個別に選出
任期	3年（再選制限なし）	3年（連続二期直後の再選は不可）
その他	・委員国の過半数の合意により特別会期の開催可能。	・総会の3分の2の多数により、重大な人権侵害を行った理事国資格を停止可能。 ・理事国の3分の1の要請により特別会期の開催可能。

＊外務省ホームページより。

3

国連に出かけ、発言しよう！

山本《やまもと》　優美子《ゆみこ》

なぜ国連対策に取り組んだか

私が慰安婦問題に女性が取り組んだ方が良いと思ったきっかけは、国連の「女子差別撤廃委員会」です。なでしこアクションのホームページを立ち上げた２０１１年１月、一番初めに書いたのが「左派市民団体と国連のマッチポンプ―なぜいつまでも慰安婦問題がなくならないか」でした。

その頃、なんとなく興味をもって調べたのが、２００９年８月開催の女子差別撤廃委員会に提出された日本のNGOレポートでした。提出しているのは左派団体ばかりで、「日本は慰安婦に酷いことをしたのに、日本は慰安婦に正式に謝罪も賠償もしていない。教科書からも記述を削除した」と日本を非難しています。韓国の挺身隊問題対策協議会までレポートを出していました。それらのレポート内容が、委員会から日本政府に出された最終見解書の勧告に反映されていたのです。次回の委員会まで何とかしなくては慰安婦問題解決に向かわないのではないか。その思いが、その後の取り組みにつながりました。

そこで、私たちの過去足かけ3年間の国連活動を振り返り、今後の展開を考えてみます。

とりあえず見てこよう～2014年7月ジュネーブ国連自由権規約委員会

国連対策の第一歩として、初めに「現場を見てこよう」ということで、2014年7月ジュネーブ国連で行われた自由権規約委員会の対日審査会を傍聴してきました。そこでは、日弁連、部落解放同盟系の反国際差別運動、ヒューマンライツナウ、女たちの戦争と平和資料館（WAM）などの団体の方々が大勢で会議に参加。朝鮮学校の生徒もチマチョゴリの民族衣装でロビー活動をし、慰安婦性奴隷の最初の発信者である戸塚悦朗弁護士も参加していました。その数100人程はいたでしょう。

話に訊いてはいましたが、NGOと国連人権委員会の関係はその通り。いわゆる左派団体が意見レポートを出し、会議に大挙して押しかけ、ロビー活動をし、人権委員会の委員に自分たちの意見を伝える。委員らは事実関係を調べる義務もなく、調べもせず、日本の実情も知らず、情報源は日本の左派NGO。そんな委員会から最終見解書という報告書で、日本政府に「日本はあーしろ、こーしろ」と「勧告」してくるのです。実際に現場でその仕組みを良く理解することができました。そこは左派の牙城だったのです。

この自由権規約委員会での経験を踏まえて、女子差別撤廃委員会ではNGOとして何ができるか、何をすべきかを改めて確認し、それが次の行動へと繋がりました。

■次のステップへ
～2015年7月ジュネーブ国連女子差別撤廃委員会プレセッション

2014年末に女子差別撤廃委員会の対日審査会のスケジュールが発表されました。プレセッションと呼ばれる準備会が2015年7月、対日審査会となる63セッションが2016年2月です。その時から準備を始めました。

まずはプレセッションに向けて、なでしこアクションから意見レポートを出しました。

タイトルは、次のとおりです。

"Issue of Comfort Women Commercially Recruited Women for selling sex to Japanese Soldiers including Korean ethnic at the wartime"「慰安婦問題～戦時中日本兵に性を売るために商業雇用された女性たち、韓国人を含む」

このレポートが、国連の人権関連委員会に提出し、公式サイトにも掲載された初めての「慰安婦＝性奴隷」を否定するＮＧＯレポートだったはずです。

さて、レポートを出した次は、会議に参加登録です。

前年の自由権規約に参加した経験を踏まえ、これは簡単にできました。ネット上で必

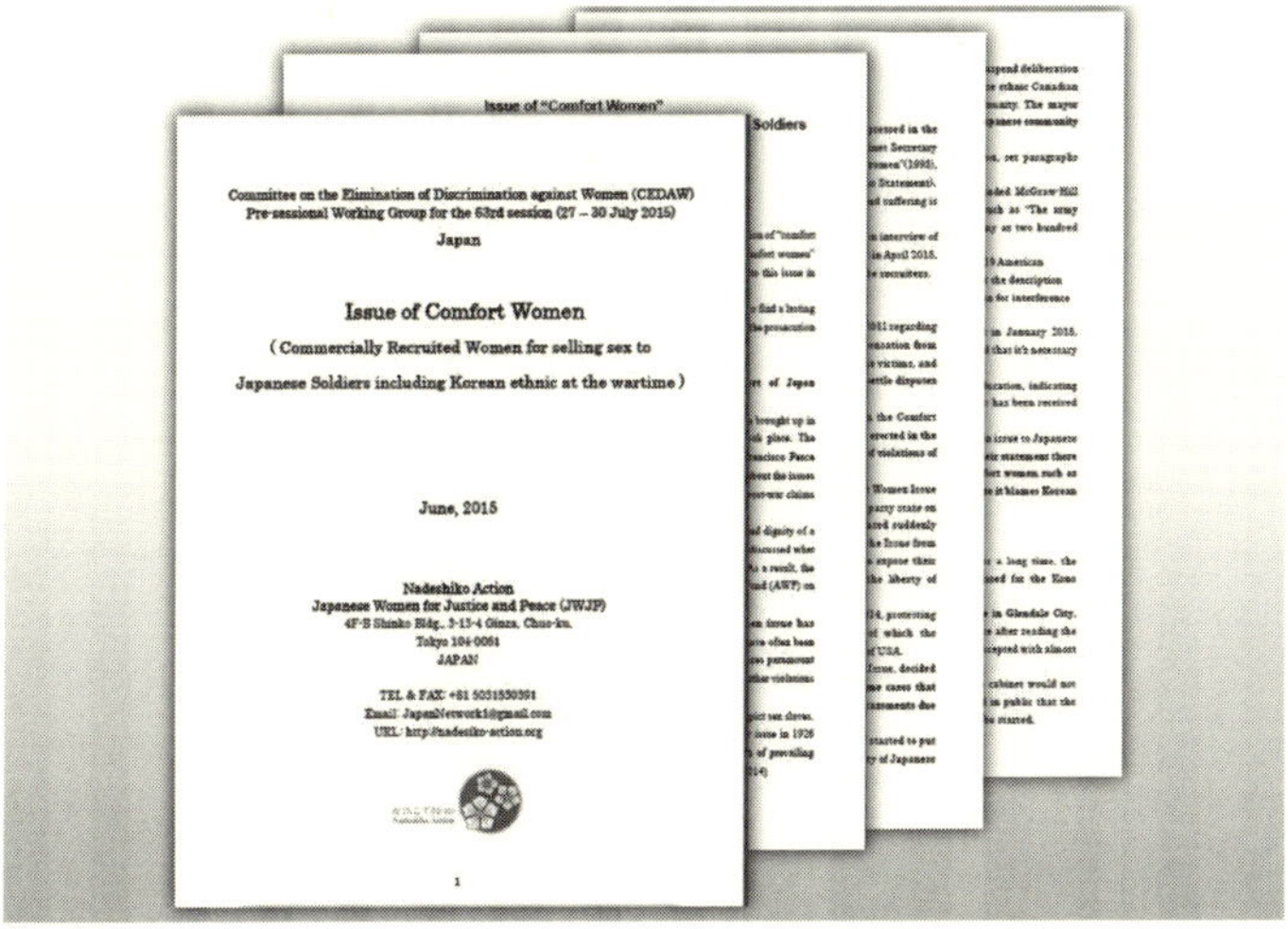
Committee on the Elimination of Discrimination against Women (CEDAW)
Pre-sessional Working Group for the 63rd session (27 – 30 July 2015)
Japan

Issue of Comfort Women

(Commercially Recruited Women for selling sex to Japanese Soldiers including Korean ethnic at the wartime)

June, 2015

Nadeshiko Action
Japanese Women for Justice and Peace (JWJP)
4F-B Shinko Bldg., 3-13-4 Ginza, Chuo-ku,
Tokyo 104-0061
JAPAN

TEL & FAX: +81 5031530391
Email: JapanNetwork1@gmail.com
URL: http://nadesiko-action.org

1

なでしこアクション提出　意見レポート。

要事項を記入してクリックして登録するだけです。あっけなく簡単にできることです。参加登録が簡単にできることはもっと多くの人が知るべきです。

次は、会議でNGOとして発言させてもらう交渉です。これは事務局とのメールのやりとりです。その結果、なでしこアクションとして2分、一緒に参加することになった国際キャリア支援協会で2分の発言時間枠が割り当てられました。

これらの一連の手順は、委員会の公式サイトに発表されるNGO参加要項「Participation by Non-Governmental Organizations（NGOs）」に書かれています。ちゃんと読んでその通りにすれば出来ます。これも特別難しいことではありません。高校生くらいの英語力があれば充分です。国連だからといって敷居を高く感じることはありません。

■プレセッション国連で初めてNGOとして強制連行と性奴隷の否定発言

2015年7月27日（月）、女子差別撤廃委員会プレセッションNGO発言の会議に出席しました。なでしこアクションとして私、山本優美子、国際キャリア支援協会として杉田水脈氏（元衆議院議員）が2分ずつ発言。「慰安婦＝性奴隷」派のNGOは日弁連、日本女性差別撤廃条約NGOネットワークが参加。他にもスペースアライズ、全国「精神病」者集団、大阪子どもの貧困アクショングループ、非嫡出子の権利に取り組む団体がそれぞれの意見を述べました。

杉田さんと山本の発言内容は、本書３０２〜３０４に掲載されています。

◇

◇

ＮＧＯからの発言の後、委員からの質問がいくつかありました。その中で、慰安婦問題についてのこのような質問が出ました。

委員からＮＧＯへの質問　慰安婦について※日本語訳　会議は英語

委員 Ms. Dalia Leinarte（リトアニア）

日本のＮＧＯが慰安婦について発言しましたが、申し訳ないが、よく理解できません。一方からの意見はちょっと反対の意見、つまり私たちがグローバルなメディアで知っていた慰安婦とは違って、日本軍から強制的売春されたのではない、という意見がありました。私からの質問は、そのこれまでと違う意見はどのような証拠、調査に基づいているのでしょうか？　もっと詳しく教えてください。

これに対し、一緒に参加していたテキサス親父ことトニー・マラーノ氏がすかさず、「米国公文書の朝鮮人慰安婦の尋問書には、慰安婦は決して強制連行された性奴隷のような状況ではないことが書いてある」ことを説明しました。

また会議の最後に私も発言し「委員会にはこれまで一方側からの意見しか届いていません。強制性がなかったことは明らかになっています。なでしこアクションのレポートも是非読んでください」と付け加えました。

■私たちの発言が委員会からの質問 (List of Issues) に反映

プレセッションというのは、本セッションの審査会に向けて委員会が各国政府への質問を作成する会議です。翌年2016年2月に行われる対日審査会の63セッションに向けて、7月末に委員会から質問 (List of issues and questions) が発表されました。様々な女性問題についての質問がありますが、その中で慰安婦問題について人権関連委員会では初めての質問内容がありました。それは、

「委員会は最近の公式声明から『〝慰安婦〟の強制連行を証明するものは無かった』との報告を受けた。これについて日本政府は見解を述べよ」

です。これは、私たちのプレセッションでの発言と、なでしこアクション提出の意見レポートの影響だったと思われます。プレセッションというのはどんな会議か事前には様子がよくわかりませんでしたが、参加してみると、他国のＮＧＯもおらず、日本からのＮＧＯも少人数で、委員にとってはその発言が印象深いものになるようです。大人数が参加する本セッションよりもプレセッションでの発言の方が効果があるかもしれません。

さて、委員会からの質問に対し、本セッションを前に日本政府は何らかの回答をしなくてはなりません。次は何をすべきか、翌年２０１６年２月の委員会に向けての取り組みを考えていました。

2014年7月27日　女子差別撤廃委員会プレセッションNGO発言会議にて、杉田さん（左）と山本さん。

■２０１５年末の日韓合意はチャンス！

２０１５年12月28日、慰安婦問題について日韓合意がなされました。保守系の方々で慰安婦問題に取り組んできた人たちはこの合意にとても落胆しました。日本政府はこのまま何も言わないのか、私たちも何も言えなくなるのか、これまで頑張ってきたのになんてこと…。

私はこれをチャンスにしたいと思いました。

「女子差別撤廃委員会」なんてこれまで一般の日本人もメディアも全く注目してこなかった。だからこそ左派団体が思うように活動してきたのです。その誰も注目しなかった委員会が、日韓合意後、初の国連舞台での日本政府の意見表明の場になるのです。委員会が質問しているのですから日韓合意とは関係なく、日本政府は何らかの回答をしなくてはなりません。そもそも、この委員会で「慰安婦＝強制連行された性奴隷」を主張してきたのは日本のＮＧＯなのですから、それに対して事実関係をきちんと説明するのは韓国批判には当たりません。

■本セッションに向けて事前取り組み

2月の委員会に向けて市民団体としてすべきことは、できるだけ多くの団体から「慰安婦は性奴隷ではない、強制連行はない」の意見レポートを委員会に提出することです。そこで、友好団体に協力いただき「慰安婦＝性奴隷」否定レポートが8つ提出されました。これだけ多く出されたのは画期的なことです。一方、性奴隷を主張する側のレポートは5つ。加えて韓国から挺身隊問題対策協議会も提出していました。

女性差別撤廃委員会63セッション　慰安婦性奴隷否定派　意見レポート提出団体

・Japan Family Value Society
・Association to Achieve True Equality between Men and Women
・Coalition of Three Parties for Communicating Historical Truth
・NGO GAHTUS Corporation
・Ninohashi Club
・Researchers of History on Modern Japan
・Happiness Realization Research Institute
・Japanese Women for Justice and Peace（なでしこアクション）

レポートだけでなく、委員会で委員やメディアに配布する慰安婦問題の冊子も作成しました。

タイトル"Comfort Women Issue From misunderstandings to SOLUTION"「慰安婦問題誤解から解決にむけて」

こういう冊子を読んでもらう為には、まず開いて見てもらうことが大切です。女性の人権を扱う委員会であることを意識して、日本女性らしい装丁にし、カラーで豊富に資料を入れ、ビジュアル的にも美しいものにしました。

そして大切なことは、参加申し込みと発言交渉。プレセッションは少人数の参加でしたが、本セッションとなると、女子差別撤廃委員会に長く取り組んできたNGOが多数あり団体で参加します。実際に100名近い参加でした。そういった状況で発言時間がもらえるかどうか心配でしたが、会議の前日にやっと決まり、なでしこアクション1分、意見レポート提出団体の日本の近代史研究会が1分となりました。

■2016年2月ジュネーブ国連 女子差別撤廃委員会63セッション

ひとつのセッション僅か2週間の間に8か国（日本、モンゴル、アイスランド、スウェーデン、チェコ、ハイチ、タンザニア、バヌアツ）の審査会議が行われます。私たちは2016年2月15日NGO発言会議に参加、16日に対日審査会を傍聴しました。

NGO発言会議には日本、モンゴル、アイスランド、スウェーデン、4か国のNGOが参加。日本人が圧倒的に多く100名近く、殆ど女性です。他国のNGOは数名でした。

日本についての意見発表は7つのNGOが発言。私たちも含め3団体が「慰安婦＝性奴隷否定」の発言でした。性奴隷派の発言も数団体からありました。そのうちの一団体は日本のNGO発言枠なのに、韓国のNGO「民主社会のための弁護士団（MINBYUN）の男性弁護士。この弁護士は日本の慰安婦支援団体「女たちの戦争と平和資料館（WAM）」と行動を共にしてい

国連の委員に配布用に作成した英文慰安婦問題冊子と日本語訳の冊子。

ました。なぜ日本の慰安婦団体の女性が発言しないのか、疑問が残ります。日本の慰安婦団体は国内では支援されなくなり、韓国の親北朝鮮系の弁護士団体や挺身隊問題対策協議会と一緒に日本の外で活動するようになったのではないかと思います。

女子差別撤廃委員会63セッション　ＮＧＯ発言　２０１６年2月15日（月）

ＮＧＯ：なでしこアクション Japanese Women for Justice and Peace　発言：杉田水脈　※発言は英語

質問事項９番目*1の慰安婦問題について述べます。日本政府は「日本政府が発見した資料の中には、軍や官憲によるいわゆる「強制連行」は確認できなかった。」と回答しました。一方、クマラスワミ報告には「20万の韓国女性が強制的に性奴隷にされた」と書いてあります。よって、委員会は日本政府に、この明らかな矛盾について明確にするように質問してください。

ＮＧＯ：日本近代史研究会　Research of History on Modern Japan　発言：山本優美子　※発言は英語

質問事項９番目*1の慰安婦問題について2点述べます。

第一に

２０１４年自由権規約委員会１１１セッションで、日本政府は「性奴隷との表現は不適切」と表明しました。よって、委員会は、戦時中に日本軍・政府が韓国の若い女性を性奴隷化したかどうか明確にするよう、日本政府に質問してください。

第二に

昨年、日韓合意で、日本は「心からのお詫び」を表明しました。よって委員会は「お詫び」の意味、つまり「当時の軍の関与」とは正確に何であったのかを日本政府に確認してください。（以下は読まなかったけど提出ペーパーには書いた文）

最後に、米国公文書館の資料によると軍の関与は、移動の安全、労働条件、健康管理であったとされています。

＊１　質問事項９番目…委員会から日本政府への質問第９「委員会は最近の公式声明から『〝慰安婦〟の強制連行を証明するものは無かった』との報告を受けた。これについて見解を述べよ」

対日審査会は、プレセッションで委員会が出した質問順番に沿って、日本政府からの説明、委員からの質疑、日本の回答の順に進行します。

２０１４年７月の自由権規約委員会の時もそうでしたが、この委員会にも日本政府からは代表団が派遣され、委員からの質問一つ一つに非常に丁寧に返答します。今回の日本代表団は杉山外務審議官をトップに外務省、内閣府、法務省、警察庁、文科省、厚生省からの28名に通訳3名。外務審議官がこのような会議の代表団に入るのは異例のようです。慰安婦問題についての回答は杉山外務審議官だけが担当していたので、日本政府が今回の女子差別撤廃委員会における慰安婦問題を重要視していたことがわかります。日本政府の発言を注目する日本のメディアも多くみられました。

■左派団体の活動の成果と目的

様々な準備はしてきましたが、私たちの取り組みは本当に入門、初心者レベルです。「日本女性差別撤廃条約NGOネットワーク」という女性団体のグループは、結成2002年12月以来ずっと委員会対策活動を行ってきました。様々な女性人権問題を扱っており、慰安婦問題はそのうちの一つです。日弁連や国会議員と連携し、今回の対日審査会には参議院議員の糸数慶子氏も含め団体で参加。殆ど女性です。

彼女たちは議場でのロビー活動にも積極的。大勢で分担して、ターゲットを絞り、委員に話しかけて記念撮影するなど、観光地に来たかのように賑やかです。アイヌ民族衣装や韓国チマチョゴリを着ている女性はとても目立ちます。このNGOネットワークは委員会初日に委員との事前ミーティングも持っていたとのこと。こうした長年の取り組みの成果が委員会に影響し、最終見解の勧告となって日本に送られ、日本の政策にも反映されてきたのです。

日弁連を含め左派団体がこうして国連に働きかけてきた最大の目標があります。それは「選択議定書」を日本が批准することです。これを批准すると、「個人的な人権侵害の申し立て」を国連の委員会に持ち込む、つまり日本の司法を飛び越えて国連に訴えることができるようになります。法律も司法もまともにないような途上国なら必要かもしれませんが、日本には必要あるとは思えません。左派団体は自分たちの意見が通りやすい人権委員会を利用して日本の最

2016年2月15日　NGO発言会議室の様子。

高裁のその上の力を狙っているのではないでしょうか。

■最終見解

委員会終了後の3月7日、「最終見解」が発表されました。杉山外務審議官の発言や私たちNGOからの情報を全く無視し、菅官房長官が翌日の記者会見で「極めて遺憾であり、受け入れられないもの」と表現したように全く酷い内容でした。

最終見解は、慰安婦問題の他にも様々な女性問題を取り上げていますが、日本の国柄・伝統・文化を全く考慮せず、社会・法制度、教育を変えようとするものです。マイノリティーと称して自分たちアイヌ・部落・在日を特別扱いさせ、特権を得ようとしています。女性の人権問題と称する日本の左派NGOの告げ口のようなもの。委員はその告げ口をもっともらしく権威付けて日本政府に勧告するのが仕事なのです。

皇室の男系男子継承も女子差別だとして、皇室典範改正の勧告案もあったということが判明しましたが、国連の人権委員会というところが如何に信頼、信用できないところか。偽善的で、傲慢で、偏向しているその実態が曝されることとなりました。

少し前まで、多くの日本人が理由もなく信頼していた国連、誰も知らなかった「女子差別撤廃委員会」がこれだけ注目されることとなり、国連信仰の日本人に目を覚ましてもらう、良い機会だったと思います。

■これから

日本国内ではいわゆる捏造の慰安婦問題は終わったといっていいと思います。慰安婦支援団体は国内においてはもう支持を増やせないでしょう。しかし、韓国の弁護士団体や挺身隊問題対策協議会らと連携し、中華系団体の支援も受けて、これからは海外で「慰安婦＝性奴隷」プロパガンダ拡散の運動に力を注いでいくと思われます。海外では今も変わらず「慰安婦＝強制連行された20万婦女子の性奴隷」なのです。

日本政府が慰安婦問題でしっかりと反論を始めた今、これからが日本の名誉回復の時。国連対策を含めて私たち民間もますます対外発信を強化すべきと確信します。

そして、これからは保守系団体も積極的に国連対策をする。それは私たちがやってきたように決して出来ないことではないのです。

あとがき

藤岡信勝

本書最終校正中の四月二十日付け産経新聞に次の記事が掲載された。

国連特別報告者「政治的意図が反映されている」　慰安婦問題の教科書記述で

〈国連人権理事会が「表現の自由」の特別報告者に任命したデービッド・ケイ氏は19日、東京・有楽町の日本外国特派員協会での会見で「学校教科書から慰安婦問題の記述が削除された」と指摘し「政治的な意図が反映されていると感じた」と述べた。安倍政権の歴史認識が教科書検定の審査に影響したとの見方を示したものだ。また、「日本の報道の独立性は深刻な脅威に直面している」として、特定秘密保護法など政府の圧力がメディアを萎縮させているなどと批判した。

ケイ氏は調査のために12日から来日し、外務省や文部科学省、総務省のほか、非政府組織（NGO）関係者や報道関係者に会い、情報収集したという。調査結果は来年の国連人権理事会で報告される。

ケイ氏は「政府の圧力は慰安婦のような重要問題の議論にも悪影響を及ぼしている」と指摘。教科書から慰安婦記述を削除したケースがあったのは高校教科書のことだが、ケイ氏は「中学」と表現し「政府の介入で教科書が第二次大戦中の犯罪の実情を扱わないことは、国民の知る権利と過去のことを把握し理解する能力に悪影響を及ぼす」とした。

報道への政治圧力については、自身が聞き取りした記者ら報道関係者が匿名を条件にしたことや、記者が有力政治家から間接的に圧力を受け、沈黙させられたなどと説明している事例を紹介。また、政治的公平や多角的な論点の提示を義務付けた放送法4条については「政府は4条を無効にし報道規制から手を引くべきだ」と強調した。

国連人権理事会では関連機関の女子差別撤廃委員会などでも安倍政権の歴史認識を批判する発言などが相次いでいる。慰安婦問題に関するクマラスワミ報告書を書いたクマラスワミ氏もケイ氏と同じ特別報告者だった。〉

私は次のようにコメントした。

「政治家が放送に圧力をかけているというが、全然根拠が書いていない。昨年の安全保障関連法の国会審議で、放送局は8～9割が反対意見ばかり取り上げていた。それを全く逆に解釈した特別報告者は非常に偏った立場ではないか。歴史教科書から慰安婦問題の記述が削除されているのも、強制連行や性奴隷が実証的に否定された結果、執筆者が書かなくなったものだ。国連の名前を使った日本たたきの不当な非難の一環で、政府は正面から堂々と反論しないといけない」

この記事も暗示的に書いているように、ケイ氏は間違いなく第二のクマラスワミとならんとしているだろう。国連の動向から目が離せない。

【執筆者紹介】

（氏名の50音順。肩書き、最近の著書・論文）

加瀬 英明（かせ・ひであき）外交評論家
『大東亜戦争で日本はいかに世界を変えたか』2015年（ベスト新書）

川口マーン惠美（かわぐちまーん・えみ）ジャーナリスト（ドイツ在住）
『ヨーロッパから民主主義が消える』2015年（ＰＨＰ新書）

ケネディー日砂恵（けねでぃー・ひさえ）主婦（アメリカ在住）
「必ず出てくる『第二の吉田清治』」『WiLL』2015年１月号

杉田 水脈（すぎた・みお）前衆議院議員
『なでしこ復活』2014年（青林堂）

関野 通夫（せきの・みちお）新しい歴史教科書をつくる会会員
『日本人を狂わせた洗脳工作』2015年（自由社ブックレット）

高橋 史朗（たかはし・しろう）明星大学教授
『「日本を解体する」戦争プロパガンダの現在』2016年（宝島社）

藤井 厳喜（ふじい・げんき）国際アナリスト
『紛争輸出国アメリカの大罪』2015年（祥伝社新書）

藤井 実彦（ふじい・みつひこ）論破プロジェクト代表
『「従軍慰安婦」の真実』2014年(WiLL e-books)

藤岡 信勝（ふじおか・のぶかつ）拓殖大学客員教授
『虚構の南京 驚愕の通州』2016年（展転社、近刊）

藤木 俊一（ふじき・しゅんいち）テキサス親父日本事務局
「米国立公文書館の史料発掘」『正論』2016年6・７月号

細谷 清（ほそや・きよし）近現代史研究家
「『慰安婦』国連報告で崖っぷちの日本 」『正論』2014年７月号

目良 浩一（めら・こういち）元ハーバード大学助教授
Comfort Women Not "Sex Slaves", 2015, Xlibris

山岡 鉄秀（やまおか・てっしゅう）AJCN代表
「朝日が英語で続ける慰安婦『強制』プロパガンダ」『正論』2016年5月号

山本 優美子（やまもと・ゆみこ）なでしこアクション代表
『女性が守る日本の誇り』2014年（青林堂）

国連が世界に広めた「慰安婦＝性奴隷」の嘘
—ジュネーブ国連派遣団報告

平成２８年５月２５日　初版発行

編 著 者　藤岡信勝
発 行 所　株式会社 自由社
〒112-0005 東京都文京区水道２－６－３
TEL03-5981-9170　FAX03-5981-9171
発 行 者　加瀬英明
印　　刷　シナノ印刷株式会社

ISBN 978-4-915237-92-8　C0021
URL　http://www.jiyuusha.jp/　Email　jiyuuhennsyuu@goo.jp